Histórias
da Segunda Guerra Mundial

Os fatos mais singulares e surpreendentes do conflito bélico que abalou a humanidade

JESÚS HERNÁNDEZ

Histórias Curiosas
da Segunda Guerra Mundial

Os fatos mais singulares e surpreendentes do
conflito bélico que abalou a humanidade

Tradução:
Celso Roberto Paschoa

MADRAS®

Publicado originalmente em espanhol sob o título *Historias Asombrosas de la Segunda Guerra Mundial*, por Ediciones Nowtilus. Sl, Madri, Espanha, <www.nowtilus.com>.
© 2007, Jesús Hernández.
Direitos de edição e tradução para o Brasil.
Tradução autorizada do espanhol.
© 2014, Madras Editora Ltda.

Editor:
Wagner Veneziani Costa

Produção e Capa:
Equipe Técnica Madras

Tradução:
Celso Roberto Paschoa

Revisão da Tradução:
Robson Gimenes

Revisão:
Jerônimo Feitosa
Silvia Massimini Felix
Ana Paula Luccisano

Dados Internacionais de Catalogação na Publicação (CIP)
(Câmara Brasileira do Livro, SP, Brasil)

Hernández, Jesús
Histórias curiosas da Segunda Guerra Mundial: os fatos mais singulares e surpreendentes do conflito bélico que abalou a humanidade/Jesús Hernández; [tradução Celso Roberto Paschoa]. - São Paulo: Madras, 2014.
Título original: Historias asombrosas de la Segunda Guerra Mundial
Bibliografia

ISBN 978-85-370-0915-4

1. Guerra Mundial, 1939-1945 – Curiosidades
2. Guerra Mundial, 1939-1945 – Histórial. Título.

14-05121   CDD-940.53

Índices para catálogo sistemático:
1. Guerra Mundial, 1939-1945: História   940.53

É proibida a reprodução total ou parcial desta obra, de qualquer forma ou por qualquer meio eletrônico, mecânico, inclusive por meio de processos xerográficos, incluindo ainda o uso da internet, sem a permissão expressa da Madras Editora, na pessoa de seu editor (Lei nº 9.610, de 19.2.98).

Todos os direitos desta edição, em língua portuguesa, reservados pela

MADRAS EDITORA LTDA.
Rua Paulo Gonçalves, 88 — Santana
CEP: 02403-020 — São Paulo/SP
Caixa Postal: 12183 — CEP: 02013-970
Tel.: (11) 2281-5555 — Fax: (11) 2959-3090
www.madras.com.br

Ao Grande Marcelus

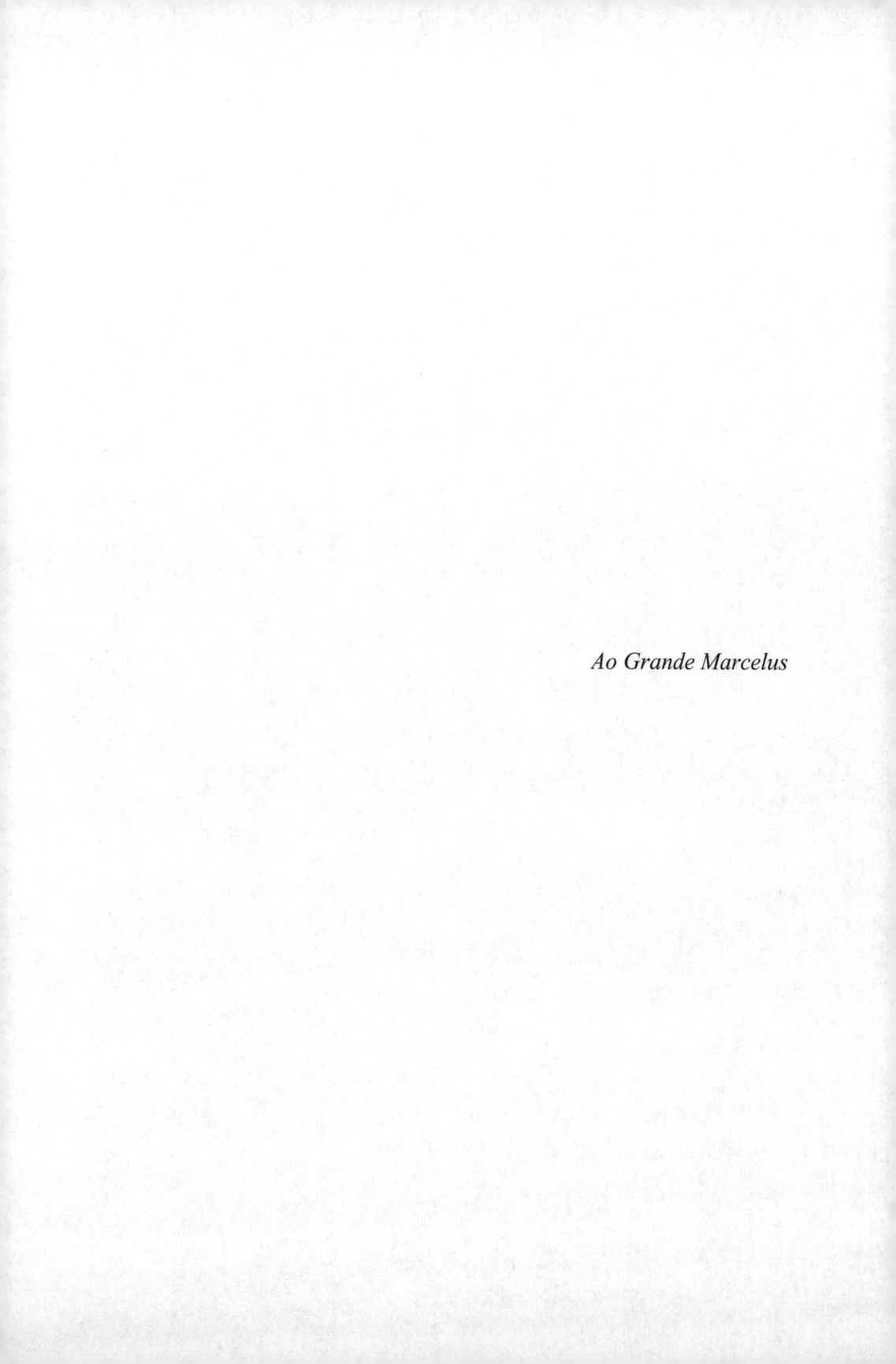

ÍNDICE

Introdução	15
Capítulo I – Arte, Cultura, Guerra	19
Hitler, apaixonado por Nefertiti	20
A Vênus de Milo, no exílio	24
Picasso desafia o embaixador alemão	28
Entrada triunfal no Cairo	29
Churchill, pintor	30
Todos ao teatro!	32
A imoral "arte da fuselagem de aviões"	33
Rembrandt, um ícone nazista?	35
O homem que enganou Goering	37
Slides para "os dias depois da guerra"	39
As partituras perdidas de Wagner	42
O milagre do Campo 60	45

CAPÍTULO II – OS ANIMAIS, PROTAGONISTAS 53
  Um escaravelho maldito 54
  Vingança contra um inspetor de porcos 55
  A aliança dos animais 56
  Proibição de animais de estimação 56
  Postes de iluminação muito tentadores 58
  Os macacos tampouco se rendem 59
  O gato *Nelson* 60
  Recrutas caninos 60
  Latir em Código Morse 62
  Ratos, pilotos de tanques 62
  Um elefante azarado 63
  Sandy, o amigo mais fiel 63
  Os pequenos aliados dos russos 64
  Uma pata dá o alarme 66
  Chips, herói na Sicília 66
  Judy, a prisioneira de guerra 68
  Toque de recolher para cães e patos 70
  Wojtek, o urso soldado 72
  Cachorro a bordo 77
  Myrtle, a galinha paraquedista 79
  A pomba *Mary* derrota os falcões nazistas 82
  Lágrimas por um hipopótamo 83
  Um papagaio demasiadamente loquaz 84
  Os melhores cavalos do mundo 85
  Charlie, um papagaio imortal 89

CAPÍTULO III – A GUERRA AÉREA 93
  Cenoura para a vista 94
  Breve resistência 94
  Stálin não confia em seus próprios aviões 95
  A profecia que se cumpriu 96
  Uma bala providencial 98
  Como despertar um vulcão 98
  O segundo ataque a Pearl Harbor 100
  A corneta de caça de Meyer 100
  Gângsteres aéreos 100
  Uma sirene potente demais 101
  Um veterano em plena forma 102
  Erro de avaliação 105
  Um piloto muito apaixonado 106

Uma economia temerária 107
Os primeiros saquinhos de vômito 108
Onde estão nossos aviões? 108
Tragédia no *Empire State* 109
Chuva de moedas sobre Tóquio 113
Um bombardeiro no Lago Ness 114

Capítulo IV – A Guerra Naval 117
Um navio chamado *Patinho Feio* 118
Vida curta, porém intensa 119
Batalha no Ártico 121
Confusão na Marinha 122
O reparo naval mais rápido 123
Antes morrer que cair prisioneiro 125
Navios de concreto 125
Procura-se uma câmera alemã 126
O barco de Mussolini, no Texas 127
O obscuro passado do *Eagle* 128
O barco maldito de Goering 133

Capítulo V – A Guerra Motorizada 137
Com a gasolina nas costas 138
Direitos de imagem para Churchill 139
Um carro oficial pouco apropriado 140
Um pato com vida longa 141
O êxito incomparável do Jipe 144
Um crocodilo no Pacífico 146
Combustíveis alternativos 147
Tanques patrocinados 149
Discussão acalorada de trânsito 150
O significado de "USA" 150
As autopistas de Hitler 152
O "Circo Mambembe" 157
As peripécias do carro do *Führer* 159

Capítulo VI – Relatos do *Front* 167
O outro Rommel 168
A confiança dos militares em guias turísticos 170
Prêmio triplo 172
A estranha invasão do Timor 173
Amuletos da sorte 174
Um lugar na História 176

Preparados para o cativeiro 178
Um disfarce inoportuno 180
Por que me seguem? 181
Deus está com Patton 181
Cerimônia incomum em Iwo Jima 184

Capítulo VII – No Compasso do Estômago 187
A água, o principal 188
Dieta variada 190
Churchill e o racionamento 194
"Restaurantes britânicos" 196
Os riscos da carne enlatada 197
Os filés da liberdade 198
Os espinafres e o ferro 198
Bombardeio de chá 199
Insólita ceia de Natal 200
O B-17, uma geladeira original 201
Menu do dia: minhocas e gafanhotos 203
Latas de carne e correspondência indesejada 204
O pastel recheado com um anel 206
Menu sem feijão no Capitólio 207
A Coca-Cola se propaga pelo mundo 207
O chiclete se converte em um símbolo 211
O refrigerante nascido à época do Terceiro Reich 212
Peixe-boi ao molho de alho 217
A origem do "espaguete à carbonara" 218
Filé e ovos antes da batalha 220
Sardinhas norueguesas contra submarinos nazistas 221

Capítulo VIII – Momentos de Distração 225
Ardor guerreiro 226
Destilarias na Marinha americana 228
Churchill, de copo em copo 229
Grandes fumantes de charutos 233
Hitler e o álcool 235
Lucky Strike vai à guerra 238
A batalha da vodca 240
Stálin descobre o *dry martini* 241
"O *Führer* não fuma" 244
Onde está meu cachimbo? 247
Falou além da conta 247

A festa não terminou bem 248
Um isqueiro imortal 249

CAPÍTULO IX – HISTÓRIAS DE SAÚDE 253
   Primeiros socorros no campo de batalha 254
   O evitável "pé de trincheira" 257
   O remédio australiano contra as bolhas 258
   Solução contra as náuseas 258
   Louvor à sesta 260
   Como se manter acordado 262
   O melhor xarope contra a tosse 262
   "Proibido tossir!" 263
   A temida onda de calor 264
   Amores perigosos 264
   Um pequeno grande inimigo 268
   Golpe no fígado 269
   Um estimulante perigoso 269
   Música dos gases 273

CAPÍTULO X – A BATALHA DA SÉTIMA ARTE 275
   O *Führer* diante da tela 276
   Edward G. Robinson, ameaçado 280
   Pantomima em Varsóvia 281
   A favor e contra 284
   O pai do Tarzan em Pearl Harbor 284
   Jack Warner mostra o caminho 285
   Um Oscar muito austero 285
   O humor incompreendido de Peter Ustinov 287
   As trapaças de Peter Falk 289
   A guerra tranquila de Charles Bronson 290
   Partida de xadrez com Bogart 292
   Filme colorido para Eisenstein 293
   Os deboches de Mel Brooks 297
   Bob Hope e as bombas voadoras 297
   Susto para Bing Crosby 300
   O nascimento dos *gremlins* 301
   Kolberg, a grande superprodução nazista 301
   Hitler e *O Grande Ditador* 305

EPÍLOGO 313

BIBLIOGRAFIA 315

É bom que a guerra seja tão horrível. Do contrário, acabaríamos gostando dela.

Robert E. Lee (1807-1870)
Comandante-chefe do Exército
confederado durante a Guerra da Secessão

Introdução

Não há dúvida de que o interesse por tudo o que se refere à Segunda Guerra Mundial é crescente. Embora tenham passado mais de seis décadas desde seu término, o conflito de 1939-1945 continua muito presente entre nós; as revelações referentes a esse turbulento período histórico agitam regularmente a opinião pública, sendo com frequência geradoras de contundentes polêmicas. O que ocorreu naqueles seis anos de sangue e fogo segue projetando sua sombra sinistra até mesmo no início do século XXI. De certo modo, temos a sensação de que a humanidade não tenha ainda digerido aquela tragédia sem precedentes.

Portanto, longe de correr o perigo de ver-se relegada aos livros de história, tal como aconteceu a outros episódios do século XX, a Segunda Guerra Mundial desperta cada vez mais curiosidade. Basta apenas comprovar o engenhoso material de divulgação que nossa sociedade de consumo nos oferece a seu respeito. Além disso, não se pode esquecer que essa oferta somente é gerada caso exista uma determinada demanda.

Nos últimos tempos foi possível assistir, nas salas de cinema, a autênticas obras-primas do cinema bélico, assim como foi e é possível assistir às inúmeras séries televisivas e aos brilhantes documentários dramatizados inspirados na Segunda Guerra Mundial. Por outro lado, o Dia D ou as incursões do *Afrika Korps* continuam sendo uma aposta segura para os criadores de jogos para computador ou consoles, enquanto os colecionadores de artigos relacionados a esse período histórico vivem seus melhores momentos.

Naturalmente, o mundo editorial não se manteve à margem desse autêntico *boom*. O setor descobriu na historiografia da guerra um nicho de leitores dispostos a receber calorosamente todas as novidades bibliográficas centradas nessa guerra. Isso gerou uma avalanche de títulos que, às vezes, chega a sufocar o leitor. Mas, ainda assim, o interesse do público não diminui. Graças a ele, a demanda abre espaço para textos especializados em aspectos concretos do conflito que antes se viam relegados ao mundo universitário.

É nesse panorama que surge o livro que o leitor tem agora em suas mãos. As perguntas que, seguramente, serão formuladas são: quais novidades ele poderá apresentar? Já não foi dito tudo sobre a Segunda Guerra Mundial?

Essas questões são pertinentes, mas bastará ler estas páginas para esclarecer as dúvidas. Os historiadores concentraram-se quase exclusivamente nas campanhas militares ou nas decisões políticas, mas deixaram de lado essa *história menos importante* que apresenta o lado mais humano da conflagração, ou seja, os episódios sem importância aparente que refletem a guerra em todas as suas dimensões.

Esta obra apresenta uma variedade dessas histórias que, com certeza, causarão surpresa e espanto aos leitores. De todo modo, o relato desses acontecimentos incomuns não deverá nos levar ao engano sobre o caráter trágico dessa e de qualquer outra guerra. Embora não seja necessário insistir sobre esse detalhe, pois confio plenamente na maturidade do leitor, não se deve interpretar esta obra como um propósito de banalizar esse conflito armado e os terríveis crimes cometidos durante seu desenrolar. O único objetivo destas páginas é ao mesmo tempo o de entreter e de proporcionar um melhor conhecimento da história.

Finalmente, não era meu desejo incorporar um espaço de agradecimentos, pois considero um exagero os capítulos desse tipo que, ocasionalmente, aparecem em alguns livros nos quais o leitor se depara com uma lista interminável de nomes desconhecidos que, habitualmente, são apenas ignorados ou folheados de forma apressada.

Apesar disso, não quero deixar passar a oportunidade de agradecer a esses leitores anônimos que se converteram em fiéis e pontuais seguidores de meus trabalhos. Cheguei a conhecer vários e tive a oportunidade de receber suas críticas e sugestões. Diante da impossibilidade de citá-los pessoalmente, gostaria que estas linhas servissem de agradecimento a todos e a cada um de maneira particular.

E, assim, só me resta convidar o leitor a desfrutar deste novo livro, para que comprove – e espero que essa minha afirmação provocativa seja perdoada – que a guerra também pode ter seus momentos engraçados.

Berlim, setembro de 2006.

Capítulo I
Arte, Cultura, Guerra

Desde que o homem é homem, a arte o acompanha em todas as aventuras que ele empreende. Além de suas explorações, a arte sempre deixou uma representação idealizada do que o cerca e do que ele imagina.

Por mais surpreendente que seja, o interesse pelas obras artísticas tem permanecido intacto mesmo em meio ao fragor das guerras. Assim também a cultura, um conceito diametralmente oposto à guerra, foi se expandindo ao mesmo ritmo do avanço dos soldados. Aonde quer que tenha chegado um exército, ali se instala também – para o bem ou para o mal – a cultura da nação por ele representada.

A Segunda Guerra Mundial não foi uma exceção. Durante o conflito de 1939-1945, além do objetivo de proteger as próprias obras de arte, os dois lados dedicaram esforços e recursos a esse propósito, com a intenção de apropriar-se das obras de arte do inimigo ou recuperar aquelas anteriormente confiscadas por este último e, às vezes, passando por cima de outras prioridades.

Hitler, apaixonado por Nefertiti

Em 2005, o busto de Nefertiti voltou a ser exposto ao público no Museu Antigo de Berlim, na Ilha dos Museus. Essa escultura de pedra calcária, que representa o rosto de uma bela e enigmática mulher, voltou a ser o centro das atenções.

Ela regressava a esse local depois de um exílio de 66 anos, que começou em 1939, quando as autoridades nazistas decidiram transportar a célebre obra até um *bunker* antiaéreo, com medo de que fosse danificada durante um bombardeio. Após a derrota alemã, os americanos levaram-na até Wiesbaden, onde se agrupavam as obras de arte que haviam sido dispersas durante a guerra.

Em 1956, a estátua de Nefertiti voltou a Berlim, mas como o Museu Antigo encontrava-se no setor controlado pelos soviéticos, optou-se pelo seu traslado ao Museu Dahlem e, em 1967, ao Museu Egípcio, seu lugar de descanso até 2005. O ponto de destino dessa longa viagem seria o edifício vizinho ao Neues Museum, mas, obviamente, a história do busto, universalmente conhecido, não se limita a essa trajetória pelos museus alemães.

A rainha que o inspirou viveu no Egito no século XIV a.C. Os peritos consideram que a personalidade da soberana era muito controversa e que, a respeito de sua pessoa, se incitaram tanto amores quanto ódios. Em uma inscrição talhada em uma tumba, um membro da corte falava de "sua voz doce, suas pernas de gazela e suas mãos maravilhosas", ao mesmo tempo que um hino dessa época a qualificava como "senhora da doçura". Durante o desmembramento do império, em determinado momento o faraó Akhenaton (1375-1357 a.C.) decidiu nomear sua esposa – Nefertiti – faraó corregente. Ao que parece, essa decisão não foi muito bem aceita pelos sacerdotes que confabularam contra ela.

Segundo consta na correspondência diplomática investigada pelos egiptólogos, essa decisão não causou a desejada estabilidade política; a anarquia espalhou-se pelo país do Nilo e os dois faraós cairam em desgraça. São incontáveis as especulações sobre Nefertiti: desde o significado de seu nome – supostamente "A mais bela chegou" – até o fato de ela ter conseguido reinar sozinha e considerando que sua suposta múmia, localizada no Vale dos Reis, apresentasse evidências de que sofrera punhaladas no rosto.

O célebre busto da rainha egípcia Nefertiti. Hitler, que guardava uma reprodução em seu gabinete, não estava disposto a devolver a estatueta ao Egito.

O busto da controversa Nefertiti repousaria durante mais de 3 mil anos sepultado nas areias de Tell-el-Amarna, até ser arrancado de sua letargia por um arqueólogo alemão, Ludwig Borchardt, em 6 de dezembro de 1912. Borchardt chefiava uma expedição promovida pela Sociedade Germano-Oriental quando encontrou o busto, enterrado, com a boca para baixo, entre os restos do ateliê de Tutmés – um escultor da época – nas ruínas de Amarna. Faltava-lhe a íris de um olho e parte das orelhas. A areia que cobria os restos do ateliê foi peneirada cuidadosamente e encontraram-se os fragmentos das orelhas, mas não a íris, a qual provavelmente jamais fora colocada no olho. O motivo de sua ausência é outro mistério a ser somado a tudo o que se refere à enigmática rainha.

A bela escultura foi enviada a Berlim, de acordo com o sistema que essa sociedade havia acordado com o governo egípcio para a distribuição das descobertas. O Serviço de Antiguidades local devia dar sua aprovação para a exportação de cada peça encontrada, razão pela qual é estranho o fato de esse órgão permitir a saída do busto. O mais provável é que ele fora ocultado deliberadamente pelos arqueólogos alemães. Acredita-se que Borchardt cobriu a estatueta de barro para que aparentasse ser um achado de menor importância. Mais tarde, assegurou-se de que o barro que cobria o busto era o original e que havia sido uma irresponsabilidade limpá-lo sem as devidas garantias.

Seja por engano ou não, o fato é que a espetacular peça saiu do Egito com toda a documentação em ordem. O busto ficou alojado inicialmente na residência particular do presidente da Sociedade Germano-Oriental, James Simon, mas a partir de 1913 ficou exposto ao público, alcançando um êxito imediato. Em 11 de julho de 1920, Simon cedeu a propriedade da estatueta ao Estado prussiano e, finalmente, foi exposta no Kaiser Friedrich Museum.

Por outro lado, os egípcios sentiram-se enganados com a forma pela qual o busto havia saído de seu país e tentaram recuperá-lo. Ofereceram em troca outros objetos de grande valor, mas deparavam-se sempre com a negativa das autoridades alemãs. De qualquer maneira, os peritos berlinenses tinham sérias dúvidas de que o busto havia sido conseguido legalmente, razão pela qual sempre mantiveram uma porta aberta para as reivindicações que vinham do Cairo.

Com a chegada dos nazistas ao poder, eles idealizaram que a devolução de Nefertiti poderia ser usada para ganhar as simpatias do governo egípcio e, desse modo, conseguir uma posição estratégica no continente africano, de onde a Alemanha havia sido expulsa depois da Primeira

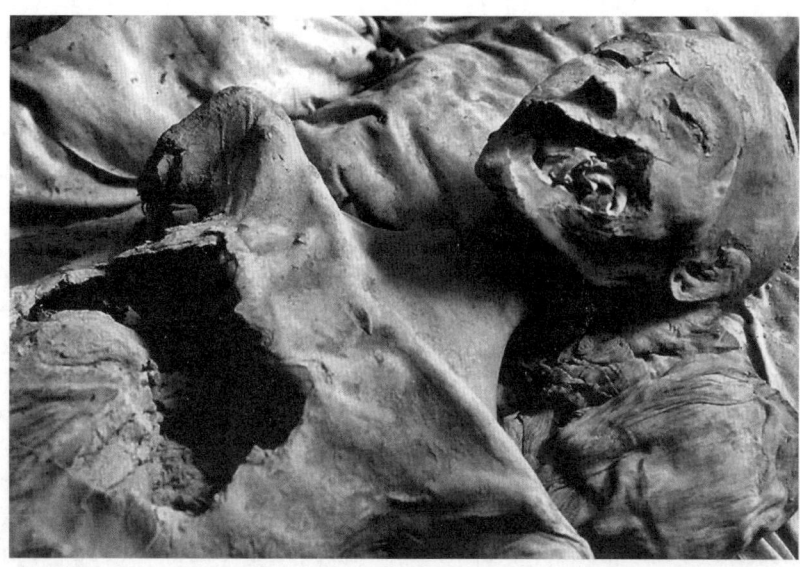

A suposta múmia de Nefertiti, na qual é possível verificar as extensas feridas no rosto. Entretanto, não se sabe se a agressão ocorreu após sua morte. A maior parte de sua biografia permanece envolta em mistério.

Guerra Mundial. Os contatos com o rei Fuad I do Egito, patrocinados pelo então ministro do Interior, Hermann Goering, estavam sendo bem conduzidos e, em 1933, tudo parecia estar preparado para que Nefertiti regressasse às margens do Nilo. No entanto, foi nesse momento que Hitler teve conhecimento da operação e mostrou-se totalmente contra.

Por intermédio do embaixador alemão no Egito, Eberhard von Stoher, o ditador alemão informou ao governo egípcio que ele era um admirador fervoroso de Nefertiti e que havia previsto alojar o busto em um lugar excepcional no momento em que seus sonhos arquitetônicos, em Berlim, se tornassem realidade.

Conheço o famoso busto – escreveu o *Führer* às autoridades egípcias –, *pois o tenho observado maravilhado muitas vezes, e isso sempre me deleitou. É uma obra de arte única, um verdadeiro tesouro. Os senhores sabem o que farei um dia? Construirei um novo museu egípcio em Berlim. Sonho com isso. Em seu interior erguerei uma câmara coroada por uma grande abóbada em cujo centro será acomodada Nefertiti. Jamais renunciarei à cabeça da rainha.*

Essa mensagem contrariou Goering, que expressou ao ditador alemão que "ele o deixara em uma situação excepcionalmente difícil" e, desse modo, limitava as possibilidades de gerar uma corrente de simpatia para o Reich no norte da África. As queixas de Goering não causaram nenhum efeito em Hitler.

Diante do aborrecimento também demonstrado pelos egípcios com sua recusa de devolver-lhes a estatueta, o *Führer* ofereceu entregar-lhes o arqueólogo que havia furtado a escultura de seu país – o qual era judeu – para que o castigassem por sua suposta fraude. Mas, naturalmente, os egípcios não queriam o arqueólogo e sim a disputada obra. Assim pois, Hitler concluiu a questão com um argumento que não admitia réplica: "o que está em mãos da Alemanha, fica na Alemanha". Os que conheciam bem o autocrata nazista sabiam que ele nunca pensara em entregar o busto aos egípcios, pois não era partidário de desprender-se de nenhuma obra de arte.

Se Hitler se opunha em ceder esses tesouros artísticos, sua obstinação tinha de ser forçosamente mais dura no caso de Nefertiti. Ao que parece, as "feições arianas" da imperatriz haviam cativado profundamente o ditador. A prova da atração que ele sentia pela figura é a presença de uma pequena reprodução do mesmo busto em seu próprio gabinete.

A Vênus de Milo, no exílio

Depois da conquista da França por parte da intratável *Wehrmacht,*[1] Paris converteu-se no destino sonhado por qualquer soldado alemão. A passagem pela Cidade-Luz previa, sobretudo, uma combinação irresistível de vinho, diversão e belas mulheres, mas quando tais aspectos festivos eram satisfeitos, a atenção deles concentrava-se na extraordinária presença cultural que a capital gaulesa oferecia.

Do mesmo modo que, atualmente, não há turista que omita em sua agenda uma visita ao Museu do Louvre, os mais de 200 mil soldados alemães que estiveram em Paris não quiseram desprezar o histórico edifício, localizado às margens do Rio Sena, o qual abriga tesouros culturais de valor universal, como a Gioconda, a Vitória de Samotrácia ou a Vênus de Milo.

Essa célebre estátua representa Vênus – Afrodite, na mitologia romana –, a deusa do amor. O nome de Milo deve-se ao fato de que a estátua foi encontrada na ilha homônima do Mar Egeu, em 1820. Seu autor é desconhecido, mas poderia tratar-se de um discípulo do grande

---

1. Apesar de o termo *Wehrmacht* referir-se ao conjunto das Forças Armadas alemãs – as forças terrestres (*Heer*), as navais (*Kriegsmarine*) e as aéreas (*Luftwaffe*) –, ele é habitualmente utilizado como sinônimo das forças terrestres. Ao longo da obra, o termo será utilizado nesse sentido restrito.

escultor Escopas, motivo pelo qual ela pode ter sido esculpida nos séculos I ou II a.C.

No entanto, os visitantes alemães que no Louvre admiravam a célebre estátua estavam sendo vítimas de uma farsa monumental por

No Museu do Louvre, os franceses enganaram os alemães, colocando uma Vênus de Milo falsa no lugar da autêntica. Os alemães não descobriram a artimanha.

parte dos submissos franceses. A obra que tinham diante de seus olhos não era a genuína Vênus de Milo, pois esta estava muito bem resguardada, esperando que os alemães se retirassem da França para então voltar a ser exposta publicamente. A Vênus que estavam admirando nada mais era do que uma reprodução em gesso!

Com efeito, as autoridades francesas, no momento em que os *panzers* alemães se aproximavam de Paris, decidiram colocá-la a salvo para evitar que sofresse algum dano ou, inclusive, que fosse roubada ou transferida para a Alemanha. Para mantê-la afastada das consequências da guerra, ela foi cuidadosamente embalada e ocultada nos sótãos do Castelo de Valençay.

Embora a famosa Vênus não fosse objeto da cobiça nazista, os eventos posteriores demonstrariam que essa precaução não fora exagerada, visto que numerosas obras de arte pertencentes a museus franceses ou a cidadãos particulares, sobretudo judeus, foram "adquiridas" por Goering,[2] já promovido a marechal do Reich e o segundo na linha de sucessão do *Führer*.

Quando os Aliados entraram triunfalmente em Paris, a 25 de agosto de 1944, acabando assim com os quatro anos de ocupação alemã, nada mais poderia colocar em risco a famosa estátua. Assim, pois, a Vênus de Milo pôde ser resgatada de seu "exílio" em um úmido sótão e regressar ao Louvre para continuar sendo admirada no lugar que corresponde à mítica deusa.

Inexplicavelmente, nenhum especialista alemão em arte havia detectado a grosseira falsificação, e, durante esses quatro anos, ela permaneceu no pedestal anteriormente ocupado pela obra genuína. Além disso, é estranho que não fosse planejada a possibilidade do traslado dessa estátua para a Alemanha.

---

2. O espólio da riqueza cultural dos países ocupados foi um dos objetivos principais dos nazistas. Foi enviada para a França uma equipe formada por 60 pessoas, entre historiadores de arte, peritos avaliadores e fotógrafos, com a missão de confiscar, classificar e embalar as obras que, posteriormente, seriam enviadas para a Alemanha. Entre novembro de 1940 e julho de 1944, o Terceiro Reich se apropriou de 203 coleções privadas, a maioria das quais procedentes de famílias judias, somando mais de 20 mil objetos. Utilizou-se como depósito o Museu do Jeu de Paume, em frente à Praça da Concórdia, em Paris, e para seu transporte à Alemanha foram utilizados 29 comboios ferroviários, compostos de 138 vagões carregando um total de 1.170 caixas. O objetivo de Hitler era que passassem a formar parte do fundo de um futuro museu a ser construído na cidade austríaca de Linz, mas a realidade é que uma boa parte dessas obras de arte chegou às mãos de Hermann Goering cuja intenção, segundo suas próprias palavras, era "reunir a maior coleção privada da Europa". Sobre esse assunto, Hans Frank, governador da Polônia, assegurou diante do júri de Nuremberg que "se Goering tivesse dedicado mais tempo à *Luftwaffe* e menos tempo ao saque de obras de arte, é possível que eu não estivesse agora sentado aqui".

Esse fato é ainda mais surpreendente se levarmos em conta o que ocorreu nos primeiros dias de abril de 1944, quando alguns soldados alemães alocados na Grécia desenterraram casualmente uma estátua nas cercanias da cidade de Tessalônica, enquanto realizavam trabalhos de fortificação.

O oficial de comando decidiu entregar o achado aos gregos, representados por um personagem vestido com trajes da época de Constantino, o Grande, com a autorização do Ministério da Propaganda dirigido por Joseph Goebbels, que aproveitaria esse episódio para transmitir a imagem de que as tropas alemãs estavam interessadas na cultura clássica e na conservação das obras de arte.

Entretanto, essa doação provocou a ira de Hitler, ao tomar conhecimento da notícia por meio da imprensa.[3] O *Führer* ordenou que, a partir desse momento, todas as obras de arte descobertas pelo exército alemão seriam transportadas para a Alemanha.

Hitler não apenas queria que as principais obras de arte fossem parar no Reich, como também impediu por todos os meios que alguma delas pudesse sair do país, tal como vimos no caso do busto de Nefertiti.

Ocorreu um caso semelhante com 26 canhões antigos de origem espanhola, dos séculos XVII e XVIII, confiscados pelas tropas alemãs na comunidade francesa de Schneider-Creusot.

Sem que Hitler fosse consultado, o embaixador alemão em Madri anunciou a próxima entrega dos canhões a Franco, apresentando-os como um "presente do *Führer*". Quando o ditador alemão foi informado desse fato, também mostrou sua indignação, assegurando: "Essa gente vai dando presentes em meu nome, dos quais eu não sei nada. Além disso, não tenho por costume presentear com nada histórico. Eu só presenteio com carros".

Ao comprovar a oposição de Hitler, o Alto-Comando da *Wehrmacht* (OKW)[4] emitiu uma ordem para que os canhões não fossem entregues. Por seu lado, Franco tampouco os reclamou; possivelmente preferiu ficar sem o presente do *Führer*, visto que a essa altura da guerra convinha que ele marcasse diferenças com a Alemanha nazista, a fim de conseguir, desse modo, o apoio dos Aliados.

---

3. A notícia foi publicada no *Völkischer Beobachter*, de 4 de abril de 1944.
4. Nesse caso, o termo *Wehrmacht* faz referência ao conjunto das Forças Armadas alemãs – terrestres, navais e aéreas. O OKW (*Oberkommando der Wehrmacht*) teve como responsável máximo o marechal Wilhelm Keitel ao longo de todo o conflito, apesar de que este estava totalmente submetido à vontade de Hitler.

Picasso desafia o embaixador alemão

Pablo Picasso residia em Paris durante a ocupação alemã. Embora muitos de seus amigos houvessem fugido antes da chegada das tropas alemãs, o universal pintor malaguenho preferiu ficar na cidade onde se consagrara como artista, enfrentando todos os riscos que encerrava essa decisão.

Os alemães conheciam perfeitamente sua identificação com a derrotada República Espanhola, o que o tornava suspeito de empreender atividades contrárias ao domínio nazista. Não obstante, talvez impressionados pela fama do personagem, optaram por não importuná-lo, algo que ajudou o pintor a ter um cuidado especial na devida manutenção de sua documentação, a fim de não dar motivos a uma detenção.

Por outro lado, Picasso permanecia à margem da luta levada a cabo pela Resistência, mas ainda assim sempre foi respeitado pelos que combatiam os alemães que o consideravam "um dos nossos". Em que pese o escasso compromisso prático com esse movimento, circulou um episódio que colocava em evidência a alta estima que Picasso possuía entre os defensores da causa da liberdade.

De vez em quando, alguns agentes da Gestapo chegavam ao seu estúdio para realizar um controle de surpresa, mas em nenhum caso com atitudes violentas, apenas a predisposição rotineira de cumprir o expediente. Do mesmo modo, também se apresentavam altos oficiais em seu domicílio com a intenção de atrair Picasso para a causa nazista, propondo-lhe rações extras de comida ou de carvão em troca de sua colaboração.

Todavia, a única coisa que chegavam a obter de Picasso eram alguns postais que, curiosamente, costumavam ser uma reprodução de seu famoso quadro *Guernica*, inspirado no bombardeio sofrido por essa cidade basca, em 26 de abril de 1937, por parte da Legião Condor, integrada por aviões alemães.

Em uma ocasião, quem visitou o estúdio de Picasso foi Otto Abetz, o embaixador alemão em Paris. Aparentando interesse por suas obras e observando que em uma parede havia uma fotografia do *Guernica*, perguntou-lhe polidamente, com o intuito de quebrar o gelo:

– É uma obra sua, *monsieur* Picasso?

Ao que o famoso pintor respondeu secamente:

– Não, sua.

Com apenas duas palavras, Picasso denunciava todo o horror que a aviação alemã havia infligido sobre a indefesa Guernica, um trágico destino que, mais tarde, sofreriam outras cidades como Varsóvia, Roterdã ou Coventry.

Embora essa genial resposta merecesse ser correta, a realidade é que existem sérias dúvidas sobre sua veracidade. Ainda assim, o suposto desafio de Picasso ao embaixador alemão serviu de exemplo e estímulo para os que lutavam na França contra a opressão nazista.

Entrada triunfal no Cairo

Enquanto a França definhava sob a opressão nazista, as forças alemãs continuavam estendendo-se, não apenas pela Europa, mas também pelo norte da África. No verão de 1942, nada fazia pensar que os alemães, liderados pelo marechal Erwin Rommel, poderiam ser detidos em seu caminho para o Cairo.

Após a queda de Tobruk, o *Afrika Korps* e as tropas italianas teriam, aparentemente, via livre até o Canal de Suez. O pânico que acometeu a capital do Egito diante da iminente chegada dos *panzers* foi tal que os britânicos iniciaram a queima de toda a documentação oficial para que ela não caísse nas mãos dos inimigos.

Mussolini assistia a esses momentos cruciais com um sentimento ambíguo. Por um lado, sentia-se feliz porque estava a ponto de conseguir seu ansiado objetivo de expulsar os britânicos do norte da África, mas por outro estava consciente de que o mérito da conquista do Egito seria creditado a Rommel, convertendo-se assim a campanha em um êxito alemão.

De todo modo, o *Duce* não estava disposto a deixar-se arrebatar facilmente pelos louros do triunfo; embriagado por seus sonhos imperiais, decidiu fazer sua entrada na capital egípcia montado em um cavalo branco. A música que acompanharia os italianos nessa marcha triunfal seria a da mais célebre ópera de Verdi: *Aida*.

No entanto, os britânicos, mesmo temerosos diante do avanço incontrolável de Rommel, não estavam dispostos a entregar o Cairo sem luta. De maneira que, bem posicionados na pequena aldeia de El Alamein, eles resistiram às furiosas investidas das tropas do Eixo até que a Raposa do Deserto viu-se forçada a colocar-se na defensiva, afastando para sempre a possibilidade de tomar a capital egípcia.

Entre os italianos capturados durante esses combates encontravam-se os encarregados de organizar a entrada triunfal no Cairo. Os britânicos ficaram muito surpreendidos ao encontrar a partitura, os instrumentos e até os trajes de cerimônia que os alemães pensavam usar nessa representação que, apesar dos intensos preparativos, seria definitivamente cancelada.

Churchill, pintor

Na última fase de sua longa vida, era comum ver Churchill concentrado diante de uma tela, pintando uma paisagem com parcimoniosa meticulosidade. Essa atividade relaxante o acompanhou desde que ele teve seu primeiro encontro com a pintura, durante a Primeira Guerra Mundial.

Em 1915, Churchill fora injustamente afastado de seu posto, como superintendente da Marinha de Guerra, ao ser considerado o responsável pelo fracasso de Gallípoli, uma frustrada operação anfíbia para forçar a passagem dos Dardanelos e assim, eliminar a Turquia – nessa época, aliada da Alemanha – da guerra. Apesar de a operação ter transcorrido por um caminho muito diferente daquele planejado originalmente por Churchill, ele próprio se converteria no bode expiatório do fiasco.

O político viu-se, então, acometido de uma profunda depressão, acreditando ser um homem acabado. Embora conservasse sua cadeira na Câmara dos Comuns, um homem de ação como Churchill não poderia aceitar, sem mais nem menos, ver-se afastado do cenário principal. Como ele reconheceria mais tarde, esses foram os piores tempos de sua vida. Sua esposa, preocupada com seu estado de prostração, deu-lhe de presente uma caixa de pinturas para principiantes, a fim de que mantivesse a mente ocupada: a terapia envolveu todo um conjunto de ajustes.

A partir de então, Churchill dedicaria parte de seu tempo livre para pintar. O fato de que no período entreguerras ele se sentisse marginalizado a uma posição secundária no panorama político britânico permitiu-lhe que dispusesse de várias horas por dia para cultivar sua veia artística.

Porém, com a eclosão da Segunda Guerra Mundial, todas as suas jornadas passariam a ser ocupadas por uma atividade frenética. De fato, durante os seis anos de duração do conflito, ele pintaria um único quadro. Foi durante a Conferência de Casablanca, após o êxito dos desembarques aliados no norte da África em novembro de 1942, que Churchill e Roosevelt se reuniram nessa cidade marroquina, em janeiro de 1943. Stálin também havia sido convidado, mas declinou da proposta alegando encontrar-se imerso na coordenação das operações de fechamento do cerco de Stalingrado.

Depois de visitar a maravilhosa cidade de Marrakech, em companhia de Roosevelt, Churchill decidiu tirar dois dias de descanso durante os quais pintou um quadro que representava o maravilhoso pôr do sol

Churchill descobriu a pintura durante a Primeira Guerra Mundial, um hobby *que o acompanharia ao longo de toda a sua vida.*

que ambos os dirigentes haviam desfrutado. Assim que terminou o quadro, o premiê britânico ofereceu-o ao presidente americano.

Anos mais tarde, o *hobby* artístico de Churchill daria lugar a um notório episódio. Já afastado do poder e na condição de ex-primeiro-ministro, ele dedicou-se a participar de conferências. Em uma visita aos Estados Unidos, reuniu-se com um importante editor, Henry Luce, fundador das revistas *Time* e *Life*, sendo recebido em seu escritório. Ali, Churchill se surpreendeu ao verificar que Luce tinha um de seus quadros. Os dois analisaram a composição detalhadamente. O editor comentou de forma construtiva: "É um belo quadro, mas creio que lhe falta algo no primeiro plano, como uma ovelha, por exemplo". Churchill, aparentemente contrariado pela observação, nada respondeu e passou a falar sobre outro tema.

Alguns dias depois, quando Churchill já se encontrava em Londres, Luce recebeu uma chamada da secretária do veterano político solicitando que o quadro fosse enviado para a Inglaterra. O editor pediu-lhe que apresentasse suas desculpas a Churchill pelo comentário que havia feito em seu escritório, mas foi inútil. Assim, ele não teve outro remédio senão o de desfazer-se do quadro, remetendo-o ao seu autor.

A surpresa para Luce ocorreria algumas semanas mais tarde quando, ao chegar em seu escritório, encontrou uma remessa procedente da Inglaterra: tratava-se do mesmo quadro, mas agora apresentando uma ovelha em primeiro plano.

Todos ao teatro!

Curiosamente, a Segunda Guerra Mundial incentivou a promoção do teatro nos Estados Unidos, ao distribuir-se mais de 9 milhões de entradas gratuitas entre os soldados americanos para que assistissem às representações teatrais.

Essa medida, destinada a amenizar o tempo livre dos soldados, quando regressavam de licença, serviu para popularizar essa opção de ócio cultural; dois terços dos soldados que se beneficiaram com a campanha jamais haviam estado antes em um teatro.

A distribuição de convites para esses espetáculos não foi o único benefício com o qual as tropas se depararam ao voltar para casa. Os soldados que tinham domicílio em Nebraska se surpreenderam agradavelmente ao verificar que, nos bares e restaurantes de mais de uma centena de locais desse estado, podiam beber refrescos sem pagar nada. Além disso, a generosidade de seus habitantes não se limitava aos naturais de Nebraska: as centenas de milhares de soldados que cruzavam seu território em ferrovias também tinham direito a bebidas gratuitas nas estações servidas pelo trem.

Outra campanha insólita foi a que se disseminou entre os povos da América profunda onde os soldados, que se encontravam de passagem ou que não tinham familiares na região, eram acolhidos por famílias *adotivas* que lhes ofereciam refeições aos domingos.

Mas, provavelmente, o oferecimento que despertava maior entusiasmo entre os soldados era o das *V-Girls* ou *Victory-Girls* (Garotas da Vitória): grupos de jovens voluntárias que os acompanhavam em seus momentos de diversão para que esquecessem por algumas horas as privações do *front*.

A imoral "arte da fuselagem de aviões"

Os aviões americanos do Pacífico refletiam em suas fuselagens as expressões artísticas de seus tripulantes. O principal motivo de inspiração para esses artistas improvisados não poderia ser outro senão do que mais sentiam falta nesse ambiente militar: as garotas com pouca roupa. Assim nasceria o que se conheceu como "arte da fuselagem" (*nose art*), referindo-se ao local do avião em que suas musas ficavam imortalizadas.

Muitos aviões eram batizados com nomes femininos, como A *Bela de Detroit* ou *A Bonequinha do Texas*. A ornamentação também era feita em consonância: garotas com um disfarce mínimo de *cowboy*, com roupas de banho ou completamente nuas podiam enfeitar a parte dianteira das fortalezas voadoras B-29.

Os desenhos não eram frutos da improvisação, mas requeriam, além da inspiração, conhecimento dos materiais a ser usados e uma boa técnica. As tripulações buscavam os melhores desenhistas entre os soldados da base, os quais cobravam segundo sua cotação.

Mas os anseios artísticos desses homens criaram um sério obstáculo quando vários desses aviões foram transportados aos Estados Unidos para ser reparados; a existência desses desenhos provocadores chegou ao conhecimento de vários grupos religiosos, que esbravejaram duramente por considerá-los indecentes. O Comando das Forças Aéreas não quis ter problemas com esses grupos e emitiu uma ordem para que os atrevidos desenhos fossem apagados.

Por sorte dos artistas e das tripulações, a ordem não foi levada em conta pelos responsáveis das bases aéreas e os aviões continuaram ostentando os ousados motivos nas fuselagens.

Exemplo de arte da fuselagem (nose art) *desenvolvida pelos aviadores americanos: a fuselagem do famoso bombardeiro* Memphis Belle.

Rembrandt, um ícone nazista?

Quatro séculos depois do nascimento de Rembrandt (1606-1669), bem poucos segredos permanecem sobre a vida e a obra desse pintor holandês universal. Não obstante, é pouco conhecido o fato de que os nazistas, além da ocupação dos Países Baixos, tentaram apoderar-se de sua imagem, identificando-a com sua própria ideologia.

Quando os propagandistas nazistas repararam nos quadros pintados por Rembrandt, nos quais se destacava especialmente seu assombroso uso de luzes e sombras, encontraram neles imagens capazes de ilustrar seu mito de "sangue e terra", a ideia de que aqueles com sangue alemão tinham um vínculo maior com sua terra e um caráter superior.

Hitler e outros altos hierarcas nazistas colecionaram obras de Rembrandt, embora no pensamento ou na história pessoal do pintor não existisse nenhum elemento que pudesse identificá-lo com os princípios que, séculos mais tarde, conformariam o nacional-socialismo.

Quando Hitler viu o quadro intitulado *Homem com um capacete dourado*, naquele momento atribuído a Rembrandt, o ditador assegurou que a pintura plasmava perfeitamente as qualidades heroicas que o soldado alemão deveria possuir. "Isso prova que Rembrandt é um verdadeiro ariano e alemão", afirmou o *Führer*, sem sombra de dúvida.

Assim, pois, a fim de somar a imagem do artista à causa nazista, um autorretrato dele apareceu nos selos holandeses emitidos durante a ocupação, foi entregue um "Prêmio Rembrandt" à contribuição artística para a cultura nacional-socialista e foram escritos uma ópera e um filme sobre ele. Os alemães trataram, inclusive, de instituir como Dia Nacional da Holanda a data de nascimento de Rembrandt – dia 15 de julho –, substituindo desse modo a comemoração do aniversário da rainha.

Mas os holandeses não se entusiasmaram com a ideia de que os ocupantes de seu país se apropriassem da memória de seu compatriota para seus nefastos objetivos, razão pela qual fizeram todo o possível para preservar o prestígio do genial artista, negando-se a celebrar o Dia Nacional na data imposta pelos alemães.

Após a guerra, foram eliminados todos os vestígios deixados pela pretensão alemã de apoderar-se da figura do artista e essa campanha dos marqueteiros nazistas foi rapidamente esquecida, resgatando assim Rembrandt dessa nefasta aspiração que poderia ter influenciado de maneira negativa a apreciação de sua obra.[5]

---

5. Embora a intenção nazista de apropriar-se de Rembrandt tenha sido deliberadamente enterrada pelos holandeses, em 2006, coincidindo com o 400º aniversário de seu nascimento,

O quadro Homem com um capacete dourado, *de Rembrandt, no qual Hitler acreditava ver as qualidades que um soldado alemão deveria ter.*

O homem que enganou Goering

O chefe da *Luftwaffe*, Hermann Goering, era um apaixonado pelas artes. No entanto, seus conhecimentos de pintura não foram suficientes para dar-se conta de que o quadro *Mulher surpreendida em adultério*, do pintor barroco holandês Johannes Vermeer (1632-1675), pelo qual desembolsou cerca de meio milhão de marcos, era falso, tal como se descobriu ao final da guerra.

O autor do falso quadro de Vermeer era um pintor chamado Han van Meegeren (1889-1947). Esse artista cultivava o estilo de pintura dos mestres clássicos holandeses, mas resistia ao reconhecimento dos críticos de arte. Certo dia, para provar a si mesmo que os peritos estavam equivocados sobre suas virtudes artísticas, decidiu pintar um Vermeer falso. Posteriormente, falsificou mais quadros desse artista e obras de outros pintores, mas já como meio de vida, levando-os ao mercado e cobrando quantias significativas por seus trabalhos.

Quando a Holanda foi invadida pelos nazistas, esse hábil falsificador aproveitou-se da cobiça de Goering. Do pintor Vermeer estão catalogadas apenas cerca de 30 obras, o que fazia com que suas raras pinturas alcançassem valores astronômicos entre os colecionadores. Esse fato levou Van Meegeren a pensar que Goering daria o que fosse para possuir uma dessas obras. Por intermédio de um banqueiro que tinha bom relacionamento com as tropas de ocupação, o marechal do Reich finalmente adquiriu a obra.

Ainda que talvez fosse mais justo premiar Van Meegeren por ter conseguido ludibriar o burocrata nazista, as autoridades holandesas do pós-guerra o detiveram, em 20 de maio de 1945. Acusaram-no de traição por acreditarem que ele havia vendido a Goering um quadro autêntico pertencente ao patrimônio artístico holandês, razão pela qual poderia enfrentar a pena de prisão perpétua ou, inclusive, a pena de morte. Porém, em 12 de julho desse mesmo ano, Van Meegeren surpreendeu o mundo das artes ao afirmar que o quadro vendido aos nazistas era de sua autoria.

Ao que parece, a falsificação era tão benfeita que todos os peritos consultados deram laudos coincidentes declarando que se tratava de um autêntico Vermeer. Assim, pois, o acusado decidiu provar sua

---

uma exposição no Dutch Resistance Museum, de Amsterdã, encarregou-se de recordar essa campanha. Nesse evento foi possível contemplar, entre outros objetos, os selos que os alemães dedicaram ao artista, o filme sobre ele, produzido em 1941, e os cartazes que proclamavam como "Dia Nacional da Holanda" a data de nascimento do pintor.

Uma parte dos imensos tesouros acumulados pelo marechal Hermann Goering, produto de seus latrocínios por toda a Europa ocupada.

inocência pintando outro quadro de Vermeer (*Jesus entre os sábios*), diante da vigilância atenta da polícia holandesa. Assombrados, os agentes comprovaram que o resultado era idêntico ao original. No entanto, quando o trabalho estava quase pronto, Van Meegeren negou-se a terminá-lo, envelhecendo a pintura, de maneira que nenhum outro artista pudesse descobrir seu segredo quanto à forma de adicionar a falsa pátina, o que causava aquela aparência de antiguidade em seus quadros.

Todavia, a análise detalhada realizada pelos peritos em outras obras do artista detido revelou os truques utilizados em suas falsificações. Van Meegeren comprava quadros da época, sem valor, e raspava a pintura para conseguir, dessa forma, uma tela original. Depois, utilizava os pigmentos que costumavam ser usados naquela época, embora vira-se forçado a utilizar um produto químico descoberto somente no século XIX: o fenolformaldeído, para endurecer a pintura resultante e, assim, dar a aparência de um quadro pintado há vários séculos.

De todo modo, aquela exibição insólita de suas habilidades diante da polícia, além de sacudir o mundo das artes ao infundir dúvidas sobre todas as obras existentes de Vermeer, serviu para mudar a natureza da acusação que pesava sobre ele. As acusações de traição foram transformadas em acusações de falsificação, mas, mesmo assim, a condenação, expedida em 12 de outubro de 1947, foi de dois anos de prisão.

Apesar de a pena não ter sido excessivamente severa, é possível que Van Meegeren não suportasse ser tratado como um criminoso em virtude da demonstração de suas inegáveis qualidades artísticas; ele veio a falecer em sua cela, acometido de um ataque cardíaco, apenas 19 dias após sua entrada na prisão.

O falso quadro de Vermeer, que fora comprado por Goering, encontra-se hoje guardado nos sótãos da Galeria de Arte Holandesa.

Slides para "os dias depois da guerra"

Entre 1943 e 1945, os nazistas imortalizaram os tesouros artísticos do Reich e da Europa ocupada, especialmente da Áustria, Checoslováquia, Polônia e Rússia, em 40 mil *slides*. Esse plano ambicioso foi ordenado por Hitler, a fim de garantir a reconstrução das obras de arte destruídas durante a guerra, quando esta terminasse.

Na primavera de 1943, o *Führer* encarregou Goebbels, seu fiel ministro da Propaganda, de formar uma equipe de fotógrafos, assessorada por professores universitários, químicos e historiadores, para que realizassem um inventário gráfico de tudo o que fosse digno de uma proteção especial por sua relevância artística ou histórica.

A ordem foi motivada pelos contínuos bombardeios sofridos pelo território do Reich por parte da aviação aliada. As obras de arte começavam a desaparecer entre os escombros e o único testemunho que restava eram fotografias em preto e branco, o que não permitiria uma posterior reprodução fidedigna. Assim, o novo *exército* de fotógrafos contaria com material de ótima qualidade para que todos os detalhes fossem fielmente refletidos. De qualquer forma, as restrições impostas pela guerra forçaram o emprego do filme *Agfacolor-Neu*, que estava no mercado desde 1936 e que, portanto, não representava a tecnologia mais avançada.

A única limitação era a obrigação de trabalhar com discrição no momento de tirar fotografias do exterior dos edifícios; temia-se que a

Um dos slides *que deveriam servir para orientar a reconstrução dos monumentos destruídos pelos bombardeios. Aqui um detalhe da* Frauenkirche *de Dresden.*

Outro dos slides *mencionados. Este também é um detalhe da* Frauenkirche *de Dresden.*

população interpretasse que seu desaparecimento em um bombardeio estivesse próximo, o que poderia gerar alarme e alimentar o derrotismo. Aqueles fotógrafos reuniriam um catálogo exaustivo de afrescos, murais, estuques, monastérios, castelos e outros edifícios monumentais.

As bombas que cairiam sobre o território alemão e os incêndios destruiriam cerca de 60% das obras documentadas fotograficamente. Entre esses tesouros destruídos figuram os valiosíssimos afrescos da *Frauenkirche* de Dresden, que se perderam em fevereiro de 1945.

Tampouco nada resta atualmente dos numerosos tetos e retábulos policromados de igrejas rurais da Prússia Oriental – território que hoje pertence à Polônia e à Rússia –, cuja única prova de seu antigo esplendor são as fotografias tiradas pelos alemães.

Calcula-se que essa colossal operação de salvaguarda do patrimônio artístico, realizada em segredo, tenha custado vários milhões de marcos alemães. A qualidade desse trabalho é demonstrada pelos honorários que os fotógrafos recebiam – 35 marcos (cerca de 300 euros) por fotografia. Embora o objetivo fosse a imortalização de cerca de 2 mil obras artísticas, somente 480 puderam ser catalogadas. O trabalho dos fotógrafos seria desenvolvido até abril de 1945, quando a queda do Terceiro Reich era então iminente.

O Instituto Central de História da Arte, em Munique, e o Arquivo de Fotografia de Marburgo foram encarregados de custodiar essas imagens a partir do final do conflito.[6]

As partituras perdidas de Wagner

É conhecida por todos a paixão que a música de Richard Wagner (1813-1883) despertava em Hitler. Em sua juventude, quando vivia praticamente como indigente, as poucas moedas que recolhia vendendo suas aquarelas pelos cafés de Viena, ele as guardava para poder assistir, nos locais mais baratos da capital austríaca, às representações das óperas wagnerianas. Para ele, Wagner era quase um deus e, com 17 anos, ele até tentou compor uma grande ópera em uma imitação daquelas criadas por seu ídolo.

Foi em 1923 que Hitler realizou seu sonho de conhecer pessoalmente a família de Wagner, fazendo amizade com todos os seus membros. Ele costumava visitá-los em sua vila de Wahnfried, em Bayreuth,

---

6. Embora fosse publicamente possível consultar esses trabalhos a partir de 1956, desde 2005 esses arquivos tornaram-se acessíveis na internet (www.zi.fotothek.org.).

O compositor alemão Richard Wagner era o grande ídolo de Hitler. O ditador, que comparecia anualmente ao festival wagneriano de Bayreuth, cultivou uma grande amizade com sua família.

onde Wagner tinha vivido. Ali ainda residia sua viúva, Cosima, já anciã, e seus descendentes. Hitler sentia uma especial veneração por Winifred Wagner, a esposa de Sigfried, o único filho do músico. O ditador confessou mais de uma vez aos seus amigos íntimos que, caso decidisse casar-se por conveniência, contrairia matrimônio com ela.

Winifred casou-se com o filho de Wagner em 1915. Nascida na Inglaterra em 1897, ela era filha do jornalista inglês John Williams e de Emily Karop, de nacionalidade alemã. Não é de estranhar que Hitler pensara nela como possível *primeira-dama* do Reich, pois à união de seu sobrenome com o de Wagner somava-se uma aliança simbólica com o espírito britânico; não podemos esquecer que ele sempre aspirou dividir o mundo com a Inglaterra.

A admiração entre Hitler e a família do compositor era mútua, posto que os Wagner consideravam-no como o salvador de que a Alemanha necessitava. A partir de 1923, Winifred declarou-se publicamente admiradora do líder nacional-socialista, mas seu marido – demonstrando maior clarividência – resistia a mostrar-se solícito para com o futuro ditador.

Quando Hitler chegava em Wahnfried, fazendo-o sempre de maneira incógnita, ele se transformava do austero e implacável homem de política para uma pessoa de família, encantando e brincando com os netos do compositor, Wolfgang, Wieland, Friedelind e Veneras, que passaram a chamá-lo de "tio". Posteriormente, ele *premiaria* Wieland com a direção de um campo de concentração e ele, mais tarde, se refugiaria na Inglaterra. Para alguns biógrafos, aquela seria a verdadeira família do ditador. As visitas foram tão frequentes que se chegou a construir uma ala especial para lhe servir de residência.

A partir de 1930, ano em que o filho de Wagner faleceu, Hitler não faltaria ao encontro anual, em Bayreuth, ao qual todos os seguidores do músico atendiam. Após ser nomeado chanceler, em 1933, Hitler proporcionaria todo o seu apoio à celebração desses festivais, convertendo-os em autênticos eventos de alcance nacional. Durante essas reuniões, ele postergava os afazeres políticos e convidava personagens ilustres, diplomatas, jornalistas ou membros da alta sociedade para os encontros de Bayreuth.

Todas as pessoas que queriam pertencer aos círculos de poder do Reich costumavam visitar o festival e permanecer sentadas nas desconfortáveis cadeiras de pista do teatro, durante as cinco ou seis horas de duração das óperas para, dessa forma, mostrar sua lealdade inquebrantável ao *Führer*. Eva Braun, apesar de preferir os filmes de Hollywood à opera, não perdia tampouco a oportunidade de acompanhá-lo, mas sempre em um discreto segundo plano. Por desejo expresso de Hitler, o festival continuou sendo celebrado durante a guerra, mas a partir de 1940 o ditador deixou de comparecer, por estar totalmente concentrado na direção das campanhas militares. Curiosamente, a última ópera assistida por Hitler em Bayreuth foi *O Crepúsculo dos Deuses*.

A influência do universo wagneriano no nazismo seria determinante. Hitler abordou seu infausto movimento com os elementos causadores de efeitos que Wagner apresentava em suas óperas – desfiles com tochas, multidões em cena, vestimentas esplêndidas –, assim como as confusas ideias que destilavam o caráter sagrado da natureza, a tradição ancestral, o destino ineludível, ao que devia ser acrescido o ardente antissemitismo do músico. Assim, pois, não deveria ser surpresa a veneração que o ditador alemão sentia por Wagner.

Em 20 de abril de 1939, por ocasião de seu 50º aniversário, Hitler recebeu um presente muito especial: vários industriais alemães adquiriram um legado de partituras musicais de Wagner e as ofereceram ao *Führer* em uma caixa luxuosa. Esses homens de negócios, que estavam obtendo grandes benefícios econômicos a título de compensação pelo papel decisivo que desempenharam para favorecer a ascensão do ditador nazista ao poder, haviam pago uma quantia próxima a 1 milhão de marcos pela coleção.

Hitler guardou zelosamente esse valiosíssimo presente em Berlim. Porém, durante o conflito, Winifred Wagner dirigiu-se ao autocrata pedindo-lhe que transferisse as partituras para Bayreuth onde estariam mais seguras, a salvo dos bombardeios diários sofridos pela capital alemã. No entanto, Hitler se recusou a separar-se das partituras de seu idolatrado compositor e assegurou-lhe de que as havia colocado em um lugar seguro.

A coleção incluía, entre outras, as partituras originais de *Das Rheingold* (O Ouro do Anel), *Die Walküre* (A Valquíria) e o *Der Fliegende Hollander* (O Holandês Errante). O destino dos manuscritos é um mistério, visto que nunca mais se teve notícias de seu paradeiro, razão pela qual se presume que foram destruídos durante a batalha de Berlim ou, talvez, eles ainda estejam ocultos em alguma câmara secreta à espera de ser descobertos...

O milagre do Campo 60

Os turistas que visitam as Ilhas Órcades, situadas ao norte da Escócia, não conseguem disfarçar o espanto quando, de forma inesperada, se deparam, sobre uma pequena colina, com uma pequena capela que parece ter sido transplantada diretamente do sul da Itália.

Em certa ilha açoitada pelo gélido vento do norte, sem indícios de vegetação e uma tradição histórica e cultural inequivocamente escandinava, apesar de pertencer à Grã-Bretanha, surge de repente uma capela humilde, pintada com cores alegres, que transmite a luminosidade e a alegria do Mediterrâneo a essas sempre brumosas terras nórdicas.

Mas o mais surpreendente é o material usado na construção dessa igrejinha verdadeiramente singular, conhecida como a *Italian Chapel* (Capela Italiana). A estrutura do pequeno edifício não passa de um barracão metálico padronizado[7] que pertencia a um campo de prisioneiros.

---

7. Trata-se dos conhecidos barracões Nissen, nome do próprio inventor, o engenheiro canadense Peter Norman Nissen, que os idealizou em 1916 durante a Primeira Guerra Mundial. Eram estruturas pré-fabricadas de forma semicilíndrica e na cor verde-oliva. De chapa acanalada e tubos de aço, permitiam um fácil transporte e uma rápida montagem. Para desenhá-los, Nissen inspirou-se nos grandes abrigos de madeira de algumas tribos de índios canadenses. Por sua vez, os americanos desenvolveriam sua própria versão dos barracões Nissen, mas eles seriam então chamados de barracas Quonset, em homenagem à localidade de Rhode Island, onde se localizava a empresa que as fabricou pela primeira vez em solo americano.

As outras partes metálicas procedem de cascos de barcos afundados. A decoração espetacular que destaca especialmente o efeito chamado *trompe l'oeil* (ilusão óptica), dando a sensação de profundidade, foi feita com gesso pintado. Apesar da simplicidade dos materiais utilizados, o resultado é extraordinário.

Qual é a origem dessa incomparável obra artística? Seus criativos construtores foram soldados italianos capturados pelos Aliados nas campanhas do norte da África. Esses homens foram enviados em 1942 para as Ilhas Órcades com a missão de construir diques nas entradas da base naval de Scapa Flow. Em outubro de 1939, um submarino alemão havia conseguido a proeza de chegar a entrar na base, razão pela qual era necessário fechar todos os acessos a fim de evitar uma ação semelhante. Os italianos foram recrutados em um campo de prisioneiros

Imagem da capela nas Ilhas Órcades (no norte da Escócia) construída por prisioneiros italianos a partir de um barracão pré-fabricado e com o escasso material de que dispunham.

muito próximo a uma dessas entradas e começaram a carregar pedras para construir o que foi chamado de *Churchill Barriers* (Barreiras de Churchill).

O local foi denominado oficialmente de Campo 60. No início foi instalada uma dúzia desses módulos pré-fabricados. O lugar não era muito acolhedor, especialmente em virtude do clima severo, mas os transalpinos começaram imediatamente a construir caminhos de cimento para evitar o barro e canteiros com plantas e flores para fazer desse campo um lugar minimamente acolhedor. Com a colaboração dos britânicos, dedicou-se um desses barracões ao entretenimento dos soldados, instalando-se ali um palco para a representação de obras teatrais. A capacidade proverbial de improvisar dos latinos não tinha limites e, diante da falta de madeira, eles construíram mesas de bilhar de cimento.

Vista frontal do altar da Capela Italiana. A Virgem e o Menino têm a seus lados Santa Catarina de Siena e São Francisco de Assis. O artista reproduziu a imagem desses santos, pois só dispunha de estampas deles. A madeira provém dos restos de um navio naufragado.

Entre os prisioneiros encontrava-se um artista plástico, Domenico Chiocchetti, que teve a ideia de erigir uma pequena estátua dedicada a São Jorge. A luta triunfante do santo com o dragão, tal como era representada a obra, simbolizava o triunfo dos próprios prisioneiros contra as contrariedades e a solidão de seu cativeiro. O escultor utilizou arame farpado para dar forma à imagem e a cobriu inteiramente com cimento fresco. Na base, foram colocadas moedas italianas e foi também inserido um papel enrolado no qual constavam as assinaturas de todos os seus companheiros.

Porém, os prisioneiros mais religiosos sentiam falta de um lugar para o culto. Eles então apelaram para o inspetor dos campos de concentração do Gabinete de Guerra. A petição foi bem acolhida, mas a realidade é que o tempo passava e a permissão para destinar um lugar do campo aos serviços religiosos não vinha. A chegada de um sacerdote italiano, o padre Gioachino Giacobazzi, acabou por dar o impulso definitivo e, ao mesmo tempo, o autor da estátua de São Jorge ofereceu-se para dirigir a construção. E assim, o Campo 60 teria sua própria igreja.

Os trabalhos começaram em 1943. Decidiu-se unir dois barracões Nissen para formar um só espaço com o dobro do comprimento. A princípio, pensou-se em usar a primeira metade como escola e a outra metade como capela. Chiocchetti dedicou-se de corpo e alma na decoração da parte final do barracão. A superfície ondulada da parte interna foi recoberta com gesso, criando a sensação de que era formada por ladrilhos. Também construiu uma grade de ferro para proteger o altar e abriu grandes janelas, nas quais ele aplicou vitrais coloridos.

No altar, ele pintou uma figura que representava São Francisco de Assis e outra representando Santa Catarina de Siena. A Virgem e o Menino ocupavam o centro do altar. O modelo para esses desenhos foram algumas estampas que o artista portava consigo. A madeira do tabernáculo foi retirada dos restos de um bote naufragado, levado à praia pelas ondas. Como o material para certas cortinas douradas não foi encontrado, eles tiveram de encomendá-lo de uma loja de Exeter, pelo Correio, e o pagamento foi feito mediante uma coleta entre todos os prisioneiros.

O resultado dos trabalhos de Chiocchetti foi espetacular, o que contrastava com a parte anterior do barracão, muito mais austera, dedicada à escola. Assim, pois, decidiram dedicar toda a construção à capela. Em pouco tempo, o interior do barracão duplo assumia todo o aspecto de uma acolhedora igreja italiana.

Mas, agora, o contraste estava na parte externa, pois esse barracão, do lado de fora, não era diferente dos demais. Um dos colaboradores do artista encarregou-se de construir uma bela fachada coroada por dois pináculos com um pretenso estilo gótico. No frontispício colocou-se uma efígie de Cristo durante a Paixão. Com a incorporação desse detalhe, a construção da capela deu-se por terminada: o "Milagre do Campo 60" havia sido realizado.

A ansiada libertação somente chegaria em maio de 1945, uma vez que a Itália deixara de lutar ao lado dos alemães desde setembro de 1943. A derrota de Hitler previa a liberdade para aqueles homens sofridos que em nenhum momento haviam perdido a ilusão de viver. Todos os prisioneiros celebraram a iminente volta para casa, embora estivessem tristes por saber que deixariam para trás essa capela que lhes havia proporcionado tanta esperança. Os italianos regressaram ao seu país, mas um deles, pelo menos, ainda permaneceria no local por um tempo. Foi precisamente o artista Chiocchetti que ainda estava concentrado na laboriosa construção de uma pia batismal.

Quando, passados alguns meses, o escultor viu sua última obra terminada, também tomou o caminho de casa, mas antes de partir recebeu a promessa da máxima autoridade civil das Órcades de que aquela capela seria devidamente preservada. Infelizmente, uma vez que o campo de prisioneiros foi desmantelado, a igreja – embora respeitada – caiu no abandono e sofreu um processo de deterioração que ameaçava acabar com ela.

Foram os próprios habitantes das Órcades que não desprezaram o grande valor dessa autêntica obra de arte e que a mantiveram viva. Nas principais festas do calendário cristão, peregrinos acudiam ao vilarejo de todas as partes da ilha. Além disso, a capela se impôs como visita obrigatória para os, então, raros turistas que chegavam à ilha. Ainda assim, a precariedade dos materiais utilizados em sua construção obrigava a execução de importantes trabalhos de restauração. Essas obras foram iniciadas em julho de 1958, graças aos fundos aportados pelos próprios visitantes, mas a falta de apoio decisivo por parte das autoridades locais tornava esse trabalho voluntarioso de recuperação insuficiente.

No entanto, houve uma grande transformação no ano seguinte. A BBC publicou uma série de informações destinadas a revelar os problemas atravessados por esse tesouro artístico e, inclusive, promoveu entrevistas com Chiocchetti, que vivia em Moena, uma cidade situada nas Dolomitas. As notícias chegaram à Itália no verão de 1959, quando foi gerada uma corrente popular de apoio à manutenção dessa minúscula representação de seu país nessas latitudes.

Graças a essa campanha, a Capela Italiana seria salva. A BBC financiou a viagem de regresso às Órcades de Chiocchetti, que passaria a ser o encarregado – quem melhor do que ele? – de dirigir os trabalhos de restauração. A inauguração da capela restaurada seria celebrada em 10 de abril de 1960, com uma missa que seria retransmitida ao vivo por emissoras italianas.

Uma vez cumprida sua missão, o artista italiano regressou ao seu país, mas não sem antes publicar uma carta endereçada a todos os habitantes da ilha que tinham apoiado o trabalho de restauração:

Queridos orcadianos:
Meu trabalho foi finalizado. Durante o período que aqui fiquei, empenhei-me ao máximo para que a capela recuperasse a beleza que tinha quando parti. Agora ela é vossa, e deveis amá-la e preservá-la. Levo para a Itália vossa amabilidade e vossa maravilhosa hospitalidade.
Agradeço a todos os que colaboraram para o êxito deste trabalho e aos que me proporcionaram a alegria de ver de novo essa capela onde deixei uma parte do meu coração. Agradeço ainda em nome de todos os companheiros do Campo 60 que aqui trabalharam comigo.
Adeus, queridos amigos das Órcades ou, talvez, devesse dizer "até um dia".

Domenico Chiocchetti
Kirkwall, 11 de abril de 1960

Sua promessa de voltar às Órcades foi cumprida após quatro anos, quando regressou acompanhado, nessa ocasião, por sua mulher, Maria. O artista chegou carregado de objetos destinados a embelezar ainda mais a capela, como um Cristo de madeira enviado pelas autoridades de Moena ou algumas toalhas de mesa para o altar, bordadas por sua esposa.

Essa seria a última vez que Chiocchetti veria sua obra-prima. Infelizmente, o estado delicado de saúde do artista não permitiria que ele comparecesse na data mais significativa: em junho de 1992, para comemorar o 50º aniversário de sua chegada com os demais italianos ao Campo 60, quando foi celebrado um encontro dos antigos prisioneiros nas Órcades. Representando o escultor – que acabara de completar 82 anos – compareceu sua filha Letizia, acompanhada do esposo, visto que sua mulher, Maria, tampouco se encontrava em condições de deslocar-se até a ilha. Muito embora Chiocchetti não estivesse presente, seu espírito definitivamente estava.

O artista faleceu a 7 de maio de 1999. Dois dias mais tarde, foi celebrada na capela uma missa em sua honra, à qual pôde participar sua esposa, junto com toda a família.

A lembrança de Chiocchetti estará sempre presente na capela que ele construíra com as próprias mãos. O "Milagre do Campo 60" permanecerá naquela colina das Órcades como prova do que o ser humano pode conseguir, com ilusão e esperança, nas condições mais desfavoráveis.

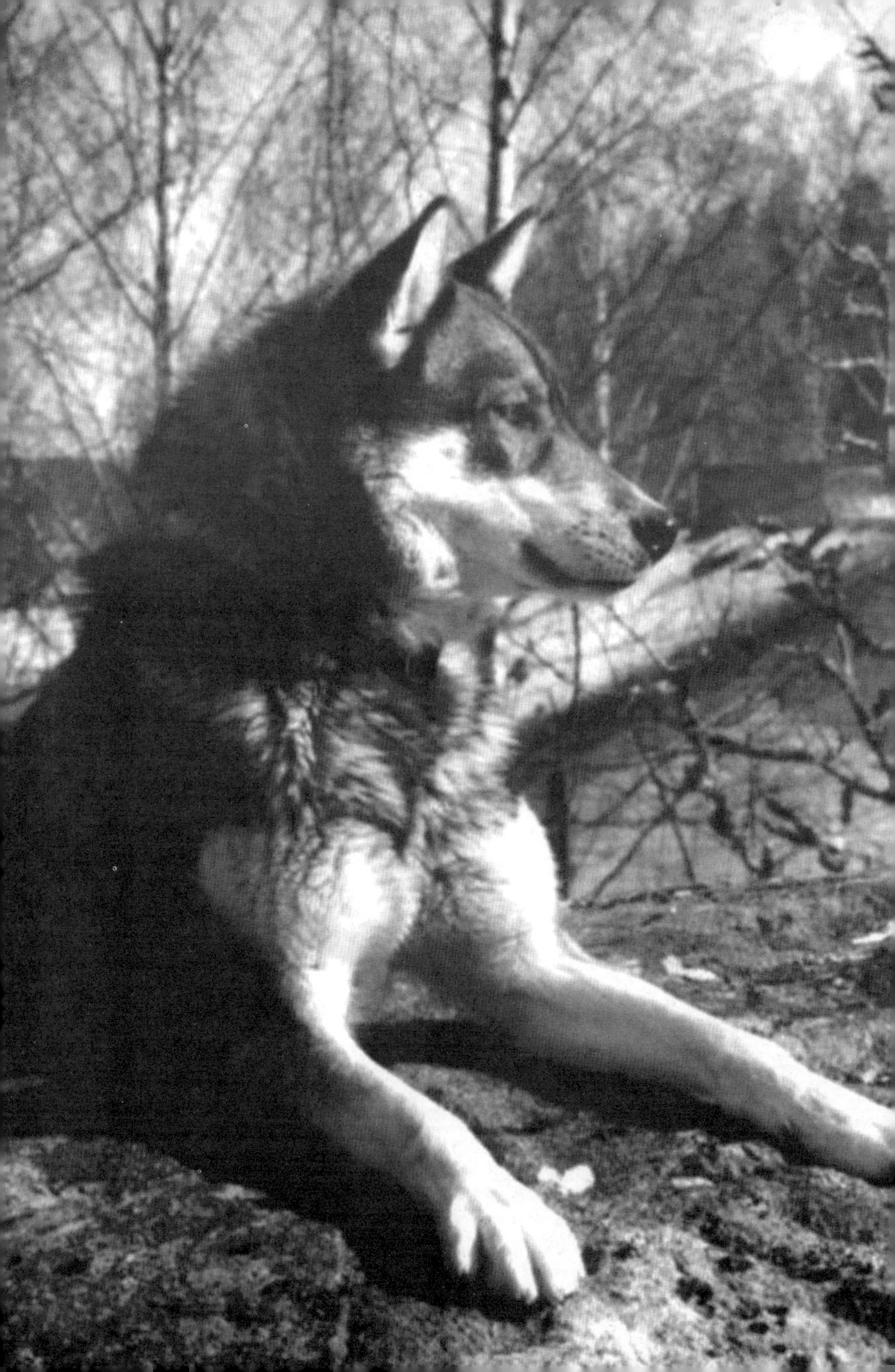

Capítulo II
Os Animais, Protagonistas

Desde que o general cartaginês Aníbal cruzou os Alpes ajudado por elefantes durante a Segunda Guerra Púnica (219-202 a.C.), os animais têm estado sempre ligados ao fenômeno bélico. Sobretudo cavalos e cães, mas também pombos, gatos ou ursos, têm compartilhado com o homem esses períodos convulsivos, dando mostras inusitadas de valentia e lealdade. Mas os animais também têm sido vítimas dos conflitos armados em igual medida que os homens, embora não contribuíssem de modo algum para desencadeá-los.

A seguir, poderemos comprovar como os animais participaram do conflito de 1939-1945, os quais, além de sofrer trágicas consequências, ajudaram os combatentes de ambos os lados ou, inclusive, converteram-se em autênticos heróis.

Um escaravelho maldito

Entre os milhares de insetos que podem ser encontrados na Eslovênia, há um gênero de escaravelhos cegos que têm seu hábitat natural em uma dezena de cavernas profundas da região central desse pequeno país da Europa Central. Por viver na mais completa escuridão, a evolução fez com que esses escaravelhos não possuíssem olhos, razão pela qual recebem o nome latim de *Anophtalmus*.

Essa observação sobre zoologia nada teria de particular e muito menos para os interessados na Segunda Guerra Mundial, se não fosse motivada pelo nome completo de uma das 41 espécies pertencentes a esse gênero de coleópteros: o *Anophtalmus Hitleri*.[8]

O descobrimento desse coleóptero, nunca identificado anteriormente, ocorreu em 1933. Um aficionado naturalista local, Vladimir Kodrie, encontrou um exemplar em uma caverna próxima da localidade de Celje. Kodrie apresentou o então desconhecido escaravelho a um prestigioso entomólogo alemão que residia em Zagreb, Oskar Scheibel, a quem expressou seu desejo de que o coleóptero fosse batizado em sua própria homenagem, com o nome de *Anophtalmus Kodrici*.

No entanto, o cientista alemão preferiu aproveitar a ocasião para homenagear a pessoa que, nesse momento, acabava de assumir o poder em sua Alemanha natal, Adolf Hitler, do qual era um grande admirador. Assim, pois, Scheibel desprezou o ilusório pedido de seu colega esloveno e batizou o escaravelho com o nome de *Anophtalmus Hitleri,* gesto esse que seria mais tarde agradecido por carta pelo brilhante chanceler alemão.

O conhecimento desse escaravelho consagrado ao *Führer* ficou, de todo modo, circunscrito ao mundo científico. Hitler não quis comunicar esse episódio ao não considerá-lo de maior importância ou, talvez, porque não considerava muito adequado o fato de que lhe haviam dedicado um animal tão pouco vistoso como um escaravelho cego.

Após a Segunda Guerra Mundial, a existência do *Hitleri* continuou relegada aos livros de biologia. Mas, nos anos de 1990, depois da independência da Eslovênia, simpatizantes neonazistas começaram

---

8. A identificação completa desse singular escaravelho seria: *Insecta* (Classe), *Coleoptera* (Ordem), *Carabidae* (Família), *Trechinae* (Subfamília), *Anophtalmus* (Gênero), *Hitleri* (Espécie). Muito embora a decisão mais lógica seria mudar o controverso nome desse escaravelho, a tradição seguida no mundo da biologia obriga a serem respeitados os nomes escolhidos pelos descobridores das espécies, sem julgar seu caráter adequado ou inadequado. Portanto, pode-se encontrar uma mosca dedicada a Charles Chaplin *(Campsicnemius charliechaplini)*, uma aranha ao autor de *Drácula (Draculoides bramstokeri)*, outra aranha a Orson Welles *(Orsonwelles Othelo)*, ou uma lesma do mar a Nelson Mandela *(Mandelia)*. A única exceção é constituída pelos nomes com caráter religioso, que podem ser modificados.

a chegar a esse país em busca do coleóptero e, ao mesmo tempo, os colecionadores de objetos do Terceiro Reich procuraram apossar-se de um desses desejados escaravelhos, e os exemplares dessa espécie começaram a escassear ao serem capturados maciçamente.

A febre pelo *Hitleri* chegou inclusive aos museus de biologia. Por exemplo, a Coleção Zoológica estatal de Munique percebeu como, em poucos dias, foram roubados quase todos os exemplares dessa espécie que estavam expostos em suas vitrines, razão pela qual acabaram obrigados a tomar medidas de segurança para salvaguardar os poucos exemplares que ainda restavam.

O preço por um exemplar do *Hitleri* pode chegar até cerca de 1.200 euros no mercado negro, porém o mais valioso é, sem dúvida, o que é conservado no Museu da Basileia, na Suíça, visto que se trata do escaravelho original encontrado pelo naturalista esloveno. Nessa instituição, ele cumpre a função de holótipo, ou seja, de referência para que possam ser comparados com ele os sucessivos exemplares dessa espécie.

Como podemos ver, Schiebel não fez favor nenhum a esse escaravelho ao dar-lhe o nome do ditador alemão. Como se a morte acompanhasse tudo o que a ele dizia respeito, os congêneres desse primeiro coleóptero terão de ver-se perseguidos sem trégua com o objetivo de acabar formando parte da coleção de algum nostálgico fã do nazismo. Atualmente, o *Anophtalmus Hitleri* encontra-se em perigo de extinção.

Porém, esse azarado coleóptero não é o único animal cujo nome honra um personagem tão indigno dessa reverência. Em 1934, um paleontólogo alemão consagrou outra espécie ao líder nazista, uma mosca extinta que unicamente pode ser encontrada em estado fóssil, a qual foi denominada *Roechlingia Hitleri*.

Vingança contra um inspetor de porcos

Após a derrota da Polônia, esmagada pelos *panzers* em menos de um mês, os alemães implantaram imediatamente o sistema econômico que imperaria mais tarde em toda a Europa ocupada. Os nazistas estabeleceram um fluxo de bens em direção ao Reich praticamente sem contrapartida, o que o convertia em um método de pilhagem institucionalizado.

Na Polônia, a maior parte dos produtos do campo era enviada para a Alemanha, fosse por intermédio de compras legais com o marco alemão supervalorizado de forma artificial ou simplesmente mediante o confisco. Enquanto se realizava essa pilhagem, os poloneses literalmente morriam de fome.

Um inspetor polonês que colaborava com os nazistas dedicava-se a visitar as fazendas de criação de porcos e apoderava-se dos animais que seriam transportados para as terras alemãs. Para isso, grampeava umas placas metálicas nas orelhas dos suínos nas quais figurava o símbolo da águia nazista, certificando dessa forma que, a partir daquele momento, eles pertenciam aos alemães. Portanto, qualquer pessoa que matasse algum desses suínos poderia ser imediatamente condenada à morte, acusada de destruir uma propriedade do Reich.

A entusiasta colaboração do inspetor, evidentemente, não era vista com bons olhos pelos sofridos aldeões que, com paciência, haviam engordado esses animais. Assim, portanto, um grupo de poloneses da Resistência capturou o traidor, dispostos a dar-lhe uma lição.

O castigo foi mais significativo do que o previsto. Para que todos soubessem de sua desprezível fidelidade ao Terceiro Reich, os guerrilheiros grampearam em cada orelha do miserável uma daquelas placas que ele colocava nos porcos.

A aliança dos animais

Os alemães tiveram um inimigo diferente na França ocupada; a denominada Aliança dos Animais. Na verdade, esses membros da Resistência contra a tirania nazista não eram seres de quatro patas, mas tratava-se de combatentes locais que haviam adotado, individualmente, um nome de animal para se identificar. A participação desse grupo foi decisiva para a obtenção de informações, por parte dos Aliados, prevendo o desembarque na Normandia.

Como não podia ser de outro modo, os encarregados de transmitir as mensagens desse grupo de resistentes franceses a Londres faziam uso do reino animal ao manter esse tipo de comunicação mediante um grupo de pombos-correios.

Entre seus interlocutores britânicos, esses agentes eram conhecidos como *The Zoo Gang* (O Bando do Zoológico).

Proibição de animais de estimação

Em 1940, os funcionários do Ministério de Alimentação alemã deram uma insólita sugestão a Hitler. Para otimizar o consumo de alimentos, chegaram à conclusão de que um sacrifício em massa de cães e gatos liberaria grandes quantidades de cereais e carne, que ficariam, dessa forma, à disposição da população. Era prevista apenas uma exceção: os gatos das fazendas encarregados de afugentar os ratos.

Os judeus foram proibidos de ter cães ou canários, em uma outra reviravolta da campanha de perseguição de que foram objeto por parte do totalitarismo nazista.

Hitler rechaçou essa desatinada proposta, ao considerar contraproducente obrigar os alemães a sacrificar seus animais de estimação. O ditador alemão tinha muito presente o descontentamento existente entre a população civil durante a Primeira Guerra Mundial, um fato que não estava disposto que fosse repetido. Por exemplo, ele não recorreu às mulheres como força de trabalho e garantiu o abastecimento de alimentos quase até o fim da guerra. Portanto, considerou que essa medida poderia repercutir negativamente na moral da população alemã, razão pela qual foi descartada.

No entanto, essa ideia não caiu em solo árido. A proibição foi levada a cabo, mas somente no caso dos judeus. Apesar de difícil de acreditar, promulgou-se um decreto que proibia à população judaica manter passarinhos, cães ou gatos.

Embora essa ordem fosse apenas mais um grão de areia agregado a todas as atrocidades criminosas cometidas pelos nazistas, ela é representativa do implacável e impiedoso assédio físico e moral ao qual os judeus[9] foram submetidos.

Postes de iluminação muito tentadores

Durante o outono de 1940, a população britânica foi se acostumando a viver sob a ameaça constante dos bombardeios. Embora Hitler tivesse dado ordens para que sua aviação arrasasse Londres, a realidade é que a maioria de seus habitantes continuou indo ao trabalho. As incidências dos bombardeios alemães não conseguiriam alterar significativamente a vida rotineira de seus habitantes, armados da impassível fleuma britânica.

Por outro lado, as autoridades tomaram medidas necessárias para que os londrinos pudessem proteger-se das bombas. Assim, pois, foram deixadas grandes quantidades de sacos de areia à disposição de qualquer pessoa que, eventualmente, deles necessitasse. Sua utilidade consistia tanto em proteger vitrines quanto a usar essa areia para apagar os incêndios provocados pelas bombas incendiárias. Para que os sacos de areia pudessem ser encontrados facilmente, inclusive à noite, foram

---

9. No Bairro Bávaro (*Bayerisches Viertel*) de Berlim existe um memorial no qual consta, por escrito, essa perseguição de baixa intensidade, prelúdio do assassinato em massa. Em 1992, colocaram-se 80 placas nos postes de iluminação desse bairro, nas quais era reproduzida cada uma dessas leis antissemitas, destinadas a tornar insuportável a vida cotidiana da população judaica. Além da proibição de manter animais domésticos, também constava dessas placas a proibição de sentar-se em bancos públicos que não estivessem pintados com a cor amarela (1939) ou a de poder comprar leite fresco (1942).

colocados junto aos postes de luz e aos faróis de trânsito. Conforme os cidadãos os usassem, procedia-se à sua reposição.

Mas, em pouco tempo, observou-se que a demanda de sacos de areia havia caído abruptamente. A razão era que as pessoas pensavam duas vezes antes de levar alguns desses sacos, em razão do cheiro insuportável que eles desprendiam.

A culpa era dos cães que preferiam fazer suas necessidades aos pés dos postes que tinham os sacos de areia em sua base.

Os macacos tampouco se rendem

Durante um bombardeio da *Luftwaffe* sobre Londres, uma bomba caiu no parque zoológico da capital britânica. O artefato atingiu o lugar conhecido como *Monkey Hill*, o recinto reservado aos macacos.

A explosão causou a morte de alguns, mas a agência de notícias da BBC aproveitou esse triste episódio para estimular os londrinos a continuar resistindo.

Os animais também tiveram sua parte de protagonismo durante a Segunda Guerra Mundial. Na imagem, um descontraído oficial da Wehrmacht *faz uma brincadeira à custa de seu pastor alemão.*

Demonstrando um senso de humor inequivocamente britânico, o locutor assegurou com voz solene que "apesar do ataque alemão ao Zoológico, o moral dos macacos continuava bem alto".

O gato *Nelson*

Durante as longas e tensas jornadas em que esteve à frente de seu país, Churchill contou sempre com a companhia inseparável de um gato preto chamado *Nelson*, assim batizado em homenagem ao célebre almirante britânico.

Em um gélido dia de inverno de 1943, um de seus colaboradores encontrou o primeiro-ministro de cama, restabelecendo-se de uma pneumonia, com o gato estendido aos seus pés.

O comentário de Churchill foi:

"Você está vendo? Nelson também contribui para o esforço de guerra e para a economia de combustível; ele me serve de aquecedor."

Recrutas caninos

A entrada dos Estados Unidos na Segunda Guerra Mundial não mobilizou somente soldados americanos, mas também recrutou para as fileiras um contingente de cães.

Uma organização civil denominada "Cães para a Defesa" empreendeu uma campanha para que as famílias americanas cedessem seus animais de estimação para o Exército. Essa convocação teve um êxito espetacular; mais de 50 mil cães foram entregues por seus donos para que servissem sob a bandeira americana.

Ainda que a utilização de cães para fins bélicos não fosse uma inovação,[10] essa chamada para que os civis contribuíssem com seus animais no esforço de guerra era de fato original.

Abriu-se uma ficha individualizada para cada um dos cães, com todos os seus dados. Eles foram submetidos a um rigoroso exame

---

10. Na Primeira Guerra Mundial, os americanos costumavam ter cães nas trincheiras. Um deles, um *terrier* de Connecticut chamado *Stubby*, tornou-se um autêntico herói. Em certa ocasião, ele percebeu um soldado alemão que tentava penetrar em uma trincheira aliada; agarrou-o firmemente com suas mandíbulas e não o soltou até o invasor ser capturado. Em outra ocasião, *Stubby* alertou sobre um ataque de granadas de gás fosgênio, graças à sua capacidade de ouvir o silvo dessas bombas, algo impossível para os humanos. Os soldados tiveram tempo de colocar as máscaras antigás e, assim, muitas vidas puderam ser salvas. No total, *Stubby* participou de 17 batalhas, recebendo numerosas condecorações.

veterinário, seguindo um processo semelhante ao qual os recrutas deviam submeter-se. Posteriormente, eles receberam treinamento militar. Segundo as características de cada um, iam sendo designados para diversas tarefas, seja para rebocar cabos telefônicos, transportar mensagens, detectar explosivos, etc.

Eles entraram em serviço pela primeira vez em 1942, integrados na infantaria da Marinha. Foram muito úteis nos enfrentamentos armados que ocorriam nas ilhas do Pacífico, por terem a capacidade de detectar japoneses emboscados. O único risco que corriam com esses animais era que latissem durante uma missão que exigisse silêncio absoluto. Esse problema foi superado graças a um treinamento especialmente dirigido para evitá-lo; os soldados apertavam firmemente o bocal cada vez que um cão emitia um som, e com isso acabavam sinalizando o possível perigo levantando uma pata ou apontando o focinho naquela direção.

Em 1944, os cães tiveram um comportamento exemplar na batalha de Guam. Eles foram empregados para abrir caminho nas marchas pela selva, pois se houvesse algum japonês oculto no matagal à espreita dos americanos, ele era imediatamente descoberto pelo animal. Para essa missão, foram utilizados 72 cães, entre *dobermanns* e pastores alemães. Infelizmente, foi lamentada a morte em combate de 25 cães valentes.

Quando chegou a ansiada paz, os militares, com grande pesar, tiveram de devolver os animais aos seus donos. No entanto, surgiram vários inconvenientes, visto que muitos cães não se lembravam mais de seus antigos donos e, além disso, haviam se acostumado à vida agitada no *front*, razão pela qual se mostravam inquietos e, às vezes, agressivos.

A princípio, procedeu-se ao sacrifício dos animais que não tiveram condições de ser reintegrados com êxito na vida civil. Porém, a fim de evitar esse triste destino, o Exército colocou em ação um plano para destreinar os cães que tinham servido no *front*, antes de devolvê-los. Ao comprovar as dificuldades implicadas por todo o processo, decidiu-se que a experiência não se repetiria e que não voltariam a utilizar cães procedentes de civis.

A partir de então, o Exército americano contaria com seus próprios cães, tal como aconteceu quando, na guerra do Vietnã, foram utilizados mais de 4 mil animais, sendo, em sua maioria, pastores alemães.

Os cães mortos em combates têm sido merecedores de vários monumentos comemorativos, erigidos graças a contribuições populares. Apesar de existirem vários lugares dedicados à memória desses heróis caninos em Guam, Nova York ou Nova Jersey, os mais importantes encontram-se no Sacrifice Field, do Museu Nacional da Infantaria, em

Fort Benning (Geórgia), e no March Field Air Museum, de Riverside (Califórnia), ambos inaugurados no ano 2000.

Latir em Código Morse

Se os americanos perceberam a vantagem do uso de cães na frente de combate, também estavam convencidos de que os japoneses haviam recorrido ao animal para executar o ataque de surpresa a Pearl Harbor, em 7 de dezembro de 1941.

Havia inclusive um rumor entre os americanos de que os japoneses haviam usado um cão para se comunicarem com espiões situados no Havaí. A novidade era que os agentes japoneses haviam treinado um cão para que latisse em Código Morse (!), enquanto um submarino, próximo da costa, recebia a mensagem do animal que revelava, dessa forma, os segredos que viessem a possibilitar o ataque aéreo a Pearl Harbor.

É claro que esse "transmissor canino" nunca existiu. Tratava-se apenas de um boato infundado que, no entanto, encontrou meios de ser cultivado no ambiente paranoico desses tensos momentos.

Ratos, pilotos de tanques

O castelo de Colditz foi utilizado pelos alemães para encerrar em seus muros os prisioneiros aliados que haviam se destacado em outros centros por suas constantes tentativas de fuga. Seus muros altos o convertiam em uma "cadeia à prova de fugas".

Essa fortaleza, aparentemente inexpugnável, começou a ser construída em 1014 e, ao longo dos séculos, novas dependências foram sendo agregadas. Em 1800, ela foi convertida em uma prisão, mas em 1828 passou a ser utilizada como manicômio. Com a chegada dos nazistas ao poder, Colditz foi transformada em campo de concentração para presos políticos, mas o início da Segunda Guerra Mundial fez com que se convertesse em centro para prisioneiros de guerra.

As extraordinárias medidas de segurança dessa prisão não amedrontavam seus hóspedes, que passavam a maior parte do dia arquitetando sofisticados planos de fuga. De fato, dizem que cerca de 30 conseguiram o ansiado objetivo de escapar da fortaleza de Colditz.[11]

---

11. Para conhecer em detalhes as mais espetaculares tentativas de fugas da prisão de Colditz – que incluíram a construção de um pequeno planador –, o leitor deverá consultar o capítulo 2 de minha obra *Las ciens mejores anécdotas de la Segunda Guerra Mundial* (2004).

Quando não estavam entretidos em maquinar novas fugas, os prisioneiros tentavam divertir-se com os escassos meios que tinham a seu alcance. Um grupo de presos franceses dedicou-se a construir pequenos tanques de madeira, cujo motor era um par de rodas movidas por dois ratos que corriam em seu interior.

Por causa do muito tempo livre, esses prisioneiros lograram fabricar um bom número desses pequenos veículos, o que possibilitava que os ratos do castelo se enfrentassem em grandes batalhas de tanques.

Um elefante azarado

Certamente, o único elefante que habitava o zoológico da cidade russa de Leningrado, a atual São Petersburgo, não podia ser considerado um animal afortunado. A primeira bomba disparada pelos alemães sobre a cidade foi cair precisamente sobre ele, que morreu instantaneamente.

Em virtude da fome, a vida desse elefante não seria demasiadamente longa. A fome atroz que açoitou os cidadãos de Leningrado durante o cerco a que foram submetidos pelas tropas alemãs fez com que todos os animais da cidade, inclusive as ratazanas, acabassem no estômago de seus famintos habitantes, e, com toda certeza, os dias do paquiderme estavam contados.

Sandy, o amigo mais fiel

É habitual ouvirmos histórias de cães que foram abandonados a muitos quilômetros de distância da residência de seu dono e que, com muito sofrimento, conseguiram encontrar o caminho de volta para casa. Um desses casos extraordinários ocorreu durante a Segunda Guerra Mundial.

Em novembro de 1942, enquanto o *Afrika Korps* de Rommel se retirava, após sua derrota em El Alamein, um caminhão britânico que estava fora de sua rota veio a ser descoberto por uma patrulha alemã. Os soldados foram feitos prisioneiros, mas os alemães não quiseram tomar conta da mascote do grupo, que os acompanhava.

Tratava-se de *Sandy*,[12] um cão mestiço que os ingleses haviam adotado havia alguns meses, enquanto ele os rodeava em busca de comida pelo acampamento, em Alexandria. Apesar dos ganidos lamurientos de *Sandy* e as súplicas dos ingleses que não queriam se separar dele, os insensíveis captores abandonaram-no à própria sorte, na areia ardente do deserto.

---
12. Jogo de palavras: *Sandy* pode ser traduzido por "arenoso".

Levado pelo instinto, o cão caminhou até o leste, sofrendo com as abrasadoras temperaturas do dia e as gélidas horas noturnas. Apesar dos 200 quilômetros que o separavam de Alexandria, *Sandy* não esmoreceu e conseguiu chegar à cidade.

Seu inato senso de orientação o levou, inclusive, a encontrar o caminho até o acampamento entre as abarrotadas ruas de Alexandria, sendo recebido com enorme alegria pelos soldados que haviam sido capturados e que estavam felizes pelo regresso do fiel amigo.

O primeiro-sargento da Companhia rendeu a melhor homenagem a *Sandy*, ao exclamar:

"Pode ter o aspecto de um vira-lata, mas o que não deixa dúvida é que tem a coragem de um autêntico buldogue inglês!"

Os pequenos aliados dos russos

Vimos, anteriormente, como alguns ratões, companheiros dos prisioneiros aliados em seu cativeiro de Colditz, tiveram a oportunidade de tripular alguns tanques de madeira. Mas o mais surpreendente é que outros ratos tiveram um papel destacado no campo de batalha e, quem sabe, talvez foram determinantes para o desenlace do choque mais decisivo da Segunda Guerra Mundial.

Esses ratos atuaram em um local muito distante de Colditz, nas estepes que rodeiam a cidade de Stalingrado. Ali, em novembro de 1942, as tropas alemãs, sob o comando do general Paulus, lutavam desesperadamente para conquistar a cidade situada às margens do Rio Volga. Nessa localidade, às portas da Ásia, desenrolava-se o confronto decisivo entre Hitler e Stálin.

Enquanto os homens de Paulus se esvaíam em sangue entre os escombros, freados pela tenaz resistência russa em uma impiedosa luta de casa em casa, as forças soviéticas, procedentes do norte e do sul, tratavam de cortar as linhas de comunicação entre o Sexto Exército e sua retaguarda. Todavia, nessa audaciosa e delicada manobra, as tropas russas contaram com certos aliados inesperados.

Para proteger os flancos, o Alto-Comando alemão ordenou ao 48º Corpo *Panzer* que se deslocasse a cerca de 75 quilômetros a noroeste a fim de fechar a brecha que ameaçava isolar o Sexto Exército, expulsando os soviéticos de duas cabeças de ponte que eles tinham conseguido estabelecer na margem oriental do Rio Don.

Comandados pelo tenente-general Ferdinand Hein, os tanques alemães iniciaram a marcha, mas, somente alguns quilômetros mais à frente, os motores de vários veículos começaram a fundir. Sem parar para descobrir as causas desse estranho fenômeno, o restante seguiu adiante, mas pouco tempo depois os motores dos tanques dessa parte do comboio também pararam de funcionar, razão pela qual toda a coluna ficou detida.

Surpresos, os mecânicos verificaram que quase todas as capas isolantes do sistema elétrico dos motores haviam desaparecido. A primeira reação foi culpar a avaria generalizada como algum ato de sabotagem, mas, logo em seguida, descobriu-se a resposta: os culpados eram os ratos campestres que se haviam alojado nos motores e ainda brincavam de correr entre as peças.

Com efeito, durante as prolongadas semanas de inatividade, esses roedores haviam se acomodado no interior dos *panzers*, mostrando um inusitado gosto por essas capas isolantes, que tinham devorado vorazmente durante esse tempo. Agora, os tanques de Heim estavam temporariamente paralisados por culpa desses pequenos animais.

O 48º Corpo *Panzer* chegou ao seu novo quartel-general com vários dias de atraso. Das 104 unidades, apenas 42 estavam em condições de enfrentar os russos, pois as outras haviam sido postas fora de combate pelos roedores.

Ao chegar à aldeia de Peshani, os *panzers* começaram a sofrer novas avarias, pois os reparos improvisados não haviam sido suficientes para colocar os tanques em condição de combate e as forças russas, que avançavam pelas cabeceiras de ponte com seus tanques T-34, enfrentaram somente 20 *Panzer*s que foram logo derrotados por seu irresistível ataque.

Embora ocorressem outros embates durante os quais os russos viram-se forçados a rechaçar furiosos contra-ataques alemães, a realidade é que a sorte do Sexto Exército de Paulus estava selada. Em 22 de novembro, as tropas soviéticas, procedentes do norte e do sul, fechavam o cerco e logravam selar o destino de um reduto composto de mais de 250 mil soldados alemães.

Seria exagero conceder o mérito da vitória soviética, no cerco de Stalingrado, à ação de alguns ratos campestres, mas não há dúvida de que a sorte da batalha poderia ter sido diferente se os tanques de Heim tivessem chegado a Peshani com todo o seu efetivo intacto. No entanto, a ação dos ratões russos não se limitou a somente paralisar o 48º Corpo *Panzer*.

Quando sobreveio o intenso frio do inverno russo, os alemães, cercados em Stalingrado, acenderam fogueiras debaixo dos motores para poder aquecê-los e colocá-los em marcha. Porém, não suspeitaram de que os pequenos roedores, que se alojaram na palha dos arredores, ao sentir o calor do fogo, trataram de fugir e acabaram alojando-se nos motores dos veículos e, ali, dedicaram-se ao seu passatempo favorito, o de devorar os isolantes. Isso, conforme foi comprovado, provocaria cedo ou tarde a inutilização do carro blindado.

Calcula-se que, no total, cerca de 200 tanques alemães foram vítimas da voracidade desses roedores. Nunca se saberá o que as tropas de Hitler teriam conseguido se, nesse momento, pudessem contar com esse número de poderosos veículos de guerra, mas, com certeza, os russos têm muito a agradecer àqueles roedores que, sem saber, ajudaram seus compatriotas a derrotar o inimigo.

Uma pata dá o alarme

Os vizinhos da localidade alemã de Friedburgo tinham pensado em erigir uma estátua a Freda quando acabasse a guerra, mas ela não se tratava de uma deusa mítica ou de uma heroína humana, e sim de uma pata!

Os habitantes desse povoado tinham motivos para estar agradecidos ao emplumado animal. Quando Freda começava a grasnar, correndo espavorida pela rua, todos os vizinhos corriam para esconder-se nos refúgios subterrâneos. Em poucos minutos, os aviões aliados, que sobrevoavam a região, deixavam cair sua carga de bombas mortíferas.

Ainda que seja difícil de acreditar, a ave tinha uma sensibilidade especial para detectar o zumbido dos aviões com muita antecedência e, por isso, os vizinhos confiavam plenamente nela. Caso a vissem calma, sabiam que não haveria nenhum ataque aéreo, mas se, de repente, ela se alterasse, não havia dúvida de que não passaria muito tempo até que os aviões bombardeiros aparecessem no horizonte.

Em 1943, tivemos conhecimento dessa curiosa história em Londres, por meio de um industrial suíço em visita à capital inglesa; ele estivera em Friedburgo e testemunhara pessoalmente as qualidades de Freda. Segundo assegurou o homem, a capacidade premonitória dessa ave salvara centenas de vidas.

Chips, herói na Sicília

Em 10 de julho de 1943, os Aliados desembarcaram na Sicília após ter expulsado os exércitos do Eixo do norte da África. Os italianos defenderam suas praias sem muita convicção, mas alguns soldados resistiram em *bunkers* de concreto, utilizando intensamente suas metralhadoras contra os invasores.

Enquanto alguns soldados americanos disparavam contra uma dessas casamatas, um cão de nome *Chips* decidiu acabar com a resistência por conta própria. Assim, pois, ignorando a chuva de balas, ele correu até o *bunker* e, decidido, introduziu sua cabeça na abertura rente ao chão, por onde a metralhadora cuspia fogo, e agarrou o braço do operador com suas fortes mandíbulas.

O italiano, desarmado com essa repentina e inesperada ação, não pôde reagir e foi arrastado para fora do parapeito. Seus companheiros procuraram ajudá-lo golpeando *Chips*, momento esse que foi aproveitado pelos americanos para correr até a casamata e imobilizar os italianos.

O valoroso cão Chips, que se tornou credor das maiores honras pelo valor demonstrado em combate, durante a batalha da Sicília.

Estes não ofereceram resistência e renderam-se de imediato, enquanto o soldado que estava sendo mordido por *Chips* implorava que alguém desse uma ordem ao cão para que o soltasse.

Nesse mesmo dia, *Chips* conseguiu outra façanha ao atacar de surpresa um grupo de dez italianos. Surpreso pela irrupção do cão, o grupo foi logo cercado pelos americanos e acabou rendendo-se.

Quando as notícias sobre as ações de *Chips* chegaram aos Estados Unidos, decidiu-se condecorar o animal com a Cruz de Serviço Distinguido, a medalha da Estrela Prateada e com o Coração Púrpura, muito embora o regulamento militar proibisse que essa medalha fosse concedida a animais.

Judy, a prisioneira de guerra

A cadela *Judy*, um belo exemplar de *pointer*, formou parte da tripulação de vários barcos no Pacífico, como mascote, até que em 1942, após um ataque japonês, foi capturada junto com os demais marinheiros. Seu destino seria o campo de prisioneiros de Medan, um lugar terrível situado no norte da Ilha de Sumatra.

Ali foi adotada por um aviador britânico, Frank Williams, que quis compartilhar com ela sua escassa ração de arroz, com a qual apenas dava para sobreviver. A alegre presença de *Judy* foi inestimável para manter o ânimo dos prisioneiros, uma vez que ela não se deixava intimidar com as contínuas mostras de brutalidade dos guardas. Além disso, durante as intermináveis jornadas de trabalho na selva, avisava-os, com seus latidos, da aproximação de um jacaré, de uma serpente venenosa ou de algum tigre, razão pela qual *Judy* ganhou rapidamente o carinho de todos.

Por outro lado, os japoneses, como é lógico, não compartilhavam dessa admiração por ela, ao ver que o moral dos prisioneiros não se rompia diante de tanta adversidade graças, sobretudo, à atitude valente da cadela que lhes servia de exemplo nesses momentos tão difíceis.

Um dia, os prisioneiros receberam a notícia de que iriam abandonar o campo de Medan para ser transportados para Cingapura. O chefe do campo, saboreando suas próprias palavras, comunicou-lhes que o animal não poderia unir-se ao grupo e que deveria ser abandonado naquele lugar. Após alguns momentos de consternação, alguns prisioneiros idealizaram um plano para que *Judy* não se separasse deles. Mas, para que a trama obtivesse êxito, era imprescindível que a cadela colaborasse.

E assim foi feito. *Judy* foi escondida no interior de um saco de arroz. Uma vez dentro dele, o animal não ladrou nem se moveu, como se compreendesse que sua vida dependia disso. Durante três horas, *Judy* permaneceu totalmente quieta, sob um sol escaldante, antes de o saco ser carregado em um caminhão. Nesse intervalo, o chefe do campo se desesperou procurando-a por todos os cantos; finalmente se deu por vencido, diante do olhar de satisfação dos prisioneiros.

Uma vez no barco, *Judy* foi liberada e pôde reunir-se com seus amigos no porão em que viajavam. Porém, na rota até Cingapura, a embarcação foi torpedeada. Outros barcos japoneses acudiram ao resgate e a maioria dos prisioneiros pôde ser salva. Porém, na confusão, *Judy* perdeu de vista seu dono e ambos ficaram separados.

Passados três dias, quando todos os prisioneiros foram reunidos, o aviador Williams teve a enorme alegria de rever *Judy*. No entanto, a alegria durou muito pouco, pois foram logo informados de que havia sido decidido que regressariam ao campo de Medan. A notícia caiu como um balde de água fria entre os prisioneiros, pois a última coisa que desejavam era voltar a se encontrar com o odioso chefe do campo.

Ao chegar a Medan, o chefe nipônico os esperava, ansioso por consumar sua vingança pela trapaça da qual tinha sido objeto. Em um juízo absurdo, o japonês ditou uma sentença contra o animal, condenando-a à morte. Além disso, como mostra de uma crueldade desumana, ordenou que, depois de ser executada, os prisioneiros comessem o corpo sem vida de *Judy*, a título de castigo exemplar.

A decisão do chefe do campo provocou a revolta dos prisioneiros, que os soldados japoneses conseguiram sufocar a duras penas. Em plena confusão, *Judy* foi escondida, evitando assim de ser executada. Quando os ânimos se acalmaram, a cadela apareceu de novo, mas os soldados japoneses preferiram não agir contra ela, temendo a reação dos prisioneiros. Para evitar um motim generalizado, que o colocaria em uma situação delicada diante de seus superiores, o chefe do campo ignorou o cumprimento da condenação; e, assim, ele teve de suportar, a partir desse episódio, a desafiadora presença de *Judy*.

Apesar da vida difícil no campo de Medan, a cadela ainda desfrutou de dois momentos especialmente agradáveis. Foi quando, primeiramente, ela deu à luz uma ninhada de nove cachorrinhos, e o outro momento foi quando viu tornar-se realidade o sonho de qualquer cão ao encontrar um enorme osso de elefante, que ela levou mais de duas horas para enterrar.

A derrota do Japão não resultou no fim dos problemas para *Judy* e seu dono. No navio de regresso para a Inglaterra era proibido transportar animais, a fim de evitar qualquer infecção e, com isso, *Judy* teve de permanecer escondida entre algumas caixas da embarcação para não ser descoberta. Uma vez em alto-mar, a cadela foi retirada de seu esconderijo; o relato de seus atos heroicos ao capitão foi suficiente para permitir que ela ficasse no navio, embora não fosse possível evitar sua permanência em quarentena até o desembarque.

A chegada ao solo britânico realmente colocou um ponto final às suas peripécias, já que nunca mais precisaria ocultar-se. As notícias sobre sua agitada experiência como prisioneira de guerra dos japoneses espalharam-se rapidamente, o que resultou em uma efervescência de admiração pela cadela, o que a levaria a ser homenageada com a Medalha de Dickin.[13]

Mas, talvez, a maior honra que *Judy* desfrutou foi a de que seus latidos puderam ser transmitidos diretamente pela BBC; essa foi a primeira vez na história dessa prestigiosa emissora que um microfone foi colocado à disposição de um animal, embora, certamente, a protagonista bem o merecesse.

Toque de recolher para cães e patos

As atividades da resistência holandesa por ocasião da invasão alemã, em maio de 1940, foram constantes. Levando em conta a grande superioridade militar alemã, os habitantes da Holanda estavam conscientes de que qualquer tentativa de força destinada a atacar as tropas de ocupação estava condenada ao fracasso.

Apesar da execução de algumas ações armadas de sabotagem, a população optou majoritariamente, tal como ocorreu também na ocupada Dinamarca, por empreender uma batalha psicológica contra os alemães.

Para isso, começou-se a distribuir, desde os primeiros dias da invasão, cartas que exortavam a população a resistir passivamente. Essas missivas foram tornando-se cada vez mais sofisticadas, convertendo-se em autênticos periódicos.[14] Os invasores nazistas enlouqueciam

---

13. A Medalha de Dickin foi instituída em 1943 pela veterinária britânica Mary Dickin – fundadora do Ambulatório Público para Animais Doentes – para reconhecer os méritos obtidos pelos animais durante a guerra, premiando assim seu valor durante o cumprimento de seu dever no *front* ou em serviços civis. Essa condecoração é considerada a *Victoria Cross* (Cruz Vitória) do mundo animal e segue sendo concedida na atualidade. Em 2002, dois cães – Salty e Roselle – foram condecorados com essa medalha, pois se destacaram durante os trabalhos de resgate do Onze de Setembro.

14. A imprensa clandestina gozou de uma forte expansão nos países ocupados. Nutrindo-se das notícias proporcionadas pelas emissoras de rádio estrangeiras – especialmente o serviço internacional da BBC –, esses periódicos foram fundamentais para manter o moral da população. Na Bélgica, cerca de 12 mil pessoas se dedicavam a essa arriscada atividade, publicando cerca de 300 periódicos. Na Dinamarca, chegou-se a imprimir 10 milhões de exemplares durante toda a guerra, entre diários e panfletos. Na Holanda, a circulação total dos cinco diários principais seria de cerca de meio milhão de exemplares, e alguns periódicos tinham

buscando a fonte dessas publicações, mas era impossível achar suas impressoras. As máquinas eram escondidas em sótãos e casas de campo, e mudavam constantemente de lugar.

Para frear os desejos de liberdade dos holandeses chegou-se, em 1943, ao confisco de todos os aparelhos de rádio, a fim de evitar que as emissoras dos países aliados fossem ouvidas. Essa repressão provocaria eventos trágicos, como a detenção de 480 personalidades importantes do país, entre políticos, intelectuais ou artistas, acusadas de subverter a ordem pública, com boa parte sendo executada. Em outra ocasião, a localidade de Putten seria arrasada e todos seus habitantes varões deportados para um campo de concentração, como castigo por um ataque da resistência contra um veículo alemão no qual um soldado foi ferido.

Ainda assim, o povo holandês manteve sua atitude desafiadora, inclusive nos pequenos detalhes. Ocorreu a alguém tirar respeitosamente o chapéu quando os semáforos piscavam a luz amarela ou vermelha, as cores nacionais do país. Essa ocorrência foi seguida pela maioria da população, particularmente se houvesse algum oficial alemão nos arredores.

As chamadas à resistência civil e as instruções políticas enojavam os alemães, mas os editores desses periódicos logo descobriram que aqueles ficavam verdadeiramente furiosos quando eram ridicularizados. A gota-d'água que acabou com a paciência alemã foi o título publicado em 5 de junho de 1944, na primeira página do *Haarlemse Courant*, o qual anunciava que o general da SS, Hans Rauter, cansado com o fato de seu veículo oficial cruzar com tantos cães e patos em seu caminho pela campina holandesa, decidira ordenar um toque de recolher para esses animais, pois considerava isso "atividades antialemãs".

Embora do ponto de vista atual, essa pode parecer uma ocorrência inofensiva, a verdade é que a originalidade da notícia foi amplamente comemorada pela população holandesa. O general Rauter sentiu-se muito ofendido com o atrevimento e ordenou que todos os seus comandados se colocassem em campo e não parassem enquanto não encontrassem os responsáveis e os levassem à sua presença.

---

uma frequência de três vezes por semana. A França foi o país onde esse tipo de imprensa teve a maior difusão; além dos milhares de periódicos publicados – que chegaram a contar inclusive com edições regionais –, foram impressos livros com qualidade aceitável. A resistência gaulesa encontrou um sistema original que garantia uma distribuição eficaz para os panfletos antinazistas; os operadores das rotativas inseriam um desses papéis em cada exemplar dos periódicos legais, chegando desse modo a todos os pontos de venda da imprensa do país.

No entanto, no dia seguinte, ele se veria obrigado a paralisar a busca, uma vez que deveria empregar suas forças em um objetivo muito mais importante: repelir a invasão aliada que começara nessa mesma manhã, nas praias da Normandia.

Wojtek, o urso soldado

Durante a batalha de Monte Cassino, sob as incessantes explosões das bombas e o matraqueado das metralhadoras, alguns soldados – tanto alemães como aliados – não podiam acreditar no que estavam vendo: um enorme urso caminhava com uma grande caixa presa às suas costas. Não se tratava de uma visão; os poloneses da 22ª Companhia de Transportes, que participavam desse longo e sangrento combate, contaram com um urso para transportar as caixas de munição.

A maneira como o animal havia chegado ali não podia ser mais exótica. Para conhecê-la em detalhes, devemos voltar para o ano de 1939, quando, por ocasião da ocupação de parte da Polônia por tropas russas, milhares de soldados poloneses foram enviados para campos de prisioneiros, no interior da União Soviética. Quase dois anos mais tarde, o início da Operação Barba Ruiva levou a um acordo entre Moscou e o governo polonês no exílio para que os prisioneiros poloneses fossem libertados.

Um total de 40 mil soldados e 26 mil civis encontraram-se, repentinamente, abandonados nas estepes da Ásia Central. Eles passaram esse inverno em tendas de campanha, suportando temperaturas de até -50° C. Finalmente, em julho de 1942, Stálin permitiu que os sobreviventes fossem transportados para o Irã, navegando através do Mar Cáspio.

Ao chegaram ao Irã, eles foram acolhidos pelos ingleses, os quais verificaram que a maioria dos poloneses sofria de desnutrição e doenças. Assim que recuperaram a saúde, os soldados poloneses seriam incorporados em duas divisões, a Quinta Kresowa e a Terceira Carpática, nas quais encontraram compatriotas que haviam conseguido fugir do avanço soviético, escapando pela Hungria e Romênia, e outros que já tinham travado combate em Tobruk. Seu destino seria o Líbano, onde grande parte das forças polonesas se concentrava.

Os soldados iniciaram o longo caminho. A caravana de caminhões começou a atravessar as montanhas que separavam o Irã do Iraque. Foi em um passo de montanha, entre Hamadã e Kangavar, que encontraram um rapaz faminto e cansado que lhes pediu algo para comer. Enquanto ele dava conta de uma das latas de carne que lhe ofereceram, os poloneses perceberam que no saco carregado pelo rapaz havia um animal. Tratava-se de um filhote de urso-pardo de umas oito semanas. Segundo o relato do rapaz, ele o tinha encontrado em uma cova. Alguns caçadores tinham matado a mãe e o ursinho encontrava-se em péssimas condições de saúde e dificilmente conseguiria sobreviver.

Um dos poloneses mostrou-se disposto a comprar o filhote. O garoto negou-se a se separar dele, mas os soldados começaram a oferecer-lhe latas de chocolate, de carne e caramelos até que uma caneta

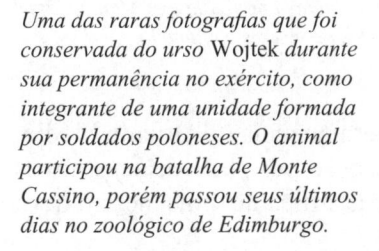

Uma das raras fotografias que foi conservada do urso Wojtek *durante sua permanência no exército, como integrante de uma unidade formada por soldados poloneses. O animal participou na batalha de Monte Cassino, porém passou seus últimos dias no zoológico de Edimburgo.*

esferográfica, que se convertia em uma navalha, acabou fazendo com que ele se decidisse pela venda do animal.

Para alimentar o ursinho, os poloneses improvisaram uma mamadeira com uma garrafa de vodca vazia e um lenço com um pequeno orifício no meio fazendo a função de uma mama. O filhote não pensou duas vezes e engoliu avidamente o leite condensado diluído na água da garrafa. Depois de tomá-lo, acomodou-se junto a um soldado de nome Piotr, buscando um pouco de calor, e adormeceu. Curiosamente, depois desse dia, ele passaria a escolher sempre o mesmo soldado para dormir a seu lado. Ao se darem conta de que o ursinho não tinha nome, decidiram batizá-lo com um tipicamente polonês, *Wojtek* (pronuncia-se "voi-tec").

Dois soldados poloneses combatendo nas rochas escarpadas que rodeavam Monte Cassino. A ajuda de Wojtek *foi inestimável para abastecê-los de víveres e munição.*

Nos meses seguintes, durante sua permanência no Oriente Médio, o pequeno órfão recebeu todo tipo de atenção por parte de seus novos amigos. Para eles, sua presença era muito gratificante, pois lhes ajudava a suportar os rigores da vida militar.

Por sua parte, *Wojtek* integrou-se rapidamente ao ambiente do exército e logo abandonou as mamadeiras para desenvolver uma afeição especial pela cerveja. O urso passou, de certo modo, a ser mais um soldado; nas paradas, *Wojtek* caminhava erguido sobre duas patas, e nos trajetos em jipe ou caminhão ia sentado como qualquer passageiro. As pessoas que o viam pela primeira vez esfregavam os olhos para se certificarem de que o que estavam vendo era real.

No início de 1944, as tropas polonesas foram convocadas para se dirigir à Itália, onde os Aliados estavam procurando romper a frente na região que rodeava a abadia de Monte Cassino, mas sem sucesso em razão da tenaz resistência alemã.

Os poloneses chegaram por terra ao porto de Alexandria, no Egito, onde deveriam embarcar rumo à Itália. Mas ali os aguardava uma desagradável surpresa: os ingleses não permitiam animais a bordo dos navios, e, assim, *Wotjek* seria forçado a ficar em terras egípcias. Naturalmente, os soldados poloneses não estavam dispostos, de modo algum, a deixar o amigo para trás e decidiram, então, alistá-lo no Exército e oficializaram toda a documentação pertinente. O encarregado de permitir o embarque examinou detidamente as credenciais do urso – que incluíam sua fotografia – e, fazendo jus à proverbial fleuma britânica, sem mover um músculo de sua face, convidou o animal a embarcar, dando-lhe uma palmada amistosa no ombro.

Os poloneses entrariam em combate em Monte Cassino no mês de abril, unindo-se a soldados de muitas outras nacionalidades. Ali, as posições avançadas nos abruptos penhascos da região deveriam ser abastecidas de alimentos e munição por meio de estreitos e perigosos caminhos, razão pela qual o carregamento do material devia ser feito com mulas. Era comum que algumas delas acabassem despencando, caindo no abismo com suas cargas nas costas.

Enquanto os poloneses estavam retirando caixas de um caminhão para, em seguida, carregá-las sobre as sofridas mulas de carga, *Wojtek* aproximou-se do veículo e se pôs de pé sobre as duas patas traseiras e, com as dianteiras, tentava aproximar-se das caixas de material. Seus companheiros, maravilhados com a cena, interpretaram que o urso procurava dizer-lhes: "Deixem para mim esse trabalho. Eu posso fazê-lo!".

Para tanto, eles amarraram uma caixa ao lombo do animal e este começou a caminhar com equilíbrio e segurança. Desde esse dia, os poloneses confiariam a *Wojtek* a missão de lidar com as cargas mais pesadas. Ele jamais os decepcionou. Um soldado desenhou a figura de *Wojtek* transportando no ombro uma enorme bomba, imagem que passaria a ser a insígnia oficial da unidade.

Sem dar mostras de fadiga e sem nunca se assustar com o estrondo das contínuas explosões, o animal colaborou com sua força hercúlea e sua grande resistência ao heroico papel dos poloneses no Monte Cassino, que culminaria, em maio de 1944, com a tomada da abadia e a colocação da bandeira polonesa nas ruínas da disputada construção.

Com a contenda finalizada, os soldados poloneses foram transportados para a Inglaterra e, como não podia ser de outra forma, *Wojtek* os acompanhou. Eles chegaram a Glasgow, onde foram recebidos triunfalmente pela população. Mas a grande atração era, sem dúvida, *Wojtek*, que desfilava orgulhoso na frente de seus companheiros pelas ruas da cidade escocesa. Esse foi o momento de glória daquele que foi popularmente conhecido por todos como o Urso Soldado.

Porém, a partir desse ponto, a história de *Wojtek* torna-se um pouco amarga. O exército polonês foi desmobilizado em 1947 e cada homem viu-se forçado a buscar seu próprio caminho. Durante dois anos haviam alimentado a ilusão de regressar ao seu país e ser recebidos como heróis, repetindo em Varsóvia o desfile que tinham protagonizado em Glasgow, mas suas ingênuas esperanças foram frustradas quando a Polônia ficou sob o controle ferrenho das tropas soviéticas, as mesmas contra as quais tinham lutado oito anos antes. Stálin já havia decretado a sentença contra todos eles, qualificando-os de "traidores".

Enquanto um número reduzido de soldados enfrentou o risco de regressar ao seu país natal, onde sofreriam a repressão do novo regime, a imensa maioria preferiu ficar na Inglaterra ou emigrar para os Estados Unidos, Canadá ou, inclusive, Austrália.

Diante da despedida iminente, os que haviam sido seus companheiros queriam colocar *Wojtek* em liberdade em algum bosque, mas as leis britânicas o impediam e, portanto, tomou-se a decisão de enviá-lo ao zoológico de Edimburgo, onde seria recebido como uma celebridade. Os artistas dirigiam-se a esse parque para reproduzir sua imagem em quadros ou esculturas.

Seus antigos companheiros, agora civis, visitavam-no com frequência e o chamavam pelo nome. Reconhecendo-os, *Wojtek* os saudava levantando uma pata. Outros ainda pulavam a vala e passavam alguns minutos em brincadeiras com o urso, simulando um confronto de luta livre, diante do olhar horrorizado dos vigilantes, que somente viam em *Wojtek* um animal selvagem.

Os anos foram passando e, como é lógico, as visitas de seus antigos amigos foram se espaçando cada vez mais. *Wojtek* não se adaptou à vida no cativeiro e passava mais tempo em seu covil, longe do olhar dos visitantes, do que na parte exterior de seu recinto. Apesar de ser o animal mais admirado pelas crianças, o Urso Soldado não se acostumava ao seu novo e monótono tipo de vida. Supunha-se que adorava os momentos passados junto a seus companheiros na primeira frente de combate, quando, sem dúvida, sua vida era muito mais intensa.

Durante os últimos anos de sua existência, ele já não respondia a estímulos exteriores. Permanecia deitado, alheio aos gritos do público que exigia sua atenção, o que seus tratadores atribuíam à sua idade, mas que, seguramente, se devia à sua melancolia. Todavia, se algum visitante lhe dirigia alguma saudação em polonês, ele logo levantava a cabeça; sem dúvida, lembrando perfeitamente os tempos que desfrutara da companhia de seus amigos poloneses.

O Urso Soldado faleceu em 15 de novembro de 1963 aos 22 anos. Os diretores do zoológico erigiram uma placa em sua memória, em uma cerimônia assistida por uma vasta representação dos soldados que tinham compartilhado com ele aqueles violentos, porém emocionantes momentos.

Hoje, as estátuas de *Wojtek* podem ser contempladas no Museu Imperial da Guerra de Londres ou no Museu Canadense da Guerra de Ottawa, em homenagem a esse animal que, com todas as honras, entrou na história militar, não apenas por seu espírito de sacrifício, mas também pela camaradagem e pela amizade demonstradas durante a guerra, o que fez com que ele ganhasse o respeito e a admiração de todos aqueles que tiveram a sorte de conhecer sua emocionante história.

Cachorro a bordo

Elliot Roosevelt (1910-1990), filho do presidente americano Franklin D. Roosevelt, viu sua carreira militar freada por culpa de suas atenções excessivas ao seu cachorro *Blaze*, um enorme mastim.

Elliot tentara ser piloto, antes da guerra, porém não passou nas provas de aptidão física. Ainda assim, em 1941, entrou na Força Aérea como observador de voo, executando missões sobre a Groenlândia ou no norte da África. Graças talvez ao peso de seu sobrenome, o filho de Roosevelt ascendeu com rapidez na hierarquia, mas um incidente viria a pará-lo inesperadamente.

O filho do presidente se disporia a viajar em um avião militar de Nova York a Los Angeles em companhia de seu cão. No entanto, as limitações do aparelho ameaçavam incomodar *Blaze*, e por isso ele ordenou a dois soldados rasos, que faziam parte do grupo de passageiros, que descessem do avião pouco antes de ele decolar. Os protestos dos dois soldados foram em vão e o mastim pôde ficar à vontade durante o longo trajeto.

Com o que o dono do cão não contava era que o assunto transcendesse além do âmbito desse avião. O incidente chegou ao conhecimento da opinião pública que, imediatamente, se solidarizou contra a injustiça imposta aos soldados. O detalhe que provocou a indignação dos americanos contra o filho do presidente foi o fato de que um dos dois soldados, Leon Leroy, precisava viajar a Los Angeles para assistir ao enterro de seu pai.

O presidente Franklin D. Roosevelt e seu filho. Este protagonizou um escândalo, veiculado pela imprensa, ao obrigar um soldado a descer do avião para que seu cão pudesse viajar com mais comodidade.

Por culpa dessa infeliz atuação, o filho de Roosevelt perdeu a oportunidade de ser promovido, naquele momento, a general de brigada, embora essa honra lhe seria concedida em 1945, com muita polêmica, por não ter angariado méritos suficientes. Elliot foi agraciado também com duas condecorações importantes: a *Distinguished Flying Cross* e a *Air Medal*.

De qualquer forma, parece que a carreira militar não era o grande interesse do filho de Roosevelt; depois da guerra, ele se dedicou à sua autêntica vocação: a literatura. Elliot escreveria vários romances policiais e sua própria mãe, a carismática Eleanor Roosevelt, era encarregada de resolver os casos.

Myrtle, a galinha paraquedista

Em setembro de 1944, quando a França foi libertada, os anglo-americanos acharam ter encontrado uma maneira de acabar com a guerra até o Natal. Pensavam consegui-lo colocando em ação a operação Market Garden.[15]

O papel protagonista para essa arriscada missão estava reservado para as forças paraquedistas. Sua contribuição foi decisiva para o êxito do desembarque na Normandia, e agora se esperava que também seria a chave para conseguir penetrar na muralha defensiva que rodeava a Alemanha.

Tanto os paraquedistas britânicos quanto os americanos estavam impacientes para entrar em combate. Desde que saltaram sobre o território francês na madrugada do Dia D, eles estiveram a ponto de executar novas missões, mas sempre, no último momento, as operações haviam sido adiadas ou canceladas. Assim, apesar do risco que acarretava ver-se de novo em ação, os homens preferiam saltar novamente a continuar padecendo daquela tensão insuportável.

Todavia, no meio dessas tropas, havia alguém alheio a essa intranquilidade. Tratava-se de *Myrtle*, uma galinha de cor avermelhada,

---

15. Mediante essa operação de transporte aéreo, incentivada por Montgomery, os Aliados pretendiam cruzar o Reno pela Holanda e penetrar na Alemanha por seu flanco traseiro. O plano consistia em assaltar, do ar, várias pontes, abrindo assim caminho para o rápido avanço das tropas terrestres em direção a Arnhem, cuja ponte cruzava o Reno. Apesar do caráter audaz da operação – incomum no sempre conservador Monty –, erros graves de planejamento e a férrea resistência germânica acabaram com ela; as tropas aliadas não conseguiriam tomar a última ponte, a de Arnhem, que se converteria, portanto, em uma ponte demasiadamente longínqua.

Paraquedistas aliados descem na Holanda durante a Operação Market Garden, em setembro de 1944. Uma valorosa galinha chamada Myrtle *fez parte do contingente transportado pelo ar.*

que pertencia ao tenente Pat Glover, da Quarta Brigada Paraquedista da Primeira Divisão Britânica de Transportes Aéreos.

Apesar da covardia atribuída a essa ave, *Myrtle* era, na realidade, uma galinha muito valente. Havia feito, junto de seu dono, seis saltos de treinamento; no início, ela era levada em uma bolsa de lona fechada com zíper que Glover portava atada ao seu ombro esquerdo, mas, progressivamente, foi cobrindo os últimos metros de queda por si mesma. Primeiro, foram apenas 20 metros, mas Glover acabou soltando-a desde cem metros. *Myrtle* descia batendo as asas e grasnando, e quando chegava ao solo esperava pacientemente que o tenente chegasse para recolhê-la.

Ela não era apenas o orgulho de seu dono, mas de toda a sua unidade, o que resultou em receber a honra de se exibir em seu colo, presas com uma fita elástica, as asas de paraquedista, das quais jamais se separaria.

Quando a Quarta Brigada recebeu a notícia de que eles precisariam saltar sobre Arnhem, atrás das linhas alemãs, Glover decidiu que *Myrtle* estava preparada para realizar o salto. A fim de evitar riscos, a galinha, nesse caso, faria todo o trajeto no interior da bolsa.

Os integrantes da Quarta Brigada saltaram sobre Arnhem na tarde de 18 de setembro. Seus compatriotas, que haviam saltado no dia anterior, tentavam com todo afinco tomar o controle da ponte sobre o Reno, mas sem sucesso. Enquanto descia sobre a zona de lançamento, Glover acariciava a bolsa onde estava acomodada *Myrtle*. Preocupado, o tenente fixou sua atenção no lugar previsto para a aterrissagem e, apesar de haver-lhe sido assegurado de que nesse segundo dia da operação a zona estaria desimpedida e tranquila, na realidade, ela se encontrava no meio de um autêntico inferno. A vegetação estava ardendo, havia destroços de aviões destruídos, homens desorientados correndo por toda as direções, e ouviam-se as incessantes explosões dos morteiros e o matraquear das metralhadoras procedentes das posições alemãs.

Glover tocou a terra, rodando com cuidado para não machucar *Myrtle* e, em seguida, retirou-a de sua bolsa para ter certeza de que estava bem. Porém, nada poderia distrair o tenente de sua missão. A recepção dos alemães estava sendo devastadora e muitos de seus homens jaziam no chão, feridos ou mortos. O tenente entregou a galinha ao seu assistente, o soldado Joseph Scott, e limitou-se a dizer-lhe: "Cuide bem dela".

Glover foi imediatamente resgatar um de seus homens que pendia ferido de uma árvore e administrou-lhe uma dose de morfina. Quando todos os sobreviventes da Quarta Brigada foram reunidos, eles tomaram o caminho para o centro de Arnhem, onde se concentravam as tropas inglesas de transportes aéreos.

A luta não diminuiria de intensidade nos dias seguintes e os soldados aliados esperariam inutilmente a chegada das colunas de blindados que avançavam do sul. O perímetro defensivo aliado em torno de Arnhem foi-se reduzindo cada vez mais, enquanto os alemães, que gozavam de um apoio quase ilimitado de reforços, mantinham a pressão sobre o cerco.

Durante a luta, Glover e Scott não se separaram nem por um só momento de *Myrtle*, que permanecia protegida dentro de sua bolsa. Porém, o soldado acabou cometendo um erro grave. Durante alguns instantes, ele colocou a bolsa na parte superior da trincheira, já que nesse momento os dois estavam protegidos. Glover agarrou-a rapidamente, mas já era tarde. *Myrtle* estava morta. Uma bala inimiga a atingira.

Durante a noite, eles enterraram a galinha paraquedista em um pequeno bosque, perto de uma cerca de arbustos. Scott, tão entristecido quanto o tenente, expressou seu melhor epitáfio: *Myrtle* manteve a coragem até o fim. Glover alisou a terra e retirou-se, mas se lembrou de um pequeno detalhe: *Myrtle* havia sido enterrada com suas asas de paraquedista. Apesar da pena que a morte de sua valente mascote lhe proporcionava, o tenente sentia-se satisfeito por ela ter sido enterrada como merecia, conservando os emblemas de sua linhagem.

A pomba *Mary* derrota os falcões nazistas

É possível que o pombo-correio mais destacado da Segunda Guerra Mundial tenha sido *Mary*. Seus inestimáveis serviços aos Aliados chegaram a ser merecedores de uma condecoração, como recompensa das arriscadas missões realizadas com êxito.

No início de 1945, *Mary* recebeu uma mensagem que devia transportar desde o setor da Alemanha tomado pelos Aliados até a cidade inglesa de Exeter. A pomba chegou ao seu destino com várias feridas, provocadas pelas garras de outra ave. Tratava-se dos falcões que os alemães treinavam para matar os pombos-correios.[16]

---

16. Na Primeira Guerra Mundial, os ingleses também treinaram falcões para interceptar os pombos-correios que os espiões alemães em solo britânico enviavam para Berlim. A base em que os falcões eram treinados pelo serviço secreto se encontrava nas Ilhas Scilly, situadas no sudoeste da Inglaterra. Em uma ocasião, os falcões britânicos capturaram vivas duas pombas alemãs que levavam enroladas mensagens com destino à Alemanha. Elas foram declaradas oficialmente "prisioneiras de guerra" e castigadas a "procriar aves britânicas"!

A utilização de falcões para cortar esse canal de comunicação foi iniciada quando os alemães descobriram que a Resistência francesa utilizava pombos-correios para enviar mensagens a Londres. Os aviões britânicos lançavam caixas com pombos-correios sobre o solo francês, em pontos previamente estabelecidos, e os resistentes franceses os soltavamapós intruduzirem suas mensagens nos pequenos cilindros que levavam presos às suas patas.

Os alemães advertiram sobre essa prática e deram ordens às suas guarnições, na costa francesa, para que abatessem todos os pombos que voassem até o mar. Não obstante, os soldados alemães não demonstraram boa pontaria e optou-se por combatê-los com falcões treinados para isso. Porém, nesse caso específico, os falcões nazistas não conseguiram seu objetivo e *Mary* conseguiu voltar ao solo inglês, para a grande alegria de seu proprietário e treinador, Robert Tregovan.

Quando suas lesões foram sanadas, *Mary* foi enviada novamente à Alemanha. Nesse país, foi-lhe confiada uma importante mensagem, que deveria chegar urgentemente à Inglaterra. Ao chegar em Exeter, seu proprietário a recolheu em suas mãos e pôde comprovar as feridas causadas pelos falcões e, além disso, apresentava o impacto de vários projéteis e uma asa quebrada. Apesar do regresso nesse lamentável estado em que se encontrara, ela cumprira sua missão e, pouco depois, já estava preparada para continuar servindo à causa aliada.

Mary sofreria de novo as consequências da guerra quando uma bomba destruiu seu pombal. Ainda assim, a indestrutível pomba conseguiu sobreviver, o que lhe permitiu receber a Medalha Dickin, em 26 de fevereiro de 1945.

Lágrimas por um hipopótamo

Na manhã de 2 de maio de 1945, quando as tropas soviéticas já avançavam vitoriosas pelas ruas de Berlim, os soldados alemães que resistiram combatendo no extenso parque Tiergarten, situado no centro da capital, começaram a render-se. Essa zona verde oferecia um aspecto muito diferente do que havia sido alguns meses antes. Sua frondosa massa arbórea havia desaparecido completamente, convertida em lenha para combater o cruel inverno berlinense, e seu suave terreno ondulado havia se convertido em um mar de crateras, produzidas por uma chuva incessante de projéteis.

O parque zoológico, situado em uma extremidade do Tiergarten, sofrera uma sorte semelhante. Esse recinto que, pouco antes, exibia uma coleção extraordinária de animais de todo o mundo, agora apresentava um panorama desolador. Seu passado esplendoroso parecia um sonho do passado longínquo. Dos 14 mil animais – entre mamíferos, aves e répteis – que povoavam o zoológico em 1939, restava apenas uma décima parte. Durante a guerra, o imenso jardim zoológico, que incluía restaurantes e salas de cinema, havia suportado o impacto de uma centena de bombas de grande potência, mas a batalha de Berlim acabara de converter o parque em um mar de escombros.

Desde o dia 20 de abril, quando esse jardim espetacular fechou suas portas ao público, as bombas de água deixaram de funcionar e a eletricidade foi cortada. Nos dias seguintes, os grandes volumes de comida exigidos pelos animais – carne de cavalo e pescado, arroz, trigo e até larvas de formiga – já não puderam mais chegar às instalações. A maioria dos animais que não haviam sido transferidos para outros parques zoológicos da Alemanha morreria em consequência da colossal batalha que se travaria na capital do Reich.

Quando as armas começaram a silenciar, após a vitória das tropas russas, os animais que haviam sobrevivido à fome e às bombas sofriam dos consideráveis ferimentos. Dos nove elefantes com que contava o parque berlinense, apenas um, de nome *Siam*, continuava vivo.

Quando os russos ocuparam esse recinto, tiveram uma terrível impressão ao ouvir os uivos de dor de alguns dos animais sobreviventes, o que os levou a atirar neles para acabar com esses atrozes sofrimentos.

Porém, conforme recordaria mais tarde um soldado soviético, o que mais provocou neles um grande impacto foi o pranto desolado de um guarda do zoológico, já idoso, que ali havia resistido até o último momento. Ele estava abraçado ao motivo de sua tristeza: um enorme hipopótamo que estava morto em seu lago pela explosão de uma granada. Tratava-se de *Rosa*, um hipopótamo fêmea que dois anos antes havia parido um filhote que recebera o nome de *Knautschke*. Para o veterano funcionário desse jardim zoológico, a tragédia de Berlim resumia-se no desaparecimento daquele amado animal.

Um papagaio demasiadamente loquaz

Após a derrota alemã circulou uma história, seguramente falsa, segundo a qual um médico tinha mandado publicar em um dos jornais de Berlim Ocidental um anúncio que dizia o seguinte:

"O dr. Otto Kraus faz saber que não responde pelas ideias políticas de seu papagaio."

Apesar de ser improvável que esse suposto dr. Kraus sofresse algum tipo de represália por conta de seu bichinho de estimação, na Rússia revolucionária, efetivamente, foi sancionado esse tipo de castigo em consequência da loquacidade de algum papagaio. Os donos das aves que entoassem canções ou lemas czaristas eram executados. Ocorreu, inclusive, um caso absurdo de os próprios papagaios serem fuzilados por isso.

Os melhores cavalos do mundo

Os cidadãos americanos que, atualmente, assistem aos atos patrióticos celebrados no Cemitério Nacional de Arlington, em Washington, mal poderiam imaginar que os cavalos das Forças Armadas que, elegantemente, puxam as carretas com os caixões têm um passado relacionado com o Terceiro Reich.

De fato, esses cavalos são descendentes dos animais que, no período pós-guerra, foram apreendidos pelos Aliados das cavalariças austríacas e alemãs. Não se deve esquecer que a *Wehrmacht* baseava boa parte de sua capacidade de deslocamento nas unidades movidas por cavalos. Embora a imagem que tenha ficado para a história é a de suas unidades motorizadas, a realidade é que, sem o concurso desse sacrificado animal, seus profundos avanços pelas estepes russas não teriam sido possíveis. Essas cavalariças, cujos exemplares deslumbrariam os peritos aliados, eram o fruto da importância que o exército alemão dedicava ao elemento equino.

A atenção despertada diante da excelente qualidade dos animais ali guardados foi dada pelo inefável general Patton após uma exibição equestre da Escola Espanhola de Equitação, em Viena, apresentada em sua presença em 7 de maio de 1945. Durante a parada, o célebre militar americano anunciou, publicamente, que os cavalos que ali estavam eram excepcionais.

Patton, um autêntico especialista em cavalos, nunca se equivocava. Os equinos pertenciam à mítica raça *Lipizzaner*, cujo *pedigree* está documentado desde o século XVI. Essa raça tem sua origem nos cavalos espanhóis que foram enviados em 1580, por ordem do arquiduque Carlos da Áustria, a uma fazenda situada próxima de Trieste denominada Lipizza, que acabaria dando seu nome a essa estirpe equina. Durante séculos, a Corte Austríaca mimou essa linha de descendência, conseguindo que seus componentes se convertessem, segundo os peritos, nos melhores cavalos do mundo.

Cumprindo ordens de Patton, os *Lipizzaner* foram imediatamente requisitados e instalados em uma propriedade particular situada no sul da Áustria. A esses animais foram acrescidas, posteriormente, várias centenas de cavalos confiscados do território alemão, pois o exército alemão também não tinha sido indiferente à qualidade desses animais. Em 1934, o país tinha fundado um centro de reprodução em Altenfeld, com exemplares austríacos. O lugar não sofreu qualquer tipo de dano durante a guerra e, ao final, contava com todos os seus funcionários, consistindo em jóqueis, veterinários e preparadores.

Quando as forças aliadas, sob o comando do coronel Hamilton, ali chegaram, os trabalhadores do centro tentaram ocultar seus exemplares mais preciosos, conscientes de que, se fossem descobertos, eles nunca mais voltariam a vê-los. Para isso, os animais foram transferidos para outros estábulos ou fazendas de confiança onde pudessem permanecer escondidos durante certo período. No entanto, como é óbvio, não é tarefa fácil ocultar um cavalo e, logo depois, os Aliados acabariam descobrindo esses animais espetaculares. Um deles chamava-se *Nordlicht*, considerado por unanimidade como "o melhor cavalo da Europa".

Os receios do pessoal de Altenfeld não eram infundados. Hamilton deu ordens para que reunissem todos os cavalos e os transportassem ao porto de Bremerhaven. Ali estavam concentrados todos os cavalos conseguidos durante a batida realizada nos territórios que formavam parte do Reich, durante o verão de 1945. O destino de todos era a América.

Porém, não se tratava somente de exemplares confiscados de seus proprietários. Houve o caso de alguns criadores de cavalos que tinham suas instalações na região alemã dentro dos limites da zona de ocupação soviética, ou aqueles que ficavam além da nova fronteira polonesa e que não desejavam, de forma alguma, que seus animais ficassem em poder do Exército Vermelho. Com extrema coragem, eles conseguiram atravessar as linhas de demarcação, fazendo-os passar por humildes cavalos de trabalho no campo, e entregá-los aos Aliados ocidentais. Alguns conseguiram galopar pelo campo no lombo dos cavalos que queriam salvar.

Antes de ser embarcados, os porões dos navios tiveram de ser adaptados às necessidades desses cavalos, acostumados a viver cercados de todos os cuidados. Em outubro de 1945, após uma viagem em que os equinos sofreram muito por causa de fortes tempestades, eles chegaram ao porto de Newport News, na Virgínia. Durante esse

Os alemães recorreram aos cavalos para cobrir as grandes distâncias da frente russa. Embora exista o mito de um exército alemão totalmente motorizado, a Wehrmacht utilizou cerca de 3 milhões de cavalos ao longo da guerra.

Um magnífico exemplar do cavalo Lipizzaner. *Por indicação do general Patton, os Aliados confiscaram da Alemanha os melhores espécimes dessa raça, transportando-os para os Estados Unidos.*

inverno, foram-lhes dispensados todos os tipos de cuidados para que recobrassem a saúde.

A apresentação dos cavalos à sociedade foi feita no início da primavera, em 7 de abril de 1946, na presença de milhares de pessoas concentradas no quartel de Front Royal. Os mais prestigiosos criadores de cavalos ofereceram quantias exorbitantes por eles, mas o exército insistiu que os animais não estavam à venda. As ofertas mais substanciosas seriam para o *Nordlicht*.

O êxito dos cavalos alemães animou o exército a seguir rastreando o território alemão em busca de mais exemplares. No total, cerca de 300 cavalos foram localizados e transportados para os Estados Unidos.

Diante desse confisco enorme de cavalos, as próprias autoridades americanas questionaram-se se essa não seria uma ação ilegal, segundo as leis internacionais. Para evitar reclamações posteriores de seus legítimos proprietários, decidiu-se que a apreensão dos equinos passaria a ser considerada como parte das reparações interaliadas que a Alemanha deveria proporcionar aos vencedores. Desse modo, os valiosos cavalos estariam para sempre livres de seu passado a serviço do Terceiro Reich e empreenderiam uma nova vida na América.

Charlie, um papagaio imortal

Em janeiro de 2004, um jornal inglês publicou com exclusividade a notícia de que o suposto papagaio de Churchill, *Charlie*, continuava vivo.

Os cuidados da ave, que acompanhou o político britânico durante os turbulentos anos da Segunda Guerra Mundial, estavam a cargo de Peter Oram, o proprietário de uma clínica veterinária situada em Reigate, a sudeste da Inglaterra. O periódico assegurava que se havia colocado na pista do pássaro a fim de descobrir seu paradeiro e que as buscas tinham dado resultado. No entanto, quando os jornalistas compareceram ao local onde o papagaio se encontrava, tiveram uma ligeira decepção, visto que ele não pronunciou nem uma única palavra durante o dia inteiro. Todos esperavam que ele dissesse, em voz alta, os insultos obscenos dirigidos a Hitler que, sempre segundo o dono, aprendera durante a Segunda Guerra Mundial.

A administradora da clínica, Sylvia Martin, explicou que o papagaio teria 104 anos e que já era difícil arrancar-lhe algumas palavras, se bem que, às vezes, ele dava um "bom-dia" ou "até logo". Segundo sua cuidadora, *Charlie* estava em boa forma física e, quando escutava música, ele começava a dançar. Curiosamente, embora seu nome fosse *Charlie*, na realidade, tratava-se de uma fêmea.

O fato de chegar aos 104 anos é algo muito difícil para um papagaio, mas não impossível. Os jornalistas buscaram o testemunho de Steve Nichols, o fundador do Santuário Nacional Britânico para aves, o qual afirmou que os papagaios podem viver, em média, cerca de 40 anos, porém existem documentos que comprovam que alguns espécimes chegaram a ultrapassar um século de existência. Todavia, até esse momento, o recorde de ave mais velha na Grã-Bretanha estava em poder de uma cacatua que vivera 80 anos.

O sogro de Oram foi quem vendeu o papagaio a Churchill em 1937. Supostamente, o premiê britânico não parava de insultar o Terceiro Reich e Hitler na presença da ave, e com isso ela aprendeu a reproduzir os insultos com o mesmo sotaque de seu dono. Quando alguém aparecia na presença de Churchill, o papagaio soltava uma série de impropérios dirigidos ao *Führer* a título de saudação.

O papagaio Charlie *que, supostamente, pertenceu a Churchill durante a Segunda Guerra Mundial, e dele aprendeu insultos obscenos contra Hitler e os nazistas.*

Em 1965, com a morte do grande estadista britânico, a família de Churchill entregou novamente o animal ao sogro de Oram que, à época, gerenciava uma clínica veterinária; ao que parece, como a essa acudiam várias crianças, Oram optou por levar o papagaio para sua casa, a fim de evitar que as crianças ouvissem as palavras obscenas proferidas constantemente por *Charlie*.

Essa era a versão do jornal inglês, com a qual conseguia angariar um ponto e tanto na desenfreada corrida dos tabloides britânicos à procura de exclusivas espetaculares. A notícia foi logo corroborada por todos os meios de comunicação. Por outro lado, o que não teve muita difusão foram as declarações que uma filha de Churchill, Mary Soames, emitiu alguns dias mais tarde, pelas quais colocava em dúvida toda a história.

Segundo ela, seu pai jamais possuíra um papagaio como *Charlie*, com uma plumagem de cores vistosas, mas sim um papagaio cinzento do Gabão, de nome *Polly*, o qual realmente viveu com eles na casa que tinham em Chartwell, ao sul de Londres. Além disso, tiveram esse papagaio apenas durante três anos, vendendo-o pouco depois de a guerra começar, quando tiveram de se mudar para a capital britânica.

E se forem poucas as imprecisões que geram a autêntica identidade do papagaio em questão, Mary ainda colocou em dúvida que a ave aprendesse palavras obscenas da boca de seu pai, mesmo que estas fossem dirigidas a Hitler. "A ideia de que ele, durante a guerra, dedicara tempo para ensinar palavrões a um papagaio não é nem sequer digna de comentários", afirmou categoricamente, protegendo assim a memória do grande estadista britânico.

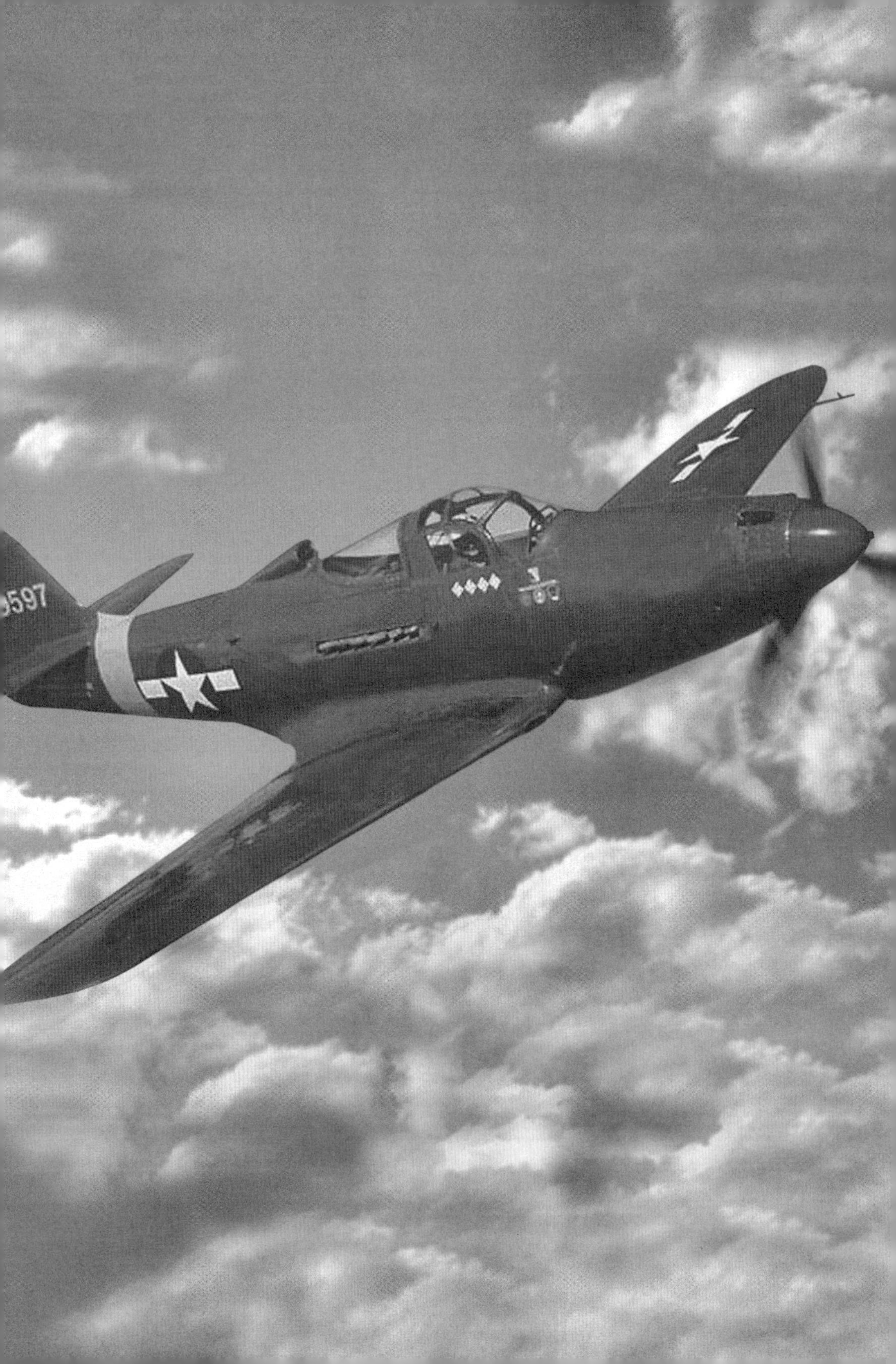
597

Capítulo III
A Guerra Aérea

A Segunda Guerra Mundial foi o primeiro conflito no qual a aviação teve uma atuação de destaque. Desde o renhido combate entre a *Luftwaffe* e a RAF nos céus da Inglaterra até a impiedosa campanha de bombardeios sobre as cidades alemãs, passando pelo grotesco ataque aéreo dos japoneses à base de Pearl Harbor, os aviões de um e de outro lado converteram-se em grandes protagonistas da disputa.

Embora se cumprisse o axioma de que a aviação não é capaz de ganhar uma guerra por si mesma, não é menos correto que o controle do espaço aéreo foi determinante para o êxito das operações terrestres. Os alemães tiveram em seus aparelhos a chave para o triunfo da guerra-relâmpago, enquanto os Aliados conseguiram culminar com sucesso o Dia D graças, em boa parte, a seu esmagador domínio aéreo.

Neste capítulo, conheceremos de perto esses aparelhos que estenderam o poderio militar no céu e os valorosos homens que os tripularam, bem como as apaixonantes histórias que, juntos, forjaram o que hoje podemos apreciar.

Cenoura para a vista

O difundido mito de que o consumo de cenoura favorece a vista teve sua origem na Segunda Guerra Mundial.

Em dezembro de 1940, os aviadores britânicos começaram a obter excelentes resultados contra as atividades noturnas dos bombardeiros alemães. O número espetacular de abates de aeronaves foi explicado pela RAF por causa do consumo maciço de cenouras. Segundo essa versão, que foi amplamente divulgada pela imprensa, a vitamina A contida nessa hortaliça potencializava a visão dos aviadores, permitindo-lhes distinguir os bombardeiros da *Luftwaffe* até no escuro.

Na realidade, essa afirmação não passava de uma farsa, destinada a esconder dos alemães a autêntica razão dessa melhora nas operações da RAF durante os combates noturnos. Um novo equipamento de interceptação antiaérea havia sido desenvolvido pelos cientistas britânicos, mas sua utilização deveria permanecer em segredo para que os cientistas alemães não viessem a minar essa vantagem. Portanto, o mérito do grande número de aviões inimigos derrubados foi atribuído a esta humilde hortaliça: a cenoura.

Breve resistência

Felizmente para os suecos, Hitler decidiu não atacar esse país escandinavo, pois, com os dados à disposição, haveria bem pouca resistência.

Quando a máquina de guerra nazista se lançou sobre a vizinha Noruega, em 9 de abril de 1940, temia-se que, de um momento para outro, ela se voltasse contra a então neutra Suécia.

Por isso, o governo de Estocolmo, receando que a população civil pudesse sofrer os bombardeios da aviação alemã, tal como havia acontecido na Polônia, pediu urgentemente um relatório sobre a capacidade de resistência a um hipotético ataque aéreo da temível *Luftwaffe*.

As autoridades militares suecas calcularam a munição disponível nas baterias antiaéreas e o resultado dessa pesquisa não poderia ser mais desanimador: os canhões suecos teriam projéteis suficientes para manter o fogo antiaéreo... durante um minuto!

Stálin não confia em seus próprios aviões

Stálin – assim como Hitler – era fascinado pela aviação, mas, nos primeiros movimentos da guerra, a força aérea soviética (*Voenno-vozdushnikh* ou VVS) acusaria uma grave falta de recursos. Em junho de 1941, a Operação Barba Ruiva revelaria cruelmente a inferioridade dos aviões russos diante das avançadas aeronaves com as quais a *Luftwaffe* contava.

Os expurgos impostos pelo ditador soviético tinham afetado também os projetistas e os fabricantes de aviões; se um aparelho se estatelava em um voo de provas, os engenheiros responsáveis teriam muitas chances de ser imediatamente enviados para um campo de trabalhos forçados na Sibéria ou, até mesmo, de ser fuzilados. Obviamente, esse tipo de estímulo não animava ninguém a aventurar-se em programas de novos projetos e, assim, a indústria aeronáutica limitava-se a fabricar modelos já existentes e obsoletos.

Um Polikarpov I-16, *produto da atrofiada indústria aeronáutica soviética. O fato de que os engenheiros poderiam ser fuzilados, se fosse detectado um erro de projeto, não estimulava o planejamento de melhorias e de inovações.*

A qualidade das aeronaves que saíam das linhas de produção era medíocre. Calcula-se que, antes do início da guerra, entre 600 e 900 aviões eram perdidos anualmente por conta de acidentes. A paralisia que atormentava os engenheiros era tal que nem sequer se atreviam a investigar as causas, o que impedia a implementação de melhorias necessárias, perpetuando-se assim os erros de projeto ou de fabricação.

Os dados e relatórios que deixavam patente essa inferioridade técnica sempre se perdiam em alguma engrenagem da complexa máquina burocrática e nunca chegavam ao conhecimento de Stálin, por temor a represálias. Por exemplo, o comandante da força aérea, Pavel Rychagov, foi preso e fuzilado, junto com sua mulher, uma semana depois de queixar-se amargamente diante de Stálin da escassa confiabilidade das aeronaves que tinha sob seu comando.

De qualquer forma, o autocrata do Kremlin não desconhecia a insegurança dos aviões soviéticos, razão pela qual proibiu que os funcionários do partido utilizassem o transporte aéreo para fins de deslocamento. O próprio Stálin não se atreveu a subir em um avião até 1943.

Embora o motivo oficial fosse a ausência de confiabilidade nos aviões de fabricação soviética, não falta quem assegure que, na realidade, o czar vermelho tinha pavor de viajar de avião.

A profecia que se cumpriu

Em 1925, o inglês Hector C. Bywater, um jornalista do *London Daily Telegraph* especializado em temas navais, publicou um visionário romance intitulado *Great Pacific War*.

Em sua obra, Bywater imaginou um ataque-surpresa de aviões japoneses contra a base americana de Pearl Harbor. O jornalista britânico comparava, em sua imaginação, essa ação com outros ataques nipônicos contra a Ilha de Guam e as Filipinas.

O romance teve um êxito discreto, mas um de seus exemplares chegou até o Japão, ao Instituto de Guerra Naval. Não sabemos até que ponto o ataque a Pearl Harbor de 7 de dezembro de 1941 foi inspirado pelo relato de Bywater, mas é bem provável que sua narrativa seja um claro exemplo de uma profecia que se cumpriu.

De qualquer forma, é difícil entender como foi possível que o ataque aéreo nipônico, o qual provocou a entrada dos Estados Unidos na guerra, pudesse surpreender a frota americana. Já em 1933, o denominado

Espetacular imagem tomada durante o ataque japonês a Pearl Harbor, em 7 de dezembro de 1941. Os japoneses estavam estudando a possibilidade de executar esse ataque desde 1925, mas os americanos nunca levaram essa possibilidade a sério.

Exercício Naval nº 14 cogitava a possibilidade de Pearl Harbor sofrer um ataque aéreo procedente de vários porta-aviões, tal como ocorreria, dessa mesma forma, oito anos mais tarde.

Uma bala providencial

Durante o ataque japonês a Pearl Harbor, um avião DC-3 havaiano de passageiros preparava-se para aterrissar quando foi atingido por uma bala traçadora disparada por um avião japonês, o que provocou um pequeno incêndio que ameaçava, nesse momento, expandir-se por toda a aeronave.

Incrivelmente, uma nova bala japonesa acertou precisamente a válvula do extintor, o que fez com que o incêndio fosse imediatamente apagado.

Como despertar um vulcão

A Ilha da Nova Bretanha, próxima da Nova Guiné, possuía um grande valor estratégico tanto para os japoneses como para os australianos, os quais temiam que ela fosse usada pelas tropas japonesas para atacar seu país.

A guarnição australiana que se encontrava na localidade de Rabaul foi derrotada pelos japoneses, que se apoderaram da ilha em 23 de janeiro de 1942. Rabaul converteu-se em uma fortaleza inexpugnável e onde foram construídos cerca de 500 quilômetros de túneis – cavados por nativos e prisioneiros indígenas capturados em Cingapura –, além de cinco aeroportos, um porto e uma base de submarinos. De Rabaul seriam enviados víveres a toda a região, bem como apoio às tropas que combatiam em Bougaville, Guadacanal ou no Mar de Coral. Além disso, os 15 hospitais subterrâneos com que os japoneses contavam em Rabaul serviam para atender os feridos que chegavam de todos esses lugares. O maior de todos era um hospital que tinha quatro quilômetros de largura e conseguia atender 2.500 pacientes. Havia, no total, cerca de 200 mil japoneses sediados em Rabaul, protegendo esse valioso enclave.

Nesse mesmo ano, o vulcão Tavurvur, situado nas proximidades de Matupi, entraria em erupção, provocando graves inconvenientes às tropas de ocupação japonesas. Essa notícia estimulou a imaginação dos

O vulcão Tavurvur, na Nova Guiné. Os Aliados tentaram forçar sua erupção lançando bombas em seu interior, para que fosse destruída a base japonesa que havia em suas proximidades.

americanos, que viram nesse vulcão um aliado inesperado. Porém, era necessário despertá-lo para que os danos ocasionados aos japoneses fossem ainda maiores.

Foi então idealizado um plano incomum. Decidiu-se lançar duas bombas de grande potência no interior da boca do vulcão, para provocar uma nova e mais potente erupção. Os artefatos empregados na missão seriam as *Earthquake Bombs* (Bombas-Terremoto) utilizadas pelos britânicos para destruir os resistentes diques de contenção das represas do Ruhr, na Alemanha.

Assim, portanto, duas dessas bombas foram lançadas no vulcão. No entanto, os aviadores americanos não foram muito precisos, visto que não somente não acertaram na boca do vulcão, como também não conseguiram fazer com que explodissem, pois elas caíram na grossa camada de areia da encosta, ficando ali enterradas. Em decorrência dessa demonstração de baixa pontaria na missão, optou-se pelo cancelamento do plano e não houve uma segunda tentativa.

Em 1970, as duas bombas foram localizadas e a Marinha australiana foi encarregada de detoná-las.

O segundo ataque a Pearl Harbor

Em uma operação muito pouco conhecida, os japoneses tentaram um segundo ataque a Pearl Harbor em 5 de março de 1942, muito embora, nesse caso, os objetivos fossem muito mais modestos. Dois hidroaviões Kawanishi H8k2, procedentes de bases de submarinos, dirigiram-se para Pearl Harbor para ali lançar seu pequeno carregamento de bombas. No entanto, a má visibilidade fez com que os aviadores não conseguissem identificar o objetivo e eles acabaram lançando as bombas longe da base, sem provocar qualquer tipo de dano.

A corneta de caça de Meyer

Quando os alarmes antiaéreos soavam em Berlim, seus habitantes corriam para proteger-se nos abrigos, mas, mesmo assim, jamais perdiam o senso do humor cáustico que sempre os caracterizara, conhecido como o *Berliner Schnauze*.

Em 1939, o comandante da *Luftwaffe*, o presunçoso Hermann Goering, assegurava que se "algum avião aliado sobrevoasse o espaço aéreo alemão, ele deveria ser chamado Meyer", um nome muito comum na Alemanha, o que significava que esse mesmo nome, pelo fato de ser tão usual, passaria a não valer nada.

Os alemães, confinados e protegidos em seus abrigos, recordavam essa pretensiosa afirmação de Goering sempre que sofriam os bombardeios aliados sobre a cidade. Porém, os berlinenses iam mais além e, lembrando também o *hobby* de Goering pela caça, passaram a chamar as sirenes antiaéreas de "corneta de caça de Meyer".

Gângsteres aéreos

Ao longo de toda a contenda, a propaganda nazista gostava de apresentar os americanos como gângsteres, reduzindo-os ao papel de simples criminosos de má índole; essa mesma denominação depreciativa também era aplicada a Winston Churchill.

O ministério de Joseph Goebbels, hábil na arte de manipular a realidade a seu favor, queria transmitir a ideia de que os ataques aéreos às cidades alemãs correspondiam somente à grande ânsia dos americanos de aniquilar sua população, levados por um impulso assassino. E a coincidência, nesse caso específico, foi bastante ingrata, pois um bombardeiro sinistrado acabou confirmando a teoria da propaganda nazista.

Durante uma operação rotineira de bombardeio, um B-17 ficou muito danificado e viu-se obrigado a fazer uma aterrissagem de emergência em território alemão. A tripulação foi capturada imediatamente.

O que os perplexos aviadores americanos não sabiam era que, involuntariamente, eles iriam proporcionar munição aos propagandistas inimigos. Suas jaquetas de couro traziam, nas costas, uma inscrição em que constava, em grandes letras maiúsculas, o nome do avião, que também figurava na fuselagem do mesmo; *Murder Inc.* (Assassinato S.A.).

Esse acontecimento fez com que os periódicos alemães divulgassem a notícia de que a força aérea americana havia contratado gângsteres de Chicago para executar essa campanha de terror sobre as cidades alemãs e apresentassem o nome do avião como prova indiscutível.

Apesar da comicidade dessa propaganda nazista que apresentava os aviadores aliados como gângsteres de Chicago, a realidade é que a campanha incitou o ódio contra os pilotos que caíam em território alemão, estimulando as reações violentas contra eles. Se não fossem rapidamente colocados à disposição de alguma patrulha militar, esses homens corriam o sério risco de ser espancados por uma multidão enfurecida ou enforcados em algum poste telegráfico.

Por mais que seja humanamente compreensível que os civis alemães investissem contra os aviadores, tornando-os culpados pela perda de suas casas ou de suas famílias nos bombardeios, não por casualidade que essas agressões ocorriam aos gritos de *"gângsteres de Chicago!"*.

Uma sirene potente demais

Ao contrário dos alemães, os americanos não sofreram nenhum bombardeio durante a Segunda Guerra Mundial, mas, assim mesmo, eles estavam preparados para essa contingência. Além do obscurecimento dos edifícios importantes – que incluiu a proposta de pintar a Casa Branca de preto –, estudou-se a necessidade de fabricar uma potente sirene que alertasse a população em caso de ataque aéreo.

A fabricação desse instrumento foi confiada à empresa *Bell Telephone*, que cumpriu com folga o designado objetivo. A sirene idealizada por essa companhia – denominada *Victory Siren* (Sirene da Vitória) – era tão potente que podia ser ouvida a 15 quilômetros de distância.

Felizmente para os americanos, essa sirene nunca chegou a ser usada; segundo os especialistas, seus decibéis poderiam romper os tímpanos de uma pessoa que se encontrasse, nesse momento, a menos de 30 metros do instrumento. De fato, o exército americano chegou a cogitar a utilização da Sirene da Vitória como uma arma para aturdir os inimigos no campo de batalha.

Um veterano em plena forma

Muitos são os aviões da Segunda Guerra Mundial que funcionam perfeitamente, tal como o demonstram, todos os anos, as exibições aéreas realizadas em todo o mundo, especialmente nos aeródromos históricos da Grã-Bretanha.

O mítico DC-3 Dakota, conhecido como o "caminhão voador", segue prestando serviço para algumas companhias aéreas americanas como avião de carga. Para esse veterano de guerra, parece não haver chegado ainda o momento da aposentadoria.

Porém, há um veterano da guerra que ainda presta seus serviços em plenas condições. Trata-se do avião americano de transporte DC-3, mais conhecido como *Dakota*. No início do século XXI, ainda havia um milhar deles voando em todo o mundo. Ou seja, um de cada 35 aviões desse modelo fabricado durante a guerra sobreviveu amplamente ao final do conflito, demonstrando assim uma invejável longevidade.

O *Dakota* tem a capacidade de acomodar 28 passageiros, mas, em caso de emergência – como, por exemplo, uma evacuação –, ele pode transportar até 60 pessoas. No transporte de carga, sua capacidade máxima é de 3 toneladas, mas seu curso de longo alcance, mais de 3 mil quilômetros, levou-o a ser conhecido como "o caminhão voador" (*flying truck*).

Este avião, um Polikarpov Po-2, *desenhado em 1922, ainda hoje é utilizado como fumigador por sua baixa velocidade. Sua simplicidade mecânica facilita a manutenção. Ele é o avião mais antigo ainda em serviço.*

Sua robustez e versatilidade fizeram com que ganhasse a admiração de seus inimigos. Quando um deles foi derrubado pelos japoneses na Birmânia, os engenheiros aeronáuticos japoneses ficaram impressionados com suas características, o que os levou a fabricar uma cópia destinada às suas forças aéreas, que receberia o nome de L2D.

A admiração generalizada pelo confiável *Dakota* continuaria com a chegada da paz, e, por isso, nunca se encontrou o momento certo para aposentá-lo. De fato, algumas empresas americanas de transporte de pequeno porte possuem, em sua frota, algum *Dakota* para os voos domésticos, mas, em vários países subdesenvolvidos, esse avião converteu-se em elemento insubstituível para manter, por exemplo, uma conexão regular com ilhas inacessíveis ou locais remotos onde não é possível chegar por terra. A simplicidade de sua mecânica, longe da complexidade das aeronaves modernas, faz com que o *Dakota* seja muito apreciado nesses países, pois não é necessário um mecânico especializado para efetuar os reparos, e suas peças podem ser facilmente substituídas por reposições improvisadas.

Apesar da longa vida útil do DC-3, ele ainda não é o avião militar de atividade mais antiga. Essa honra cabe ao biplano russo Polikarpov Po-2,[17] fabricado pela primeira vez em 1920.

A produção em massa do Po-2 foi iniciada em 1928 e, no total, foram construídas mais de 35 mil unidades. Esse aparelho primitivo, construído em madeira e lona, foi empregado durante a Segunda Guerra Mundial nas escolas de treinamento para pilotos e também foi usado em algumas missões de combate que não envolviam muitos riscos, como bombardeios pontuais noturnos.

Pesando somente 1.300 quilos, eram necessários pouco mais de cem metros para sua decolagem e menos de 200 metros para sua aterrissagem. Essa característica era ideal para executar missões de suprimento a civis ou a soldados situados por detrás das linhas alemãs.

O Po-2, tal como o *Dakota*, também sobreviveu à guerra e, atualmente, é utilizado para fumigar campos de cultivo em razão de sua baixa velocidade – sua velocidade máxima é de quase 200 quilômetros por hora – necessária para esse tipo de serviço. Sua mecânica é rudimentar e robusta, e essa aeronave tem sido imune a avarias.

---

17. Curiosamente, o nome escolhido inicialmente para designar esse aparelho foi "U-2", o mesmo do célebre avião espião americano pilotado por Gary Powers, que acabou sendo derrubado em 1º de maio de 1960 por um míssil SA-2 quando sobrevoava o território soviético. O nome de "U-2" seria trocado por "Po-2", no início da guerra.

Um caça-bombardeiro P-38 semelhante ao utilizado pelo aviador italiano Guido Rossi para enganar os aviões aliados, fazendo-se passar por um deles. Rossi acabaria encontrando seu nêmesis no piloto americano Harold Fisher, que lhe armou uma engenhosa cilada...

Erro de avaliação

Ao final das operações aéreas, os relatórios oficiais que apresentavam os números de aviões inimigos derrubados não eram muito confiáveis. Um exemplo desses erros de avaliação é o balanço de baixas inimigas apresentado por uma formação de bombardeiros americanos B-17 que cumpriu uma missão sobre Lille, na França ocupada pelos alemães, em 9 de outubro de 1942.

Ao regressar dessa missão, informaram que, graças à capacidade de autodefesa dos B-17s, haviam sido derrubados 102 caças inimigos. As autoridades militares, em um primeiro momento, comemoraram esse grande êxito, porém logo caíram no ceticismo.

As averiguações realizadas posteriormente reduziram esse número a uma quarta parte e uma investigação mais detalhada chegou à conclusão de que, na realidade, apenas dois aviões haviam sido abatidos.

Um piloto muito apaixonado

Os céus italianos foram testemunhas de um insólito duelo próprio de um roteiro cinematográfico, pois se pôs à prova o temperamento apaixonado dos latinos, em contraposição ao caráter frio e calculista dos povos do norte da Europa.

O subtenente italiano Guido Rossi era um excelente piloto de caça que idealizou um imaginativo plano bélico, embora fosse claramente fora das convenções da guerra. Em maio de 1943, quando a situação militar da Itália fascista era pouco promissora, ele recebeu a autorização de Mussolini para usar um caça americano Lockheed *Lighting* P-38,[18] que havia sido capturado intacto após uma aterrissagem de emergência na Sardenha por falta de combustível, com a finalidade de derrubar bombardeiros aliados fazendo-se passar por um avião amigo.

O estratagema de Rossi deu resultado; ele se aproximava dos bombardeiros isolados e colocava-se ao seu lado supostamente para protegê-los, sem que eles pudessem suspeitar de que se tratasse de um avião pilotado por um inimigo. Isso era aproveitado por Rossi para atacá-los impune e fugir rapidamente.

Em uma dessas operações, em 4 de junho de 1943, o aviador italiano derrubou um bombardeiro americano B-17 chamado *Bonnie Sue*, que estava realizando uma missão sobre a pequena Ilha de Pantelleria, próxima à Sicília. Rossi não deu maior importância a esse êxito, mas acabava de ganhar um inimigo mortal; tratava-se do único membro da tripulação do *Bonnie Sue* que sobrevivera ao ataque, o piloto Harold Fisher.

O americano jurou vingar-se daquele trapaceiro, ainda que fosse a última coisa que faria na guerra. Meses mais tarde, quando as tropas aliadas já se encontravam firmemente assentadas na península italiana, Fisher iniciou as investigações para descobrir quem pilotava aquele avião. Graças aos interrogatórios dos aviadores italianos capturados, averiguou que se tratava de Guido Rossi, que ainda continuava utilizando aquele aparelho americano.

---

18. O P-38 fez sua aparição em 1939, e foi um avião revolucionário. Com duas hélices e uma silhueta inconfundível, oferecia grande capacidade de manobra e velocidade. Foi utilizado em todos os cenários da contenda. No total, foram fabricadas 9.942 unidades, e o último avião da cadeia de montagem saiu em 1945.

A partir desse ponto, Fisher elaborou um plano para abater Rossi. Para isso, conseguiu uma fotografia da esposa do italiano, Gina, que havia ficado atrás da linha de avanço aliado. Pintou na fuselagem de seu novo B-17 o rosto e o nome dessa mulher, em grandes caracteres. Além disso, reforçou consideravelmente o armamento defensivo do bombardeiro. Desse modo, ele teria elementos para atrair Rossi para uma engenhosa cilada.

Fisher dedicou-se a sobrevoar sozinho as áreas em que o italiano poderia estar atuando. Alguns dias mais tarde, ele reconheceu a silhueta de um P-38 que dele se aproximava. Não havia dúvida, era Rossi. Ao aproximar-se confiadamente, o italiano observou, com surpresa, o rosto e o nome de sua mulher na fuselagem. Pelo rádio, Rossi entrou em contato com o avião americano e perguntou pela origem do nome da aeronave; as explicações de Fisher provavelmente foram bem rudes, pois o italiano, enfurecido, atacou-o imediatamente, sem tomar qualquer precaução. Rossi havia fisgado a isca.

Para a tripulação do B-17 não foi difícil rechaçar o ataque; todas as metralhadoras convergiram para o P-38, causando-lhe danos irreparáveis. Rossi viu-se obrigado a efetuar uma aterrissagem forçada, mas foi capturado por uma patrulha de soldados americanos quando tentava regressar para suas linhas. Passaria o restante da guerra em um campo de prisioneiros.

Por seu lado, Fisher sentiu-se satisfeito por ter conseguido vingar-se das más ações do italiano e foi condecorado por sua façanha com a *Distinguished Flying Cross*. Os demais tripulantes do B-17 receberam a *Air Medal*.

Como costuma acontecer com os heróis do ar, o que o inimigo não consegue, o destino encarrega-se disso. Fisher perderia a vida em 1948, quando seu avião estatelou-se ao solo por causa de uma falha mecânica, enquanto participava de uma ponte aérea em Berlim. Apesar de tudo, Rossi demonstrou que não guardara nenhum tipo de rancor em relação ao americano, pois compareceu ao seu enterro.

Uma economia temerária

As autoridades militares britânicas executaram todos os tipos de ações dedicadas a reduzir custos. Uma das propostas mais polêmicas, mas que acabou sendo implementada, foi a economia de cerca de 20 libras esterlinas em cada paraquedista, pois foi simplesmente decidido suprimir o paraquedas de reserva!

As tropas britânicas de transportes aéreos observavam com inveja seus aliados americanos que contavam com esse segundo paraquedas. Tampouco esses paraquedistas puderam contar com o alívio de peso desse segundo paraquedas, uma vez que o espaço vazio fora completado com material de combate adicional.

Os primeiros saquinhos de vômito

O saco de papel que os passageiros dos aviões comerciais podem encontrar hoje no encosto do assento tem sua origem na Segunda Guerra Mundial.

Os britânicos comprovaram que os movimentos bruscos dos aviões destinados a lançar paraquedistas, quando sobrevoavam território inimigo, provocavam frequentemente vômitos entre as tropas. Isso era especialmente penoso para esses soldados, visto que estariam na iminência de saltar e, assim, alguns não chegariam em terra com o uniforme ou o equipamento nas melhores condições.

Além disso, em muitas ocasiões, o avião devia regressar imediatamente para recolher outro grupo de paraquedistas e não era muito agradável para esse novo grupo entrar no aparelho com as evidentes consequências dos enjoos sofridos pelos passageiros precedentes.

Em 1944, esse fato levou à fabricação de alguns saquinhos de papel resistente para serem utilizados pelos homens cujo estômago não pudesse resistir a viagens com turbulências. Dessa forma, os aviões regressavam limpos e os paraquedistas puderam entrar em combate com seus uniformes impecáveis.

Onde estão nossos aviões?

Como foi mencionado na introdução do presente capítulo, uma das chaves do êxito do Desembarque na Normandia foi o domínio esmagador dos aviões aliados nos céus franceses, que impediu uma movimentação rápida das temíveis divisões de tanques alemãs.

A *Luftwaffe*, ocupada quase completamente na proteção das cidades alemãs que eram bombardeadas diariamente, não pôde fazer frente à ultrajante hegemonia aliada. Dessa forma, as tropas alemãs na Normandia viam-se obrigadas a permanecer ocultas durante o dia. Seu avanço somente podia acontecer na escuridão da noite.

Por mais precária que fosse a situação, difundiu-se entre os soldados alemães a seguinte ocorrência tragicômica quanto à identificação dos aviões que passavam sobre suas cabeças:

"Se a aeronave for prateada, ela é americana. Se for azulada, é britânica. Se for invisível... é nossa!"

Tragédia no *Empire State*

Em 11 de setembro de 2001, o coração dos nova-iorquinos ficou gelado quando viram, com impotência e horror, a forma pela qual dois aviões chocaram-se contra as Torres Gêmeas, constituindo-se no maior ataque terrorista da história.

No entanto, essa não era a primeira vez que um avião se chocava contra um dos arranha-céus da cidade chamada *Big Apple* ["Grande Maçã"]; durante a Segunda Guerra Mundial, um inexplicável acidente fez estremecer uma cidade que não havia sofrido, até então, as consequências da guerra.

Para muitos habitantes de Nova York, a nublada manhã de 28 de julho de 1945, um sábado, foi um dos momentos mais aterradores de suas vidas. Diante de seus próprios olhos, um avião chocou-se com o que era então o edifício mais alto do mundo, o mundialmente conhecido Empire State Building.[19] A aeronave era um bombardeiro B-25 de dois motores, modelo esse que se havia tornado famoso em 1942 ao protagonizar o primeiro ataque aéreo americano contra o Japão.

O aparelho levava o nome de *Old John Feather Merchant* e seu piloto era o tenente-coronel William F. Smith Jr., de 27 anos de idade, um veterano – apesar de sua pouca idade. Formado em West Point, em 1942, passara dois anos em serviço nos céus europeus e havia sido condecorado duas vezes com a *Distinguished Flying Cross* e quatro vezes com a *Air Medal*. Quem o acompanhava era o segundo-sargento

---

19. O Empire State é o edifício mais famoso de Nova York. Os 3.400 trabalhadores que participaram de sua construção levaram somente 410 dias para erguê-lo, em uma média de quatro e meio andares por semana. O arranha-céu, construído de aço e alumínio e recoberto de granito e pedra calcária, tem 102 andares e mede 4.443,2 metros de altura, incluindo a antena de 62 metros. Ele foi inaugurado em 1º de maio de 1931, quando o presidente Herbert Hoover pressionou um botão em Washington e, de onde se encontrava, acendeu suas luzes. Durante 40 anos, ostentou o título de edifício mais alto do mundo, que perdeu com a construção das Torres Gêmeas do World Trade Center e que, com pesar, recuperou após o atentado de 2001. O edifício é, sem dúvida, a grande atração turística de Nova York, recebendo mais de 2,5 milhões de visitantes por ano.

Imagem da enorme abertura causada pelo impacto de um bombardeiro contra o Empire State Building, em 28 de julho de 1945. Esse singular instantâneo foi tirado pelo fotógrafo Ernie Sisto, do New York Times, *o qual, para consegui-lo, teve de arriscar sua vida, caminhando por uma sacada altíssima para conseguir um bom ângulo.*

Christopher Dimitrovich, um jovem marinheiro de licença que ele concordara em levar até Nova York.

O avião decolara de Bedford, em Massachusetts, e realizava um voo de rotina rumo ao aeroporto de Newark, em Nova Jersey. Ao sobrevoar o aeroporto nova-iorquino de La Guardia, a torre de controle o aconselhou a aterrissar imediatamente e a não se arriscar a sobrevoar a cidade, em razão das péssimas condições meteorológicas. Havia uma combinação de névoa baixa e garoa que limitava a visibilidade a apenas três milhas, tornando as condições de voo sumamente perigosas.

Porém, o piloto não parecia preocupado com o mau tempo e decidiu sobrevoar os poucos quilômetros da Ilha de Manhattan a Newark, dirigindo-se para o sudoeste. A torre de controle o advertiu de que as nuvens estavam tão baixas que ocultavam os últimos andares do Empire State. Smith limitou-se a agradecer ao aviso e continuou no rumo que havia tomado. Ninguém sabe exatamente o que ocorreu nos minutos seguintes. A explicação mais provável é que Smith desorientou-se em meio à densa neblina; quando ainda sobrevoava Manhattan, talvez pensasse que deixara a ilha para trás e preparava-se para aterrissar em Newark. Essa hipótese é apoiada pelo fato de que, apesar de encontrar-se ainda distante do aeroporto, ele já havia baixado o trem de aterrissagem.

O bombardeiro começou então a cruzar o centro de Manhattan a baixa altitude diante do olhar incrédulo dos transeuntes que, nesse momento, passavam pela Quinta Avenida. Uma mulher viu o avião passar na altura do 22º andar da torre de escritórios do Grand Central Terminal.

As pessoas que, então, estavam nos edifícios da Quinta Avenida e nos edifícios da redondeza, correram até as janelas ao ouvir o zumbido do avião que estava voando a uma altitude baixíssima. No observatório do edifício da RCA, no Rockefeller Center, um homem ficou atônito ao ver passar o bombardeiro a menos de 30 metros abaixo de onde se encontrava.

Ao que parece, quando Smith se deu conta de que se encontrava em um labirinto de arranha-céus, ele tentou desesperadamente ganhar altura. Os motores do avião rugiram para dar-lhe potência suficiente para arremeter, mas o trem de pouso, lento em retrair-se, impedia que o avião subisse com rapidez.

Nas ruas abaixo, os pedestres estavam convencidos de que uma catástrofe era iminente, pois o ruído do avião era ensurdecedor. Olhando para cima, eles gesticulavam e gritavam em desespero: "Suba, suba!".

Mas era tarde demais. Às 9h55, o *Old John Feather Merchant*, com suas 12 toneladas de peso, colidia contra os 78º e 79º andares do Empire State Building, cerca de 300 metros acima do nível da rua.

Para os empregados que ocupavam o 79º andar, o impacto foi totalmente inesperado. Dez funcionários e os três ocupantes do avião morreram esmagados ou queimados na hora; outra vítima morreu posteriormente, em consequência das queimaduras. Um dos mortos foi ejetado por uma janela e caiu sobre uma marquise, sete andares abaixo.

A aeronave abriu uma fenda de cerca de 10 x 10 metros e ficou incrustada formando um ângulo com o edifício. Um dos motores desprendeu do corpo do avião e atravessou o 79º andar, incendiando-se com seu próprio combustível, o que, por sua vez, causou a explosão de alguns tanques de oxigênio danificados. Ele acabou caindo pelo poço de um elevador até o subsolo do edifício, deixando um rastro de 3.500 litros de gasolina incendiada, que escorreu pelas escadas até o 75º andar.

O outro motor e metade do trem de aterrissagem penetraram no 78º andar, que felizmente estava desocupado. O motor partiu-se e um de seus fragmentos, bem como a metade do trem de aterrissagem, que pesava meia tonelada, atravessaram sete paredes, saíram pelo lado sul do arranha-céu e abriram um rombo no teto de outro edifício bem mais baixo, mas sem causar vítimas.

Entretanto, no Empire State Building, o fragmento maior desse mesmo motor atravessou grossas paredes e rompeu os cabos de sustentação de um elevador. A ascensorista caiu junto com o elevador desde o 76º andar até o subsolo, mas, incrivelmente, ela sobreviveu, apesar de sofrer inúmeras fraturas em consequência do forte impacto do elevador contra o solo.

Tal como ocorreria 56 anos mais tarde, os bombeiros de Nova York desempenharam um papel heroico nesse dia. Eles somente puderam usar o elevador até o 67º andar e, a partir desse ponto, tiveram de levar manualmente as mangueiras e o equipamento de extinção de incêndio 12 andares acima. O grande feito desses bombeiros foi apagar o fogo em apenas 40 minutos. Isso fez com que 1.500 pessoas que estavam no edifício e cerca de 500 que se encontravam no mirante chegassem à rua sãs e salvas.

Felizmente, apesar de tratar-se de um grande desastre, o acidente não causou muitas vítimas – 14 mortos e 25 feridos –, ao contrário do que aconteceria no terrível atentado de 2001. Também a sólida estrutura do edifício resistiu ao brutal impacto, o que salvou o Empire

O bombardeiro Wellington *que caiu no Lago Ness na noite do último dia do ano de 1940 e foi resgatado de suas águas em 1985. Hoje, ele pode ser admirado em um museu escocês.*

State de uma possível inclinação, algo que não ocorreu no caso das Torres Gêmeas.

No entanto, continua sendo uma incógnita o motivo pelo qual o veterano piloto viu-se, de repente, perdido entre o emaranhado de arranha-céus. Em função de sua grande experiência, foi provavelmente o excesso de confiança que o levou a relaxar em um trajeto que não parecia envolver muitos riscos, em comparação a outros cenários dos quais participara até esse funesto momento. Sem qualquer intenção, o veterano piloto antecipara, por alguns momentos, o terror que durante a guerra atormentaria outras cidades para o próprio centro de Nova York.

Chuva de moedas sobre Tóquio

Em 10 de agosto de 1945, os habitantes de Tóquio foram objeto de uma insólita advertência por parte da aviação americana. Quando os japoneses ainda estavam sofrendo com o choque a respeito das descrições que chegavam sobre os efeitos dos bombardeios atômicos sobre

Hiroshima e Nagasaki, realizados nos dias 6 e 9 de agosto, respectivamente, eles verificaram, perplexos, que as ruas da cidade estavam literalmente inundadas por milhares de moedas.

Eram ienes, a moeda oficial japonesa, que os habitantes de Tóquio se encarregaram, em um primeiro impulso, de recolher avidamente. Porém, eles logo perceberam que não eram moedas autênticas. Embora a "cara" fosse uma reprodução exata da moeda original, a coroa apresentava uma mensagem aterrorizante; se o Japão não se rendesse imediatamente, a terceira bomba atômica cairia precisamente sobre Tóquio.

Muito embora a decisão de render-se já estivesse tomada, esse efetivo aviso acabou de convencer os mais recalcitrantes. O mais curioso é que a mensagem gravada nas moedas falsas não passava de um blefe, uma vez que os americanos não tinham previsto lançar um novo artefato nuclear sobre essa cidade.

Um bombardeiro no Lago Ness

O Lago Ness é conhecido em todo o mundo por servir de casa ao tão famoso quanto esquivo monstro.

Apesar da falta de provas de que as obscuras águas do lago tenham, supostamente, abrigado o animal durante séculos, certo está que, de fato, o Lago Ness albergou, durante quase 45 anos, outro *monstro*, nesse caso um impressionante bombardeiro *Wellington* de 14 toneladas.

Em 21 de setembro de 1985, um enorme guindaste conseguiu resgatar o avião do fundo do lago. Ali, o aparelho havia estado, protegido da corrosão por tratar-se de água doce, desde 31 de dezembro de 1940, quando realizava uma aterrissagem de emergência sobre sua superfície e acabou afundando.

Nesse dia, o chefe do esquadrão, Norman Marwood-Elton, e sua tripulação estavam realizando um voo de teste sobre a Escócia. Embora possuísse um longo histórico, pois já havia participado de 14 ataques aéreos sobre a Alemanha, de repente o bombardeiro começou a perder altura por conta uma falha mecânica. Temendo pela vida de seus homens, Norman ordenou-lhes que saltassem de paraquedas.

Para evitar que o avião, fora de controle, se espatifasse em alguma região habitada, ele decidiu fazer uma aterrissagem forçada sobre o lago. Perdendo cada vez mais altura, Norman conseguiu pousar o aparelho na água, a cerca de 200 metros da margem e cerca de três quilômetros a sudoeste do povoado de Lochend. Norman teve poucos segundos para sair do avião com vida, antes que submergisse, e felizmente conseguiu.

Atualmente, o *Wellington*, que permaneceu durante quase meio século fazendo companhia ao solitário monstro do Lago Ness, está exposto no Brooklands Museum, na localidade de Weybridge.

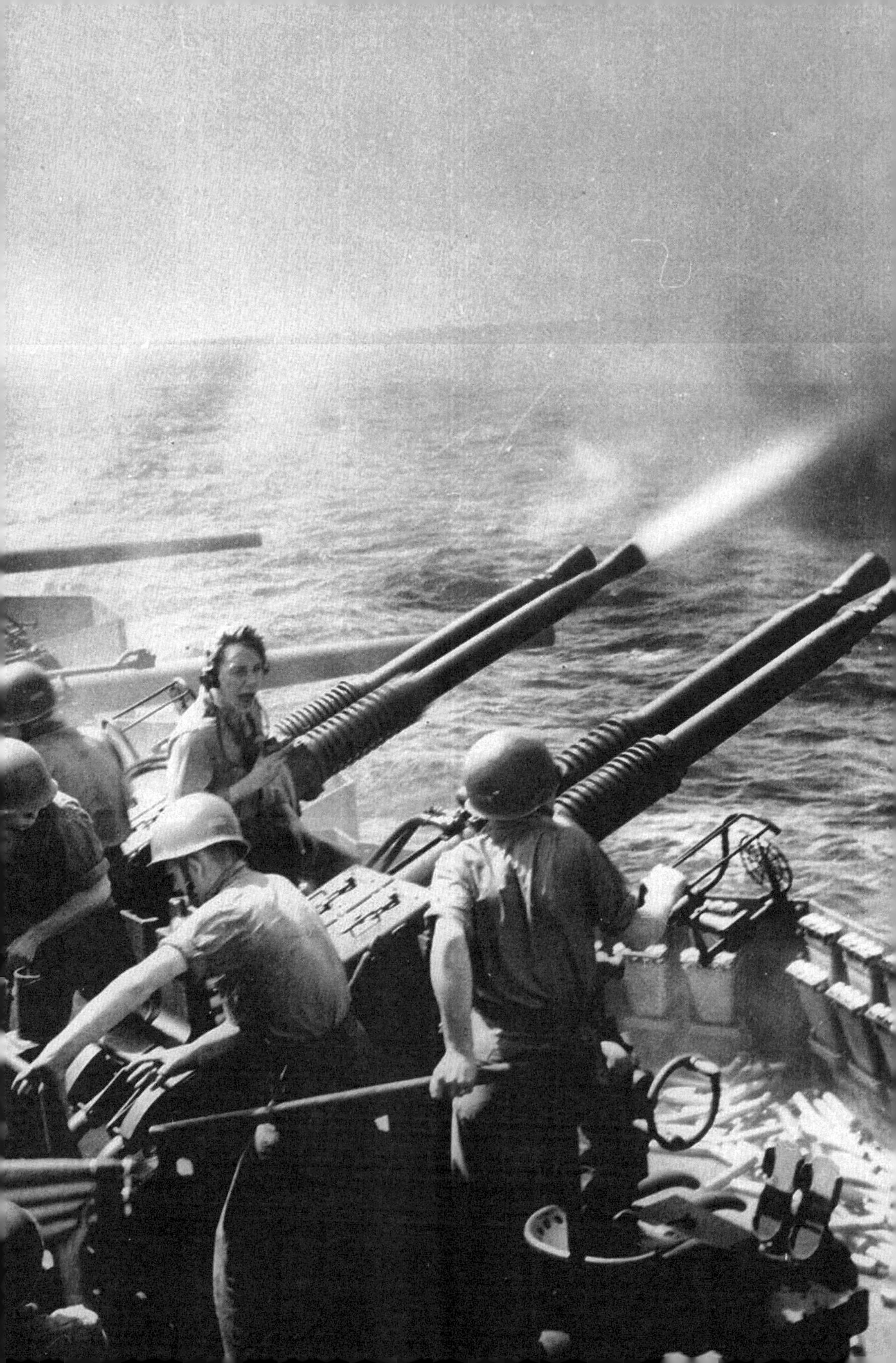

Capítulo IV
A Guerra Naval

No conflito de 1939-1945, a guerra no mar foi decisiva para o desfecho final. Hitler concentrou quase toda a sua atenção nas campanhas terrestres, mas, na realidade, a sorte do Terceiro Reich foi jogada nas águas do Atlântico. Ele não teve consciência disso, mas se a Grã-Bretanha esteve em algum momento a ponto de ser derrotada foi quando os submarinos alemães, os *U-Boots*, conseguiram estrangular quase completamente as rotas de abastecimento das ilhas britânicas. De fato, Churchill confessou mais tarde que esse tinha sido o único episódio que realmente lhe tirara o sono.

No Pacífico, a colossal força naval americana deixou o império japonês sem nenhuma opção de vitória, apesar de seus êxitos iniciais. A massacrante superioridade da *USS Navy* foi o segredo da vitória.

Neste capítulo, descobriremos as histórias protagonizadas por essas embarcações, cujas ações foram decisivas para o conflito. São relatos de uma frente de combate onde se disputou, em última instância, o destino do mundo, e da qual resultam números absolutos de tonelagem naufragada, números esses que mal expressam os dramas pessoais ali ocorridos, onde o mar é a única testemunha.

Um navio chamado *Patinho Feio*

Nos últimos meses de 1940, as perdas da marinha mercante britânica causadas por submarinos alemães eram difíceis de ser digeridas. Enquanto se aperfeiçoavam os métodos de luta antissubmarina, Londres encomendava a Washington a construção de 60 cargueiros destinados a cobrir a tonelagem que, quase diariamente, era afundada pelos *U-Boots* que rondavam o Atlântico.

O governo britânico enviou os desenhos do tipo de navio que desejava e os engenheiros americanos encarregaram-se de planejar sua construção, que deveria economizar ao máximo tempo e dinheiro. Para isso, acabou sendo produzido um navio-padrão, que podia transportar 10 mil toneladas, mas a uma velocidade máxima de somente dez nós.

O navio deveria ser de fabricação e montagem simples e, por isso, sua estética não foi levada em consideração. O resultado não entusiasmou o presidente Roosevelt, que o qualificou como um "produto muito feio". Por sua vez, a revista *Time*, fazendo eco às palavras do presidente, teve a ideia de batizá-lo de *Ugly Duckling* (Patinho Feio), um apelido que fez sucesso. Em questão de poucos dias, todas as pessoas conheciam o navio por esse apelido.

Quando faltava pouco tempo para o primeiro desses navios ser terminado, a Comissão Marítima dos Estados Unidos protestou oficialmente pela injustiça que se cometia com o novo navio. Roosevelt aceitou o protesto e corrigiu o erro que havia cometido. Durante a cerimônia de lançamento nos estaleiros de Baltimore, o presidente em pessoa converteu o Patinho Feio no *Liberty Ship* (Navio da Liberdade). A partir de então, ninguém se atreveu a denegrir o navio, que tinha como missão socorrer os britânicos no Atlântico.

O êxito dos primeiros 60 *Liberty Ships* animou o governo de Londres a fazer novos pedidos, que acabaram chegando a um total de 2.700 unidades. Como a indústria naval americana estava no limite de sua

Hoje, resta somente um desses Liberty Ships: *o* USS Jeremiah O'Brian, *inaugurado em maio de 1943. Transformado em navio-museu, ele está ancorado no porto de São Francisco.*

capacidade, apostou-se na possibilidade de aplicar os princípios da produção em série, no modelo adotado pelo setor automobilístico. Dessa forma, em vez de construir lentamente o navio desde a quilha até a ponte, decidiu-se fabricar separadamente as seções do navio e montá-las com modernos métodos de soldagem. Com esse novo método de fabricação, conseguiu-se que todo o processo durasse cinco semanas. Em 1943, alguns estaleiros conseguiram reduzir esse período para apenas oito dias.

Vida curta, porém intensa

Provavelmente, o navio de guerra que teve a vida mais curta, porém mais rica em acontecimentos, tenha sido o encouraçado britânico *Prince of Wales*.

Esse navio operou durante um período de somente 200 dias, mas teve um papel muito destacado na Segunda Guerra Mundial. Apesar

O encouraçado Prince of Wales *teve uma biografia breve, porém rica em acontecimentos, como sua participação na caça ao* Bismarck. *Seu afundamento pela aviação japonesa foi um golpe duríssimo para Winston Churchill.*

de ter sido inaugurado em 1939, ele só entraria em serviço em 31 de março de 1941, quando sua construção foi praticamente finalizada.[20] Ele era considerado o orgulho da marinha real britânica. Com uma tripulação de 1.422 homens, dispunha de 26 canhões, além de uma blindagem que em alguns setores do casco chegava a praticamente 40 centímetros.

Seu batismo de fogo, em maio desse mesmo ano, não podia ter um enfrentamento com um adversário mais temível: o encouraçado *Bismarck*, que era, por sua vez, um dos expoentes máximos da frota de guerra alemã. Acabar com a ameaça do *Bismarck* era prioritário para a Royal Navy, e, por isso, a missão do *Prince of Wales* foi a de descobrir seu paradeiro e eliminá-lo, embora detalhes de sua construção ainda faltassem ser completados. Na realidade, ele zarpou com operários trabalhando a bordo. A perseguição encarniçada do *Prince of Wales*

---

20. O intercâmbio secreto de informações entre Londres e Washington, durante a última fase da construção do navio, deu lugar a uma anedota. O militar americano encarregado de levar uma cópia dos planos fez escala em Lisboa, mas não encontrou hotel livre para passar a noite. Finalmente, viu-se obrigado a dormir em um bordel, escondendo os planos debaixo da almofada. Os ingleses se escandalizaram ao saber das escassas medidas de segurança seguidas pelos americanos com os planos de seu encouraçado, mas, mesmo assim, os dois governos continuaram colaborando.

acompanhado de outros navios – como o *Rodney* ou o *King George V* – acabou resultando no afundamento do *Bismarck*, mas o encouraçado inglês também foi danificado nesse combate.

Seu maior momento de glória – após as devidas reparações – chegaria pouco depois, em agosto de 1941, quando teve a honra de levar o primeiro-ministro Winston Churchill através do Oceano Atlântico para que chegasse são e salvo a Terranova, onde o esperava o presidente americano Franklin D. Roosevelt. A bordo do *Prince of Wales*, Churchill sentiu-se totalmente seguro, embora sulcasse águas rodeadas por submarinos alemães; de fato, o fleumático premiê aproveitou os dias no mar para ler romances e assistir a filmes.

Porém, em 10 de dezembro de 1941, Churchill recebeu uma das piores notícias de toda a guerra, tal como confessaria posteriormente em suas memórias. Seu apreciado *Prince of Wales* havia sido afundado pelos japoneses na costa malaia. A Royal Navy, confiante em seu incontestável poderio, havia descuidado da defesa de um comboio do qual também fazia parte o encouraçado *Repulse*. Aviões japoneses, com base na península malaia, atacaram e afundaram os navios britânicos, praticamente sem oposição.

Desde então, o *Prince of Wales* descansa em seu jazigo marinho.[21] Sem dúvida, o encouraçado deixou a recordação de uma vida curta, porém intensa.

Batalha no Ártico

Se pensarmos em números, uma das batalhas mais caras para os Aliados foi, sem dúvida, aquela realizada no Oceano Ártico no ano de 1942 e parte de 1943. O controle dessas águas era fundamental para possibilitar o envio de ajuda à União Soviética procedente das potências ocidentais. O acesso ao território russo era através dos portos situados no Ártico, como o da cidade de Arkhangelsk, e desses pontos em diante a viagem era por via férrea até a frente de combate. Os navios que transportavam os equipamentos pelas águas geladas do Ártico tinham de enfrentar o clima severo dessa região, mas, sobretudo, os bombardeiros e submarinos alemães. Para a marinha de guerra alemã,

---

21. Os destroços do *Prince of Wales* estão localizados a 50 milhas da costa malaia e a 68 metros de profundidade. Metade de seu casco está submerso em solo arenoso. Por mais fácil que pareça seu acesso, os mergulhos são difíceis e perigosos em razão da pouca visibilidade e das fortes correntes marinhas, o que fez com que boa parte do navio continuasse ainda inexplorada.

o estrangulamento dessa rota de provisões era um objetivo essencial, embora nunca conseguisse alocar todos os recursos necessários para consegui-lo, como por exemplo o uso do encouraçado *Tirpitz*, que praticamente jamais saíra de seu esconderijo nos fiordes noruegueses, cumprindo assim as ordens de Hitler.

Assim mesmo, os Aliados perderam nessa quase desconhecida batalha do Ártico 5 mil tanques e 7 mil aviões, além de cerca de 200 mil toneladas de material de guerra. Os 58 navios que transportavam essa provisões e que acabaram no fundo do mar representavam, no entanto, tão somente 7,2% do total da frota que tomou esse caminho; isso explica por que essa perda desmedida de material resultou no colapso da ajuda ocidental à União Soviética.

Confusão na Marinha

Os soldados americanos baseados em Milne Bay, na Nova Guiné, sofreram as graves consequências de uma séria confusão causada por algum gabinete da Marinha.

Preocupada com a demora na chegada do navio que transportava víveres, roupa e medicamentos, cuja saída dos Estados Unidos havia sido assegurada, a já desabastecida guarnição da Nova Guiné realizou uma investigação a fim de verificar o motivo desse atraso. Para seu desespero, esse navio acabara de aportar em Fall River, um porto do estado de Massachusetts, bem longe de onde deveria estar. Como e por que esse carregamento que lhe era destinado foi parar na costa leste dos Estados Unidos?

A explicação era muito simples: havia sido dado a essa remota base de Milne Bay o codinome de "Fall River", a fim de confundir os japoneses. Ao que parece, algum funcionário da Marinha não percebeu que o nome do destino estaria em código e fretara o navio destinando--o ao autêntico porto de Fall River, na costa leste dos Estados Unidos.

Porém, o problema ainda não estava resolvido, pois, graças à lenta e pesada máquina burocrática da Marinha, ninguém conseguiu redestinar o navio para a Nova Guiné e, finalmente, após vários meses de espera aguardando autorizações que nunca chegavam, o carregamento armazenado nos porões do navio estava tão deteriorado que se decidiu suspender definitivamente seu envio.

O reparo naval mais rápido

É provável que o mais rápido conserto naval tenha sido realizado durante a Segunda Guerra Mundial no porta-aviões americano *USS Yorktown*, em junho de 1942.

Esse navio havia sofrido danos na batalha do Mar do Coral. Quando ele chegou à base de Pearl Harbor, os especialistas calcularam que seriam necessários três meses de trabalho, em bom ritmo, para que o porta-aviões pudesse estar em condições de operar.

No entanto, informações interceptadas pelos serviços de inteligência americanos avisavam sobre um iminente ataque ao atol Midway, o que obrigou a convocação de todos os navios disponíveis para poder rechaçar essa ameaça.

No dia 28 de maio, grande parte da frota americana, que incluía dois porta-aviões, partiu rumo ao encontro da frota japonesa, a qual contava com quatro porta-aviões. Portanto, era essencial a participação do *USS Yorktown,* apesar de que seu reparo nem sequer havia sido iniciado.

Foi então que o almirante Nimitz ordenou que o navio fosse reparado em um prazo mínimo. Não havia outra opção, se quisessem enfrentar a frota imperial com alguma chance de vitória. Assim, foi colocado em ação um verdadeiro exército de operários, formado por 1.400 homens dispostos a consertar os defeitos do porta-aviões em um tempo recorde.

Uma atividade frenética invadiu o navio. Os trabalhadores renunciaram às suas horas de descanso e, praticamente sem dormir nem comer, conseguiram reparar o porta-aviões em apenas 48 horas. Quando zarpou, alguns operários ainda ficaram a bordo a fim de acertar os últimos detalhes.

E assim, graças ao sacrifício e à eficiência daqueles homens, Nimitz pôde contar com uma força capaz de enfrentar os japoneses. O prêmio àqueles dois duros dias de trabalho foi a vitória na batalha de Midway, em 4 de junho de 1942.

Embora a contribuição do *USS Yorktown* tenha sido decisiva para a sorte da batalha na qual os japoneses acabaram perdendo seus quatro porta-aviões, o destino deixaria de ser generoso para com o navio americano. Ele foi seriamente danificado pelos bombardeiros japoneses, cujas bombas atingiram suas caldeiras, imobilizando-o. Ressurgindo mais uma vez das cinzas, as caldeiras tendo sido reparadas em apenas

O porta-aviões Yorktown *foi reparado em tempo recorde para que pudesse participar da batalha de Midway, na qual seu concurso foi decisivo. Nesta foto são observados os efeitos de um ataque aéreo. Ele acabou sendo afundado por um submarino japonês.*

três horas, o navio pôde apontar a proa para Pearl Harbor. Mas, vítima de seu destino, dois malfadados torpedos de um submarino japonês o atingiram mortalmente.

A heroica agonia do *USS Yorktown* prolongar-se-ia até o dia 6, quando outro submarino japonês acabou atingindo-o com seus torpedos, dando-lhe assim o tiro de misericórdia. Assim mesmo, o heroico porta-aviões resistiria e somente afundaria na madrugada do dia 8 de junho.

Antes morrer que cair prisioneiro

Em 10 de novembro de 1943, os marinheiros do contratorpedeiro (destróier) americano *USS Spence* assistiram a uma cena terrível que ilustrava dramaticamente o fanatismo dos soldados japoneses a quem deviam derrotar.

Enquanto navegava ao sul da Ilha de Bougainville, a tripulação divisou ao longe um barco precário a bordo do qual iam quatro soldados japoneses. Pareciam ter sobrevivido a um naufrágio. O *USS Spence* rumou até eles a fim de resgatá-los daquelas águas infestadas de tubarões.

Quando estavam prestes a alcançá-los, os japoneses começaram a disparar um fuzil-metralhadora contra os surpresos americanos. Ao acabar com a munição, um deles apontou sua pistola e atirou nos outros três. Ao final, ele colocou a arma na boca e disparou. Os corpos dos quatro japoneses caíram na água, servindo rapidamente de refeição para os atentos tubarões.

Atitudes semelhantes foram comuns durante toda a guerra. O denominado Código Bushido, que regia os militares japoneses, considerava uma grande desonra ser capturado prisioneiro e, por isso, – segundo suas mentes fanatizadas –, era preferível acabar com a própria vida do que cair nas mãos do inimigo. Os tripulantes do *USS Spence* puderam comprovar isso com seus próprios olhos.

Navios de concreto

Um dos fatores principais da vitória aliada na Segunda Guerra Mundial foi a potência desenvolvida pela indústria americana, a qual empenhou significativos esforços para adaptar sua produção à nova realidade da guerra. Fruto da entusiástica colaboração dos grandes industriais, foi possível a fabricação em série de aviões e embarcações, tal como era feito com grande êxito nas montadoras de automóveis.

Porém, havia um risco que poderia colocar em perigo toda a indústria de guerra: o desabastecimento de matérias-primas. Embora se tentasse enfrentar esse risco com uma restrição ao uso civil, estudaram-se fórmulas opcionais para a construção de navios que consumiam enormes quantidades de ferro e aço. Entretanto, o caso mais notável foi apresentado pelos ingleses que projetaram um porta-aviões de gelo e cujos ensaios iniciais, realizados em um lago canadense, demonstraram a viabilidade do insólito navio que, afinal, acabou não sendo construído.[22]

Os industriais americanos, então, puseram sua imaginação a funcionar, a fim de obter a máxima economia de matérias-primas, e esses esforços produziram frutos. Foi idealizado um navio de concreto que poderia ser construído em um número reduzido de dias e cujo custo seria mínimo. Chegou-se a fabricar vários desses protótipos na fase experimental, mas nenhum deles veio a ser usado. Posteriormente, ao comprovar que a indústria americana não corria o risco de ficar desabastecida, o projeto foi cancelado.

Desses navios de concreto, atualmente resta apenas um que se encontra encalhado em uma praia ao sul de Santa Cruz, na Califórnia. Convertido em uma atração turística, ele está ligado à terra firme por um passeio de madeira. Muito embora o navio tenha sofrido os efeitos de todos os tipos de tormentas, ele tem demonstrado seu ponto forte resistindo às intempéries, comprovando assim a constância de sua solidez.

Procura-se uma câmera alemã

Na estratégia geral dos Aliados, os desembarques ocuparam um papel proeminente, tanto no cenário do Pacífico como no *front* europeu. Porém, antes de lançar uma operação anfíbia, era necessário conhecer detalhadamente todos os acidentes geográficos da costa, assim como as defesas que as tropas enfrentariam, a fim de melhor planejar o ataque ou o desembarque.

Além do reconhecimento aéreo, os americanos recorreram aos seus submarinos para que tirassem fotografias desses detalhes do mesmo ponto de visão que teriam, no momento, os soldados que fariam o desembarque.

No entanto, ficou logo evidente que o material fotográfico de que a Marinha dispunha não era adequado para cumprir essa missão. Ao

---

22. Para conhecer a história completa do porta-aviões de gelo inglês, conhecido como *Habacuc*, remeto o leitor ao capítulo 2 de meu livro *Las cien mejores anécdotas de la Segunda Guerra Mundial*.

serem tiradas de longa distância, as imagens apareciam desfocadas e não se observavam os pequenos detalhes, razão pela qual resultaram ser de muito pouca utilidade para as tropas, que chegavam às praias sem saber exatamente o que enfrentariam.

Foram então consultados peritos em fotografia, a fim de encontrar uma solução para esse problema, os quais concluíram que era necessária uma câmera muito sofisticada fabricada unicamente na Alemanha: a Primaflex. Essas câmeras eram muito difíceis de conseguir, visto que poucas unidades eram fabricadas e estas se destinavam quase exclusivamente ao uso militar. Naturalmente, não era possível encomendar uma à indústria alemã, e, por isso, começaram a planejar arriscadas missões visando a uma infiltração na Alemanha para conseguir algumas dessas valiosas câmeras.

No entanto, alguém teve a ideia de um caminho muito mais direto e simples. Publicou-se um anúncio discreto em vários jornais americanos pelo qual um suposto indivíduo estava interessado em adquirir uma câmera dessa marca e disposto a pagar uma boa soma por ela. Em pouco tempo, um fã de fotografia respondeu ao anúncio assegurando que dispunha de uma Primaflex comprada, antes da guerra, em uma viagem à Alemanha.

O plano tinha dado certo. A Marinha pôde, assim, obter sua desejada Primaflex e os Aliados contaram, dessa forma, com uma ferramenta imprescindível para planejar com êxito seus desembarques.

O barco de Mussolini, no Texas

Os turistas que se hospedam no hotel flutuante Stacia Leigh, na cidade texana de Galveston, pouco suspeitam de que estão se alojando em um barco-navio que pertenceu ao ditador italiano Benito Mussolini. Com suas duas enormes pontes de observação de 300 metros quadrados cada, a embarcação surpreende por seu luxo e ostentação, mantendo intacto o espírito de tempos passados.

A escuna monocasco *Stacia Leigh* pertenceu ao ditador fascista de janeiro de 1944 até sua morte, embora se suponha que o *Duce* não teve muito tempo nem ânimo suficiente para desfrutar da embarcação por estar, nesse período, à frente do governo títere que os alemães instauraram no norte da Itália.

O barco-navio havia sido construído em 1906 para Louis Renault, o empresário francês fundador da marca de automóveis do mesmo nome. Em 1936 foi vendido ao conde Galeazzo Ciano, ministro de Assuntos

A escuna Stacia Leigh, *que pertenceu a Mussolini de janeiro de 1944 até sua morte. Ela está atualmente ancorada no porto texano de Galveston, onde foi transformada em um hotel flutuante de luxo.*

Exteriores italiano e genro de Mussolini. Em 11 de janeiro de 1944, quando o conde Ciano foi fuzilado em Verona, acusado de trair seu sogro, a escuna passou a ser propriedade particular do ditador.

Depois da morte de Mussolini, a embarcação foi transferida para os Estados Unidos. O *Stacia Leigh* passou pelas mãos de diversos proprietários, chegando a aparecer em cenários decorativos de vários filmes da época. Em 1998, o barco de Mussolini foi vendido de novo e, depois de uma importante restauração, transformado no que é atualmente: um hotel flutuante de luxo.

O obscuro passado do *Eagle*

O *Eagle* é o único barco à vela das Forças Armadas dos Estados Unidos. Trata-se de uma linda embarcação com um calado de 90 metros, 1.800 toneladas e três mastros. Seu casco metálico é pintado de uma brilhante cor branca e seus meios de propulsão são, alternativamente, seu velame e seu motor auxiliar a diesel, já incorporado.

Esse barco é de responsabilidade da Guarda Costeira, e nele são transmitidos aos cadetes os princípios da navegação à vela. O objetivo desses treinamentos é potencializar o trabalho em equipe, fundamental para o funcionamento de qualquer barco. Sua base é o porto de Charleston, na Carolina do Sul.

Durante seis semanas ao ano, um total de 130 cadetes passa por um período de instrução a bordo do *Eagle*. Após essa experiência, esses marinheiros chegarão à conclusão de que a falha de um repercute sobre toda a tripulação, sendo assim necessária uma rígida disciplina. Do mesmo modo, cada tripulante deve saber cumprir cada uma das tarefas para a manutenção do barco, aprendendo a ser polivalente e a tomar as decisões corretas a qualquer e a todo momento.

Quando o *Eagle* sulca as águas impelido pelo vento, a bandeira americana tremula orgulhosamente em sua popa. Porém, o que poucos sabem é que esse barco teve um passado obscuro.

O *Eagle*, cujo nome de origem era *Horst Wessel* – um herói da imaginação nazista –, fez parte da marinha de guerra do Terceiro Reich.

Construído nos estaleiros Blohm & Voss, de Hamburgo, ele foi lançado às águas em 12 de junho de 1936. Converteu-se, de imediato, em motivo de orgulho para a *Kriegsmarine* e foi, inclusive, visitado em uma ocasião por Adolf Hitler. Sua viagem mais longa foi uma travessia do Atlântico, quando cobriu a distância entre Tenerife e as Ilhas Bermudas em 22 dias.

Durante a Segunda Guerra Mundial, seu destino foi o Mar Báltico e, sem perder sua condição de navio-escola, transportou suprimentos para as tropas encarregadas de vigiar essas costas. Devidamente aparelhado, conseguiu abater três dos aviões que o atacaram em variadas ocasiões.

Nos últimos dias do conflito, o *Horst Wessel* dirigiu-se ao porto militar de Kiel, porém não pôde ali ancorar em virtude do toque de recolher imposto pela autoridade local. A embarcação viu-se obrigada a esperar em águas abertas, o que – paradoxalmente – o salvou do intenso bombardeio que destruiu grande parte das instalações portuárias e provocou severas perdas entre os navios que ali se encontravam.

Após a rendição da Alemanha, as destacadas características navais do *Horst Wessel* não passaram despercebidas aos entendidos da Marinha americana. O veleiro acabou indo para Bremerhaven, onde foi posto sob o comando do comandante Gordon McGowan, do Serviço de Guarda Costeira dos Estados Unidos, e foi-lhe atribuída uma pequena

Lançamento às águas do veleiro Horst Wessel *nos estaleiros de Hamburgo, em 1936. Ao final da guerra, o barco foi requisitado pela* USS Navy *(Marinha americana) e rebatizado como* Eagle, *após ser despojado dos elementos que lembravam seu passado nazista.*

equipe de oficiais e tripulantes para que se encarregasse dele. As instruções eram, em primeiro lugar, tirar o barco do péssimo estado em que se encontrava e transferi-lo rapidamente para os Estados Unidos. Porém, seria imposta a McGowan uma dura condição: ele teria de restaurá-lo sem gastar um dólar americano, mas à custa da derrotada Alemanha e com o trabalho da tripulação alemã que se mantivera a bordo.

A princípio, as relações entre os marinheiros americanos e alemães foram, como era de se prever, um tanto tensas, porém elas sofreram um relaxamento quando todos tiveram de integrar-se ao duro trabalho dessa restauração.

Para os alemães, que se esqueceram de estar colaborando com o inimigo de pouco tempo antes, a recuperação da embarcação que havia sido a joia da Marinha alemã era motivo de orgulho; para os americanos, o veleiro era um verdadeiro tesouro que testemunhava sua vitória e iria somar-se ao serviço efetivo de sua guarda costeira. A união desses elementos permitiu alcançar um ambiente de camaradagem que, facilmente, ajudou a superar as dificuldades com os idiomas.

No entanto, a Alemanha era um país destroçado pela guerra e os serviços mais básicos ainda não funcionavam. A designada missão se converteu assim em uma tarefa de difícil execução e repleta de obstáculos; sempre que McGowan ia à procura de algum fabricante especializado em peças de reposição navais, ele se deparava com o edifício ou escritório dessas empresas em ruína, restando apenas um monte de escombros. Entretanto, ele teve a grande sorte de localizar alguns armazéns portuários que ainda guardavam peças de reposição dos míticos transatlânticos alemães *Bremen* e *Europa*, que seriam determinantes para devolver ao barco o esplendoroso passado ao qual fizera jus.

Além das grandes tarefas de restauração, houve ainda outras menores, mas nem por isso menos importantes, pelo simbolismo que representavam.

Foi especialmente trabalhoso trocar todos os letreiros em idioma alemão, mas, sobretudo, os títulos e textos que figuravam nos mecanismos da sala de máquinas, chegando em muitos casos a se substituir certas peças. O gesto mais significativo foi a retirada da máscara da proa, que representava uma águia carregando uma cruz gamada entre suas garras. Ela foi substituída por outra águia, mas nesse caso uma de cabeça branca, a ave heráldica dos Estados Unidos.

Finalmente, em 15 de maio de 1946, em Bremerhaven, o *Eagle* começou oficialmente a fazer parte do Serviço de Guarda Costeira americano. No entanto, a embarcação ainda passaria por um último

A impressionante ilustração marítima do Eagle, *convertido em barco-escola do Serviço de Guarda Costeira americano. É difícil imaginar que antes ele ostentasse em seu mastro a bandeira da Marinha de Guerra do Reich.*

obstáculo antes de partir rumo aos Estados Unidos. A reduzida tripulação americana não era suficiente para operar um veleiro construído para ser operado com a força dos braços, desde as velas até a âncora; por exemplo, o içamento da âncora exigia a força de 40 homens. Além disso, a falta de experiência dos marinheiros americanos em navegação à vela não previa uma longa viagem pelo Atlântico.

Para superar esse problema, McGowan recorreu a uma disposição que permitia a contratação de marinheiros alemães em draga-minas americanos para limpar os mares das milhares de minas que haviam sido plantadas durante o conflito. Recorrendo a essa medida, o comandante contratou a antiga tripulação do *Horst Wessel* para empreender a viagem aos Estados Unidos e, durante o trajeto, os marinheiros alemães transmitiram sua experiência a seus pares americanos.

O *Eagle* é hoje um dos grandes orgulhos do Serviço de Guarda Costeira e de toda a Marinha americana, a *USS Navy*, tal como no passado fora da Marinha alemã, a *Kriegsmarine*. Para os americanos, o passado nazista do veleiro não foi uma mancha em seu histórico, mas um testemunho vivo do triunfo sobre esse regime criminoso que tentou estender seu domínio aos mares.

O barco maldito de Goering

Para alguns supersticiosos, os pertences pessoais dos grandes hierarcas nazistas conservam, de alguma forma, o espírito daquela época tumultuada, o que faz com que esses objetos assimilem uma penosa existência, sem nunca encontrar um lugar de repouso definitivo. Um caso emblemático é o do iate do chefe da *Luftwaffe*, Herman Goering.

Essa embarcação foi dada de presente ao dirigente nazista por alguns industriais alemães, em 1937, por ocasião de seu segundo casamento. Mas, curiosamente, o barco seria batizado com o nome de sua primeira esposa, *Carin II*. Ao que consta, a recém-casada Emmy não se importou com que o iate fosse dedicado à sua predecessora, falecida de tuberculose seis anos antes.

Apesar de a embarcação não ser estilosa, parecendo mais uma barcaça, um jornal a ela se referiu como o "símbolo da supremacia da indústria naval alemã, uma embaixada flutuante do Terceiro Reich".

Hitler não gostava muito do mar e preferia sempre se manter distante. Assim mesmo, ele frequentou o *Carin II* com a mesma regularidade que Goebbels, Himmler ou Heydrich. Para poder honrar essas visitas, Goering dispunha no iate de ótimas safras de vinho, champanhe e conhaque.

Havia também uma plataforma na ponte da qual praticava tiro ao alvo nos patos da redondeza – já mencionamos que Goering era um grande fã da caça –, os quais, mais tarde, eram servidos nas refeições.

Esses costumeiros momentos de descanso ainda continuariam depois de iniciada a guerra. Como não era aconselhável sair em mar aberto, as excursões limitavam-se aos rios alemães. No verão de 1940, o chefe da *Luftwaffe* não deixou de passar alguns dias de descanso no *Carin II*, mas levou consigo todos os mapas da batalha aérea que estava sendo travada naqueles mesmos momentos nos céus ingleses.

Em 1942, Himmler, Adolf Eichmann e Rudolf Hoess, o chefe do campo de concentração de Auschwitz, reuniram-se no barco, depois da infame Conferência de Wannsee, a fim de estabelecer os últimos detalhes da chamada Solução Final.

O barco de recreio Carin II *teve a fama de ser azarado. Seu primeiro proprietário foi Hermann Goering; porém, depois da guerra, ele passou a pertencer à família real britânica. É atualmente usado para programas de excursões turísticas no Mar Vermelho.*

O *Carin II* sobreviveu à hecatombe dos dias finais do Terceiro Reich e foi encontrado pelos homens do marechal Bernard Montgomery, praticamente intacto, em seu atracadouro do porto de Hamburgo. Ao inteirar-se de quem era seu proprietário, *Monty*, apelido do marechal, requisitou o iate para entregá-lo à família real inglesa, que o manteria durante um período de 15 anos. A primeira coisa que devia ser feita era trocar o nome do barco, que passou a ser *Royal Albert*. Em 1952, decidiu-se rebatizá-lo com o nome do príncipe de Gales, nascido em 1948: *Prince Charles*.

Entretanto, a família real começou a sentir-se incomodada com a posse desse iate em função de algumas críticas veladas que surgiram sobre o fato de estar utilizando um barco que havia pertencido a um nazista e, além disso, a crise econômica que afligia a Inglaterra não permitia que mantivesse um barco de luxo desse porte. Assim, portanto, as reclamações legais da viúva de Goering foram uma ótima oportunidade para a família real se livrar do iate. Em 1960, ele foi entregue à viúva do falecido dirigente, com grande alívio, acreditamos, por parte dos residentes do Palácio de Buckingham.

Porém, a família de Goering também não podia arcar com os gastos de sua dispendiosa manutenção e, portanto, o iate foi vendido ao dono de uma tipografia de Bonn, Gunther Knauth, que o rebatizou com o nome de *Theresia*. Knauth o manteve durante 12 anos para, então, vendê-lo para Gerd Heidemann, um jornalista simpatizante da causa nazista e obsessivo colecionador de objetos desse período. Para poder comprar o iate, Heidemann hipotecou todas as suas propriedades e, procurando recuperar seu investimento e rentabilizar sua nova aquisição, ele propôs a alguns editores lançar um livro que reunisse suas conversas, mantidas nesse mesmo barco, com antigos dirigentes e militares nazistas, mas sua proposta foi rejeitada.

Os gastos com a manutenção do iate, que havia recuperado seu nome original, podem ter sido uma das causas pelas quais Heidemann se envolveu no obscuro caso dos falsos diários de Hitler. Esses diários, avaliados em 2,5 milhões de libras esterlinas e elaborados por um falsificador, contaram com o aval de vários peritos britânicos. Porém, ao descobrirem a farsa, Heidemann acabaria sendo detido.

Em 1983, o iate foi leiloado e adjudicado a um executivo egípcio, Mustafá Karim, e à sua mulher, Sandra Simpson, para seu uso pessoal. Esse não seria o fim das aventuras desse malfadado barco. Enquanto navegavam pelo Mediterrâneo, uma forte tormenta arrastou a embarcação para as costas da Líbia e o *Carin II* ficou retido durante quatro meses pelas autoridades líbias, pois consideraram que ele entrara ilegalmente em suas águas. Finalmente, após algumas negociações das quais o coronel Kadafi participou pessoalmente, o casal recebeu a permissão de recuperar o barco e de levá-lo ao Egito.

Com receio de que o barco pudesse surpreendê-los novamente com outro evento desagradável, eles decidiram vendê-lo a uma pequena empresa de turismo local que atualmente o emprega para organizar excursões turísticas pelo Mar Vermelho.

Ao que parece, essa empresa sondou a possibilidade de vender o iate ao príncipe Charles da Inglaterra, o qual, em algum momento, demonstrara o interesse de recuperar o barco que uma vez levou seu nome. Porém, a empresa nunca teve uma resposta a esse respeito.

Essa é, por enquanto, a atribulada história do iate de Goering, porém é muito provável que, no futuro, ele volte a nos surpreender com novas aventuras.

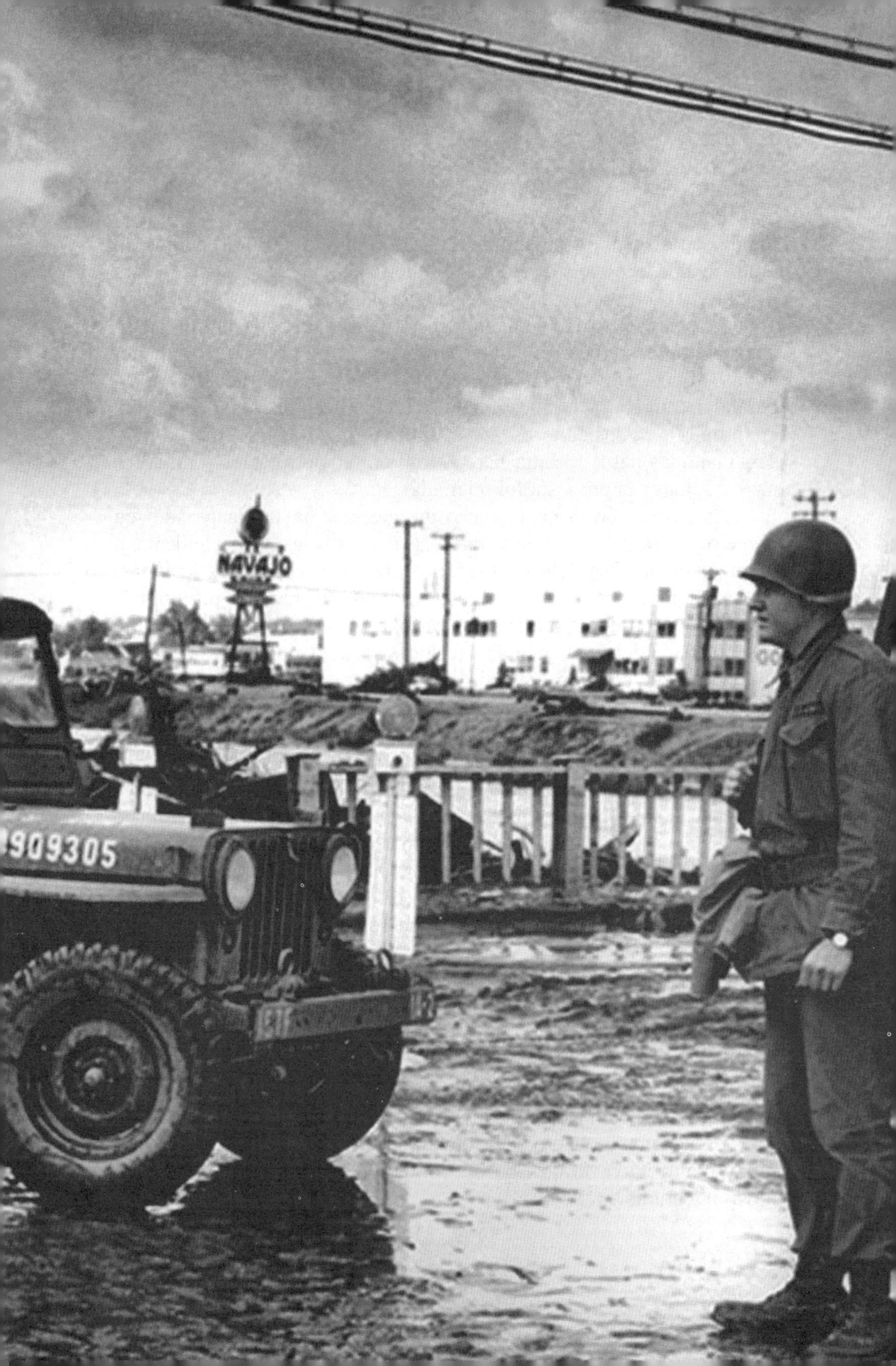
NAVAJO
909305

Capítulo V
A Guerra Motorizada

O desenvolvimento extraordinário dos veículos a motor durante o período entre as duas guerras mundiais gerou uma mudança radical nas táticas militares. Durante a Primeira Guerra Mundial, o papel da ofensiva recaía exclusivamente sobre a infantaria, e foi apenas na última fase do conflito que se percebeu o papel importante que teriam as unidades motorizadas nas frentes de batalhas, unidades únicas que poderiam romper os *fronts* estáticos, consequência da extenuante guerra de trincheiras. Porém, ao iniciar-se a Segunda Guerra Mundial, apenas os alemães haviam procurado adaptar-se a esse novo método, enquanto os franceses e os ingleses continuavam restritos às ultrapassadas táticas.

O exército alemão seria o primeiro a utilizar unidades motorizadas nas campanhas imediatistas que seriam conhecidas como a guerra-relâmpago. Porém, reconhecendo seu erro, os aliados encontrariam meios de responder ao domínio da *Wehrmacht* nesse novo tipo de solução de conflitos. Os veículos a motor adquiriam assim o papel de protagonistas, semelhante àquele que, de modo incipiente, esses veículos começavam a ter na sociedade da época.

Com a gasolina nas costas

Embora seja possível acreditar que a sorte de uma batalha dependa da tática empregada, da soma das forças que cada lado pode colocar a campo ou da quantidade de munição de que cada lado dispõe, em muitas ocasiões ela tende a favorecer um ou outro contendor em consequência de erros que, aparentemente, são alheios à evolução dos combates.

Um exemplo foi aquele protagonizado pela força mecanizada britânica, que se propôs a defender seu aliado francês contra o ataque das tropas de Hitler, em maio de 1940. No entanto, os tanques ingleses eram de qualidade inferior em comparação aos velozes *panzers*, já experimentados na invasão da Polônia, e a falta de manutenção e de peças de reposição fizeram com que três de cada quatro veículos britânicos tivessem de ser abandonados por seus homens.

Quanto aos tanques franceses, os quais nem sequer tiveram tempo de verificar se funcionavam corretamente, a maioria parou de funcionar depois de cerca de cinco horas de marcha, por conta de uma falha no sistema de reabastecimento. Havia-se previsto que alguns caminhões-cisternas acompanhariam os tanques a fim de reabastecê-los de combustível no caminho. Entretanto, se um dos veículos blindados perdesse de vista os veículos de apoio, muito provavelmente ele acabaria separando-se da coluna, sem condições de ser reabastecido. Um exemplo foi o da Primeira Divisão Encouraçada francesa, que ficou sem combustível em plena batalha do Mosa, sendo varrida pelos tanques alemães.

Por outro lado, os *panzers* não tinham necessidade de ser acompanhados por caminhões de abastecimento, pois cada *panzer* carregava consigo vários tambores de gasolina com os quais se abastecia de combustível, o que lhe proporcionava maior autonomia e melhor capacidade para tomar decisões durante a marcha, além da possibilidade de adaptar-se melhor na evolução dos combates.

Esse detalhe demonstrava claramente a diferença de concepção entre o armamento blindado dos alemães e dos franceses. Enquanto as forças francesas avançavam lentamente, os alemães lançavam seus tanques em uma carreira veloz com a garantia de sua autossuficiência.

Um veículo blindado Churchill, *que hoje em dia é exibido no exterior do Worthington Tank Museum, de Ontário (Canadá). Apesar de muitos britânicos estarem convencidos de que seu primeiro-ministro recebia* royalties *pela utilização de seu nome, isso não passou de um boato infundado.*

Curiosamente, o único militar francês que compreendeu perfeitamente a necessidade de empregar essa tática revolucionária seria Charles de Gaulle, mas suas recomendações seriam totalmente ignoradas por seu próprio país.

Direitos de imagem para Churchill

Após a evacuação de Dunquerque, em maio de 1940, os ingleses tinham apenas uma centena de tanques, todos obsoletos. Por conseguinte, a ordem imediata de construir novos veículos de combate gerou um tanque moderno, embora fosse, inicialmente, cheio de defeitos, e batizado oficialmente com o nome de *Mk IV Churchill*. Ele seria usado em agosto de 1942 no frustrado ataque a Dieppe, pelas tropas canadenses. O resultado foi péssimo. Posteriormente, o *Churchill* seria melhorado e, na campanha do norte da África, ele chegaria a apresentar um rendimento aceitável.

Muitos ingleses tinham como certo o fato de que Winston Churchill cobrasse direitos de imagem cada vez que um desses tanques saía da cadeia de montagem, em função do nome que lhe fora atribuído. Dizia-se que Churchill recebia 50 libras por tanque produzido. Mas esse era um simples boato sem qualquer fundamento.

O presidente Roosevelt não dispunha, em 1941, de um carro blindado, razão pela qual teve de recorrer ao veículo blindado que pertencera ao mafioso Al Capone. Na imagem, a fotografia de sua ficha policial.

O próprio premiê britânico aceitava esse boato humoristicamente. Em certa ocasião, ele comentou, referindo-se aos primeiros protótipos do veículo, que "este tanque tem mais defeitos do que eu".

Em contrapartida, quem, na verdade, cobrava direitos era Hitler, no caso de sua imagem nos selos dos Correios. A ideia foi de seu fotógrafo pessoal e amigo, Heinrich Hoffmann, que estabeleceu, junto ao ministro das Comunicações, Wilhelm Ohnesorge, o sistema pelo qual o *Führer* viria a receber esses direitos de imagem, que lhe proporcionariam bons dividendos.

Um carro oficial pouco apropriado

Em 8 de dezembro de 1941, depois do ataque da aviação japonesa a Pearl Harbor no dia anterior, o presidente americano Franklin D. Roosevelt estava decidido a declarar guerra ao Japão, desde que contasse com o apoio do Congresso.

Diante da possibilidade de que um agente japonês havia se infiltrado na Casa Branca com o objetivo de atentar contra a vida do presidente, o serviço de segurança estimou conveniente contar com um veículo blindado no percurso que separava a residência oficial do Capitólio. No entanto, Roosevelt não dispunha de um carro com essas características pelo simples fato de que, segundo a legislação, a verba destinada aos gastos com o veículo oficial do presidente dos Estados Unidos era de 700 dólares e um veículo blindado superava amplamente esse valor.

Finalmente, optou-se por utilizar um carro bem pouco apropriado para o ocupante ao qual se destinava, mas que, naquele momento, poderia oferecer todas as garantias de segurança. Tratava-se do automóvel que havia pertencido a, nem mais nem menos, Al Capone, o célebre mafioso de Chicago, que havia sido confiscado depois de sua detenção.

Nesse mesmo dia, o presidente compareceu ao Capitólio e regressou logo à Casa Branca nesse automóvel, mas todos concordaram que era necessário proporcionar ao presidente outro veículo que, nos bastidores, não tivesse uma história tão sinistra. A solução foi apresentada pela Ford, que doou ao máximo mandatário americano um carro blindado fabricado especialmente para ele.

Um pato com vida longa

A entrada dos Estados Unidos na guerra faria com que sua poderosa indústria automobilística sofresse uma inovação. As fábricas de automóveis deixariam de produzir carros de passeio e se dedicariam ao esforço de guerra, pois de Detroit, onde a maioria se concentrava, sairiam os veículos destinados ao exército.

De suas linhas de montagem, além de tanques e caminhões, também saiu um inovador veículo anfíbio, o DUKW – um acrônimo referente a suas características técnicas –, mais conhecido como *Duck* (Pato), por sua figura pouco estilizada e sua capacidade de transitar tanto em terra quanto em água. Tratava-se de um estranho meio de transporte que podia ser usado como caminhão, alcançando uma velocidade de 80 quilômetros por hora, ou também uma embarcação mediante o simples acionamento de uma alavanca. Na água, sua velocidade era de dez quilômetros por hora e possuía a capacidade de transportar 50 soldados.

O *Duck* foi empregado pela primeira vez em março de 1943, no desembarque de tropas na Ilha de Nouméa, no Pacífico. Sua consagração aconteceria em julho desse mesmo ano com o desembarque na Sicília, quando participaram milhares dessas unidades com grande êxito, razão pela qual foi utilizado seis meses mais tarde, no desembarque de

O DUKW participou em todas as operações anfíbias realizadas pelos Aliados tanto no Pacífico como na Europa. Seu aspecto desajeitado, bem como a semelhança de seu nome, levou-o a ser conhecido como Pato (Duck).

Um dos DUKWs que, na atualidade, é utilizado para fins turísticos. Em muitas cidades do mundo – na imagem, Londres – são oferecidos passeios neles para demonstrar seu caráter anfíbio, em um trajeto por via fluvial.

Anzio. Sua presença na Normandia foi decisiva; cerca de 2 mil *Ducks* encarregaram-se de fazer chegar às praias quase a metade dos materiais desembarcados entre 6 de junho e 1º de setembro de 1944.

A campanha do Pacífico também seguiria vendo em ação o *Duck*, nessa ocasião nas areias das Ilhas de Saipán ou Tarawa, provocando a curiosidade dos defensores japoneses, espantados com a inesperada versatilidade do veículo.

Entre 1942 e 1945 foram fabricados cerca de 21 mil *Ducks*, que continuariam prestando serviço ao exército até meados da década de 1960, embora também fossem utilizados pelos bombeiros ou pela polícia na prevenção de desastres naturais, como terremotos ou inundações.[23]

---

23. O DUKW, que forjou sua lenda nas praias mais sangrentas da Segunda Guerra Mundial, hoje em dia se-vê obrigado a cumprir uma missão muito diferente. Em várias cidades europeias (Londres, Liverpool ou Dublin) ou americanas (Chicago, Boston, Filadélfia ou Washington), esses veículos são utilizados com fins turísticos; pintados de amarelo ou vermelho, com nomes chamativos como *Viking Splash* ou *Yellow Duckmarine*, realizam passeios panorâmicos que terminam com um breve trajeto na água.

O êxito incomparável do Jipe

Apesar de a contribuição do DUKW na vitória aliada ter sido extraordinária, não há dúvida de que o veículo mais popular entre os soldados americanos foi o Jipe, uma popularidade que acabaria ultrapassando os limites do âmbito militar para convertê-lo em um símbolo.

O Jipe tem sua origem em 1939, quando o Exército americano submeteu à licitação um veículo de reconhecimento, que deveria cumprir vários requisitos, como o de carregar 270 quilos, ter formato retangular, para-brisa rebatível e um mínimo de três assentos.

Apenas três empresas apresentaram suas propostas: Bantam, Ford e Willys-Overland. A proposta mais adequada foi a da Bantam, mas suas finanças e sistema de produção não estavam em seus melhores momentos. O contrato foi finalmente adjudicado à Willys-Overland, que, baseando-se nos desenhos da Bantam, criou o definitivo Jipe, sendo que a primeira unidade dele saiu da linha de montagem em dezembro de 1941. Esses modelos foram vendidos pela Willys ao governo americano por 738 dólares a unidade.

O vistoso e inovador veículo podia adaptar-se a qualquer necessidade de transporte, o que lhe valeu o nome oficial de G.P. (*general purpose*, utilidade geral), embora ele logo passasse a ser conhecido por "Jipe". Circularam várias versões sobre a origem desse nome; enquanto o Exército assegurava que se tratava de uma derivação das iniciais G.P., outros afirmavam que ele teria sua origem em um estranho animal africano, *Eugene the Jeep*, que acompanhava o personagem Popeye dos desenhos animados. O mais provável é que a origem seja uma mescla das duas afirmações.

O Jipe tinha tração nas quatro rodas, sendo capaz de superar terrenos com 60% de inclinação. A ausência de blindagem lhe proporcionava uma boa velocidade – superava os cem quilômetros por hora – e uma autonomia de cerca de 500 quilômetros – que o convertiam em um veículo tremendamente ágil e eficaz para múltiplas utilidades. Seu motor era tão resistente que podia funcionar cem horas seguidas a 4 mil revoluções por minuto sem experimentar nenhum desgaste. A potência do Jipe livrou mais de uma pessoa de apuros; o veículo poderia arrastar caminhões entalados em um navio, chegando, inclusive, em uma ocasião, a deslocar um vagão de 25 toneladas a mais de 30 quilômetros por hora, pelos próprios trilhos ferroviários.

Desde Túnis até Filipinas, passando pela Ucrânia ou as Ardenas, o Jipe foi um fiel servidor dos soldados aliados, convertendo-se em um

O Jipe converteu-se em um símbolo do Exército dos Estados Unidos. Sua resistência e versatilidade fizeram com que ele fosse muito apreciado pelas tropas aliadas. A lenda desse veículo perdura até hoje.

dos símbolos do jovem Exército americano, junto com a onipresente goma de mascar (*chewing-gum*) ou a Coca-Cola.

No entanto, o Jipe não entusiasmou apenas os americanos. Stálin também ficou fascinado por ele. Mediante o programa de empréstimo e arrendamento, os soviéticos receberam um bom número de Jipes, mas o ditador soviético reclamava por mais e mais unidades.

Da mesma forma que os caminhões americanos recebidos, garantindo que tinham sido fabricados na União Soviética, a fim de supervalorizar a contribuição dos aliados ocidentais aos triunfos do Exército Vermelho, Stálin deu também ordens para que se atribuísse ao Jipe uma origem local.

Os encarregados de convencer os soldados e a população em geral dessa falsa procedência se viam com a dificuldade, aparentemente insolúvel, de dar uma explicação às letras que apareciam claramente em sua carroceria: Willys-Overland. Stálin não se esforçou muito; a versão oficial deveria dizer que esse era o nome de uma fábrica secreta instalada do outro lado dos Montes Urais!

Terminada a Segunda Guerra Mundial, a Willys-Overland patenteou o nome do "Jipe" e iniciou sua fabricação para uso civil. Muitos soldados, de volta ao lar, compraram um desses veículos, chamados C.J. (*Civil Jeeps*) que saíam ao mercado a um preço de 1.090 dólares.

A trajetória do Jipe no exército durou até 1981, quando ele foi substituído pelo Hummer, com este sendo capaz de ser equipado com ar-condicionado ou uma plataforma lança-mísseis. No entanto, o uso civil do Jipe continua até o presente com grande êxito,[24] tornando possível que, depois de mais de seis décadas, ainda circulassem pelas estradas de todo o mundo os herdeiros daquele simpático veículo que conseguiu fascinar o frio Stálin.

Um crocodilo no Pacífico

Um dos veículos empregados pelos *marines* em seus assaltos anfíbios era o LVT, o acrônimo para *Landing Vehicle Tractor*. O LVT foi amplamente utilizado em desembarques nas ilhas do Pacífico, mas era especialmente útil nas ilhas cercadas de corais e arrecifes, o que dificultava a utilização dos demais veículos. A razão dessa versatilidade era que o LVT conseguia superar esses obstáculos, diferentemente dos demais.

---

24. A marca comercial Jipe foi vendida em 1970 à American Motors Corporation e, em 1987, ficou em poder da Chrysler Jeep/Eagle, uma divisão da Chrysler Motors, integrante, no presente, da Daimler Chrysler.

O veículo anfíbio LVT, conhecido como Crocodilo, foi muito útil aos marines *americanos em seus desembarques nas ilhas ocupadas pelos japoneses.*

O codinome do LVT era *Alligator* (Crocodilo). Esse nome, da mesma forma que no caso do Jipe, tem uma origem confusa. Alguns asseguravam que seu aspecto lembrava um desses animais – algo inegável para qualquer observador com um mínimo de imaginação –, enquanto outros acreditavam que o nome remetia à sua origem, visto que havia sido projetado originalmente para efetuar trabalhos de resgate nas regiões pantanosas da Flórida, onde abundam esses temidos répteis. As características desse terreno haviam inspirado um mecânico, Donald Roebing, a criar esse veículo, capaz de deslocar-se pela água através de densos canaviais e de poder subir pequenas colinas.

Assim que os Estados Unidos entraram na guerra, os *marines* tiveram conhecimento da existência desse veículo e propuseram sua produção em série. Finalmente, o *Alligator* levou seu campo de atuação da Flórida para as ilhas do Pacífico, cumprindo com excelência seu trabalho.

Combustíveis alternativos

No mundo atual, os cientistas tratam diariamente de obter combustíveis alternativos ao petróleo, embora os resultados não sejam muito alentadores. No entanto, esse trabalho de pesquisa já se fizera na Alemanha durante a Segunda Guerra Mundial.

A escassez de petróleo foi um empecilho que acompanhou o exército alemão ao longo de todo o conflito. Em 1939, a Alemanha dependia quase totalmente do petróleo sintético produzido em território do Reich, mediante a transformação do carbono extraído na região dos Sudetos, muito apropriada para essa missão. A partir de 1940, com a Romênia convertida em um país-satélite, o aporte dos poços petrolíferos de Ploesti ajudou a cobrir as necessidades alemãs, mas, ainda assim, a falta crônica de combustível resultou em um problema quase insolúvel, tanto na campanha da Rússia como, sobretudo, no norte da África.

Curiosamente, os *panzers* de Rommel viam-se, em muitas ocasiões, forçados a permanecer inoperantes enquanto os petroleiros procedentes da Itália não chegavam com seu valioso carregamento de combustível. Mal sabiam os alemães da existência, debaixo de seus pés, na Líbia, de enormes bacias de petróleo a serem descobertas.

A diferença com os Aliados era abismal. Enquanto os alemães controlavam 3% da produção mundial de petróleo, os Aliados tinham em suas mãos 90%. Assim, portanto, os cientistas alemães receberam a tarefa de encontrar novos tipos de combustível por meio das matérias-primas que o país tinha à disposição. Esses trabalhos obtiveram um relativo êxito; após um estudo minucioso da flora europeia, descobriu-se que as nozes podiam transformar-se quimicamente em um combustível de boa qualidade para tanques e caminhões. Além disso, os resíduos originários dessa fruta seca podiam ser utilizados para alimentar o gado.

Esses estudos concluíram também que as bolotas, utilizadas tradicionalmente na alimentação dos porcos, produziam um óleo que podia ser empregado na propulsão de veículos. Do mesmo modo, a partir dos desperdícios das abundantes uvas francesas, havia-se conseguido extrair um excelente óleo lubrificante.

No entanto, os esforços desses cientistas não ajudaram a amenizar a falta de combustível. Seria necessário empregar vários anos na implementação dessa inovadora indústria da transformação, porém o tempo não os favorecia e não era possível apostar em soluções de longo prazo.

O fracasso da ofensiva sobre os poços do Cáucaso, em 1942, condenou a Alemanha a depender do petróleo procedente da Romênia. Porém, os intensos bombardeios aliados sobre esses poços, durante todo o ano de 1944, levou progressivamente os alemães a consumir suas reservas até o esgotamento total.

Um dos tanques T-34 que tiveram a honra de entrar primeiro em Berlim e que hoje cercam o memorial dedicado ao exército soviético na capital alemã, construído com pedra procedente da Chancelaria. Pode-se apreciar a estrela vermelha na blindagem lateral, o que significa que sua unidade foi condecorada por uma ação destacada no campo de batalha.

Tanques patrocinados

Nas imagens que se conservam da guerra na frente russa é habitual ver os tanques soviéticos exibindo mensagens pintadas em sua blindagem. Um das inscrições mais comuns era a do patrocínio do veículo blindado; durante a guerra era comum o fato de que uma escola, uma fábrica ou uma localidade pudessem comprar um tanque, tendo assim a honra de ter seu nome inscrito nele e, além disso, de ter passado pelos campos de batalha.

Esse patrocínio cumpria vários objetivos: coletava fundos para o esforço bélico e, ao mesmo tempo, conseguia-se retirar dinheiro do mercado, evitando dessa forma a inflação. Além disso, obtinha-se maior identificação entre a população e a luta que o exército travava na frente de batalha, o que ajudava a suportar melhor os sofrimentos da população civil na retaguarda.

Porém, a realidade é que os soldados preferiam mensagens mais contundentes do que "Escola de Ofícios Karl Marx" ou "Fábrica de Tratores Bandeira Vermelha". Assim, em outras inscrições, pode-se ler mensagens dirigidas a alimentar o espírito de combate das tropas: "Até Berlim" ou "Rumo ao Oeste". De todo modo, tinham mais êxito os *slogans* que exacerbavam o ódio contra o inimigo: "Morte à besta nazista!" ou "Mate a serpente fascista!".

Curiosamente, o símbolo identificativo do Exército Vermelho, a estrela vermelha de cinco pontas, não podia ser pintada nos tanques. Embora esse sinal inconfundível aparecesse, sem exceção, em todos os aparelhos que integravam a força aérea soviética, os tanques somente podiam fazer brilhar a estrela vermelha caso tivessem se destacado em algum combate, e, por isso, esse símbolo equivalia a uma condecoração.

Discussão acalorada de trânsito

Na Holanda ocupada, os alemães sentiam-se donos do país, o que incluía suas ruas e estradas. Os veículos alemães circulavam à vontade por elas, sem respeitar os sinais de trânsito, o que provocava muitas situações de risco para a população em geral.

Em 30 de setembro de 1944, em uma rua da cidade de Haarlem, um veículo oficial alemão dobrou uma esquina em alta velocidade, obrigando um ciclista, que circulava normalmente, a atirar-se para a calçada para não ser atropelado.

O holandês, indignado, levantou-se do solo e começou a gritar para o motorista do automóvel. A discussão de trânsito cessou bruscamente quando o oficial que ia em seu interior, sem pestanejar, atirou-lhe uma granada.

Felizmente, o ciclista ficou ileso pela falta de pontaria do alemão, mas dois transeuntes sofreram ferimentos leves.

O incidente chegou aos ouvidos de Von Blaskowitz, o comandante-chefe alemão responsável pelos Países Baixos, o qual admoestou severamente o impulsivo oficial e exortou-o a respeitar as leis de trânsito.

O significado de "USA"

Um dos grandes segredos internos do regime stalinista foi a inestimável contribuição de seus aliados ocidentais, especialmente dos Estados Unidos, em sua luta contra os exércitos de Hitler. Embora o esforço de guerra soviético não tivesse conseguido manter-se sem a ajuda americana, na forma de alimentos, munição ou veículos, Stálin tentou por todos os meios ocultar esse auxílio diante da população e, inclusive, para os próprios soldados do Exército Vermelho, tal como foi visto anteriormente na história do Jipe.

De todo modo, havia casos em que era difícil ocultar a procedência dessa ajuda. Por causa da urgência com que deviam ser enviadas as provisões ao *front*, em muitas ocasiões os veículos militares que Washington cedera partiam rumo à batalha apresentando ainda as marcas de sua procedência, em inglês.

Se Stálin conseguiu com que as tropas acreditassem que Wyllis--Overland fosse uma cidade secreta na Sibéria, mais complicado foi buscar uma solução convincente para explicar as três letras que apareciam na maioria dos veículos vindos do outro lado do Atlântico: USA. Mas esse fato tampouco causou muitas preocupações na forma de perguntas difíceis de contestar, visto que entre os recrutas soviéticos o índice de analfabetismo era muito alto e, se soubessem ler, eles apenas sabiam ler os caracteres cirílicos.

No entanto, quando as tropas soviéticas conseguiram, por fim, expulsar os alemães de seu território e começaram a persegui-los por outros países da Europa Oriental, surgiu um contratempo inesperado. As populações da Polônia, Romênia ou Hungria, que utilizavam em seus respectivos idiomas os caracteres romanos, não tiveram dificuldade para descobrir que os tanques e caminhões, que ainda mostravam a legenda USA, haviam sido cedidos, paradoxalmente, pelo líder do injuriado sistema capitalista. Muitos soldados russos, por indicações dos naturais desses países, somente então descobriram com surpresa que seus veículos não tinham sido fabricados na União Soviética.

Embora tivesse sido empreendida uma campanha para se apagarem as letras delatoras, o fato era que as tropas começavam a formular perguntas comprometedoras. Porém, apareceu então a apreciada capacidade de improvisação dos militares russos; ocorreu a algum comissário político do Exército Vermelho que o melhor era aproveitar essa circunstância a favor do regime soviético e, por isso, aprovou-se afirmar que o significado oficial das siglas USA era *Ubiyat Sukensyna Adolfa*, o que era o mesmo que "Mate esse bastardo do Hitler".

Essa nova versão tranquilizou os soldados, persistindo assim o convencimento de que a União Soviética não havia recebido ajuda externa para derrotar a *Wehrmacht*, embora seja de duvidar que muitos recrutas acreditassem nessa improvisada explicação.

As autopistas de Hitler

Quando as forças aliadas entraram na Alemanha, em 1945, os americanos ficaram vivamente impressionados com a rede de autopistas que se estendia pelo domínio do Reich. Os americanos, cidadãos do país pioneiro na popularização do automóvel, do qual surgira uma cultura ligada ao mundo das estradas, sofreram um choque com a visão dessas inovadoras rodovias. Os engenheiros americanos verificaram que o projeto, os materiais e a qualidade de sua construção eram muito superiores aos empregados em seu país.

O general Eisenhower seria um dos que admirariam essas colossais obras de engenharia e, quando chegou à presidência dos Estados Unidos, em 1952, promoveu a elaboração de um ambicioso plano rodoviário inspirado no que havia visto, anos atrás, na Alemanha, e obteve a autorização do Congresso para sua colocação em prática em 1956, ano em que foi reeleito.

Qual era a origem dessas inovadoras estradas que tanto haviam impressionado os americanos?

Hitler havia assegurado em mais de uma ocasião, durante suas conversas privadas, que o grande legado que pretendia deixar para o futuro era uma grande rede de autoestradas (*autobahn*) que cobriria todo o território alemão. Após ter viajado de automóvel por todo o país durante os anos em que devia comparecer, quase diariamente, a atos políticos do Partido Nacional-Socialista, para ele era incompreensível o mau estado generalizado oferecido por essa rede rodoviária. Além disso, lamentava-se das enormes diferenças que se podiam constatar de uma região para outra, contrastes esses que saltavam aos olhos inclusive entre as próprias linhas de delimitação. De todo modo, essas comunicações deficientes já haviam começado a ser resolvidas durante o período democrático da República de Weimar.[25]

---

25. Embora seja inegável o impulso decisivo que Hitler deu para a construção de autoestradas na Alemanha, não se deve relevar que os planos para a construção dessa rede rodoviária foram anteriores à sua chegada ao poder. Em uma data tão remota como 1912, a empresa AVUS (*Automobil Verkehrs und Ubungsstrasse*) começou a construção da primeira autoestrada do mundo, com um comprimento de dez quilômetros. Em 1926, durante a República de Weimar, fundou-se um consórcio encarregado da construção de uma autoestrada que unisse Frankfurt com a cidade suíça da Basileia. Essa empresa fez todas as medições preliminares do traçado e detalhou os planos de construção. Durante esse período, iniciaram-se também as obras da rodovia Colônia-Bonn, que entrou em operação antes que Hitler alcançasse o poder. A maioria das rodovias construídas pelo Terceiro Reich aproveitou o trabalho realizado anteriormente; boa parte dos terrenos já se encontrava expropriada e se dispunha dos mapas e projetos correspondentes. Inclusive o financiamento das obras foi

A Guerra Motorizada

Hitler, que na imagem está cavando, utilizou a construção de autoestradas como um elemento de propaganda. Seus fanáticos seguidores levavam em sacos a terra que tinha sido removida pelo Führer como se ela fosse uma relíquia.

Portanto, a construção de rodovias deveria servir tanto para melhorar as comunicações como para unificar o país, embora não se deva desdenhar do importante papel que poderiam desempenhar para o transporte rápido e eficaz das forças militares de uma fronteira a outra do território alemão.

Logo após alcançar o poder, Hitler já encarregou a companhia ferroviária alemã, a *Deutsche Reichsbahn*, de estudos prévios para a criação de uma rede de autoestradas. Em 27 de junho de 1933, entrou em vigor a lei que colocaria em marcha sua construção e um mês mais tarde foi fundada a sociedade *Reichsautoban* (Rodovias do Reich) como empresa filial da companhia ferroviária.

Em 23 de setembro de 1933, nos arredores de Frankfurt, Hitler deu oficialmente a partida para a construção das autopistas. Em maio de 1934, seria inaugurada a rodovia Frankfurt-Darmstadt. O objetivo era construir uma rede básica de 6.900 quilômetros. Posteriormente, sobretudo após a incorporação da Áustria e da Checoslováquia, os dirigentes consideraram que ela teria de ser ampliada até os 15 mil quilômetros. A rede deveria crescer mil quilômetros ao ano, e, dessa forma, os cálculos previam que o plano terminasse em princípios da década de 1950. As obras avançaram com rapidez e eficiência. Em setembro de 1936, entrou em serviço o quilômetro 1.000 e, no final de 1937, já se havia alcançado o quilômetro 2.000.

Como prova da importância dada a essas revolucionárias vias de comunicação, em 1938 a empresa *Reichsautoban* foi separada da organização de ferrovias e passou a ser uma autarquia direta do governo do Reich. O primeiro grande anel rodoviário de Berlim na parte ocidental da Alemanha, que ligava Stuttgart até Munique e regressava à capital, foi finalizado em 1939.

Para explorá-las do ponto de vista de marketing, tentando convertê-las em um símbolo da eficácia e do potencial do nazismo, os periódicos e revistas deviam publicar fotografias de Hitler visitando os canteiros de obras, nas quais aparecia com uma pá na mão, colocando seu grãozinho de areia – não se poderia dizer melhor – na construção de suas rodovias.

Essas numerosas cerimônias atraíam os fanáticos colecionadores de lembranças do *Führer*, procedentes de todos os cantos da Alemanha. Enquanto o ato protocolar era finalizado, a terra removida pela pá de Hitler era avidamente recolhida em sacos por seus seguidores mais

---

herdado da República de Weimar, tão injuriada pelos nazistas; o dinheiro empregado para a construção de rodovias originava-se das contribuições que os trabalhadores vinham fazendo para garantir-se um subsídio de desemprego.

A rede rodoviária criada por Hitler impressionou os aliados quando estes irromperam no interior da Alemanha em 1945. Anos mais tarde, Eisenhower, ao atingir a presidência dos Estados Unidos, impulsionaria um plano rodoviário similar ao que havia visto na Alemanha.

fanáticos, seja para conservá-la como *relíquia*, presenteá-la ou, inclusive, vendê-la. Com isso, a área onde se havia dado a celebração era cercada com arame farpado para impedir que toda a terra desaparecesse.

Como prova do desmesurado interesse que essas vias de comunicação despertavam no ditador, basta assinalar que, nos piores momentos do inverno de 1941-1942, quando as tropas alemãs congelavam às portas de Moscou, suportando temperaturas de até -40ºC e sem roupas de abrigo em virtude da improvisação com que se tinha enfrentado a campanha, as conversas de Hitler com as pessoas que o rodeavam eram alheias à tragédia que seus soldados estavam vivenciando nesse momento; suas conversas, em contrapartida, giravam regularmente em torno da próxima construção de autopistas.

Segundo ele, as rodovias deviam unir o território do Reich à Crimeia, no Mar Negro; para quebrar a monotonia desses intermináveis trajetos, Hitler defendia a fundação de novas cidades, separadas com intervalos aproximados de cem quilômetros. Portanto, na mente desequilibrada do *Führer*, as autopistas deixavam de ter a missão de comunicar núcleos populacionais, passando a converter-se em um fim em si mesmas e, de certo modo, condenando as cidades a ser simples áreas de descanso para os motoristas.

Sua obsessão por essas estradas levou Hitler a confessar a seus amigos mais próximos que uma das decisões mais dolorosas que teve de tomar durante a Segunda Guerra Mundial foi dar a ordem de pintar as rodovias de preto para que elas não fossem localizadas pelos aviões aliados. Essas estradas passaram a ser um alvo primordial para britânicos e americanos, já que sua destruição resultaria no bloqueio das comunicações no interior do Reich, dificultando o transporte de efetivos, bem como das mercadorias destinadas à indústria da guerra.

Com o cumprimento dessa ordem, o luminoso cinza claro, quase branco, que as rodovias ofereciam aos complacentes olhos do *Führer* fora apagado, o que foi encarado por ele como uma autêntica tragédia, muito superior às que estavam vivendo tanto a população civil como os soldados, por culpa da guerra que ele havia empreendido. Não há dúvida de que ver o grande legado que queria deixar ao futuro coberto por uma película de pintura de cor escura não poderia prever precisamente boas perspectivas para o futuro do Terceiro Reich.

Conforme vimos, o megalomaníaco ditador sonhava com uma Europa submetida à Alemanha, sulcada por uma rede de rodovias desde a costa Atlântica até o litoral do Mar Negro, na qual os motoristas alemães poderiam circular orgulhosos em seus Volkswagens, sem ser importunados pelos moradores nativos das regiões que atravessavam. Porém, essa não era a única fantasia do autocrata germânico.

Havia um projeto ainda mais faraônico; consistia na construção de uma ferrovia de alta velocidade e grande capacidade de transporte, cuja principal característica era a extraordinária bitola da via, que estava prevista para ter seis metros.

É muito provável que a largura dos vagões tivera por objetivo poder transportar todos os tipos de tanques ou aviões, o que facilitaria enormemente o domínio militar da Alemanha nazista sobre o continente europeu, uma hegemonia que Hitler queria garantir para as décadas vindouras.

Em uma primeira fase, a rede nasceria em Berlim e Munique e se estenderia até Paris e Marselha pelo oeste e até Moscou, Iarkov e Istambul, pelo leste. No futuro, as vias desse trem futurista deveriam acabar unindo Lisboa com a remota Vladivostok. Desse modo, os alemães teriam estendido seu império desde o ponto mais ocidental da Europa até o Extremo Oriente, unindo o Atlântico com o Pacífico.

No entanto, esse utópico projeto acabaria sendo arquivado logo em seguida. Por mais que os engenheiros alemães fizessem contra a vontade alguns estudos por exigência de Hitler, no final de 1942 os trabalhos foram definitivamente suspensos, em razão da urgência de se desenvolver novas armas para fazer frente ao cada vez maior potencial bélico dos Aliados, que concentravam suas pesquisas em aplicações menos utópicas.

Da mesma forma que acontecera com a rede rodoviária do *Führer*, esse sonho terminou se convertendo em um pesadelo. Em lugar de estradas e vias ferroviárias, a Alemanha nazista somente semeou ruínas e devastação em toda a Europa. As ideias visionárias de Hitler, surgidas de sua exaltada imaginação, morreram ao mesmo tempo que seu "Reich dos mil anos".

O "Circo Mambembe"

Nos primeiros dias de abril de 1945, após ter cruzado o Reno em vários pontos, as tropas anglo-americanas se lançaram a toda a velocidade pelo território alemão, facilitadas em boa parte pelas rodovias que tanto haviam impressionado Eisenhower, até atingirem um único objetivo: Berlim. Nesses momentos, não sabiam que a tomada dessa cidade era um prêmio reservado aos exércitos de Stálin, e por isso gerou-se uma acirrada competição para ver quem desfrutaria da glória, chegando primeiramente à capital do Reich.

As unidades que avançavam com maior rapidez eram, evidentemente, as motorizadas, mas a 83ª Divisão de Infantaria americana não estava disposta a perder essa corrida. Seu excêntrico comandante, o general de divisão Robert C. Macon, deu ordens para dotar sua unidade com qualquer meio de transporte; a única condição que eles deviam reunir era que pudessem se mover. Ele se comprometeu a "não questionar" a origem do veículo ou o modo como ele tinha sido obtido.

Os homens da 83ª Divisão, em sua passagem pelas rodovias alemãs, foram estocando todos os tipos de veículos; aplicava-se neles, com uma brocha, uma película de tinta verde-oliva e, se houvesse tempo, pintava-se uma estrela na lateral, passando em poucos minutos a fazer parte do parque móvel do Exército dos Estados Unidos. Os tanques alemães capturados eram rapidamente pintados, assim como os caminhões, carros ou motocicletas. Os soldados que não queriam ficar para trás deviam pedalar as bicicletas que haviam *tomado emprestado* dos civis.

Essa miscelânea bastante diversificada era completada com vários ônibus urbanos e até dois caminhões de bombeiros; estes marchavam à frente da coluna, com os soldados perfilados em suas laterais e fazendo soar as buzinas ao atravessar os povoados. Na parte traseira, o grupo tinha estirado uma faixa com a seguinte legenda: "Próxima parada: Berlim".

O inaudito espetáculo oferecido pelo avanço da 83ª Divisão não passaria despercebido pelos correspondentes da imprensa, que se referiam à unidade como *"The Rag Tag Circus"* (traduzido livremente como "O Circo Mambembe").

A composição heterogênea da coluna do general Macon dificultava, à primeira vista, sua identificação como uma divisão americana. Isso foi o que ocorreu a um carro oficial alemão; um grande Mercedes escuro, que em seu trajeto refazia as posições de retaguarda, se encontrou com a fila da caravana; acreditando que se tratava de uma coluna de veículos alemães em retirada, começou a acelerar seus integrantes, fazendo soar a buzina, diante da surpresa dos soldados americanos.

O capitão John J. Devenney contemplou atônito como o carro alemão entrava e saía da coluna, até que disparou uma rajada de metralhadora diante do veículo para que este se detivesse. Os oficiais que viajavam em seu interior não conseguiam acreditar que haviam acabado de apressar caminhões e tanques inimigos; foram feitos prisioneiros e o Mercedes, de imediato, foi pintado com a tinta verde-oliva, unindo-se assim à coluna.

Dentre os veículos *recrutados* na unidade de Macon destacava-se um espetacular *KöenigsTiger*, o carro de combate mais legendário da Segunda Guerra Mundial. Tratava-se de um *Panzerkampfwagen* VI, versão B, conhecido como Tigre Real, embora oficialmente nunca recebesse essa denominação. Esse veículo de 68 toneladas era o símbolo de poderio das divisões blindadas das SS, porém agora nele reluziam as cores do Exército dos Estados Unidos.[26]

---

26. Em dezembro de 2000, quando todos pensavam que o Tigre Real estava morto e enterrado, uma empresa japonesa atreveu-se a ressuscitá-lo. O impressionante ruído de seus motores Maybach de 12 cilindros e 700 cavalos-vapor jamais seria esquecido pelos soldados aliados que tiveram de enfrentá-lo na batalha das Ardenas, no Natal de 1944. Precisamente esse ruído aterrorizante é o que a conhecida empresa japonesa de modelismo Tamiya se empenhou em reproduzir, com a finalidade de dotá-lo a uma de suas maquetes de maior tamanho. Para isso, os técnicos nipônicos tiveram de se deslocar até o Museu Francês de Tanques de Saumur, em que localizaram um Tigre Real ainda em bom estado. No entanto, não havia ocorrido a nenhuma pessoa tentar colocá-lo em atividade durante mais de meio século, e, portanto, seu motor encontrava-se em uma situação de total abandono. Com a ajuda de uma bateria externa e de peças sobressalentes de outros tanques, os especialistas conseguiram que o motor arrancasse, dessa forma gravando seu imponente ruído.

No entanto, sem dúvida, o artefato mais original do "Circo Mambembe" não se deslocava pela estrada; tratava-se de um avião alemão capturado, um Messerchsmitt ME-109, que também havia sido pintado na mesma cor dos veículos. Essa aeronave causou terror em ambos os lados; os alemães, confiantes em sua silhueta, eram metralhados de surpresa, enquanto os demais soldados americanos se atiravam nas trincheiras ao avistar seu sobrevoo, antes de comprovar, primeiro com alívio e depois com indignação, que ela trazia inscrito "83ª Divisão de Infantaria" na parte inferior das asas.

As peripécias do carro do *Führer*

O Museu da Guerra do Canadá, em Ottawa, conta entre sua coleção com um apreciado objeto que se converteu na principal atração para seus visitantes. Trata-se de um automóvel Mercedes conversível que pertenceu a Hitler de 8 de julho de 1940 até o final da guerra e que foi amplamente utilizado por ele até março de 1942.

Essa enorme limusine preta, Mercedes modelo 770 W 150, foi fabricada pela companhia automobilística Daimler-Benz, seguramente sob a responsabilidade do secretário pessoal de Hitler, Martin Bormann. O leal motorista do *Führer*, Erick Kempka, foi o encarregado de informar à empresa automobilística as características principais que ela deveria cumprir; entre outras, ser conversível para que pudesse ser utilizada nos desfiles e dispor de uma grossa blindagem, para evitar ao máximo possível os efeitos de um hipotético atentado.

A ordem de fabricação foi encaminhada em 25 de novembro de 1939. Lamentavelmente, toda a documentação e as faturas dessa encomenda foram destruídas durante a guerra, e por isso esses dados se baseiam unicamente em testemunhos, sendo assim de difícil comprovação.

A produção desse carro durou oito meses, o que dá uma ideia do paciente trabalho artesanal empregado para cumprir com as exigências do ditador. Um dos elementos que faziam dele um veículo singular foi o cuidado com o que se projetou no lugar do copiloto, em que viajaria Hitler durante os desfiles. Levando-se em conta que ele devia ir de pé, saudando a multidão, ajustaram-se as medidas de segurança para evitar algum contratempo em razão de uma freada brusca; ocultou-se uma maçaneta no para-brisas, para que ele pudesse manter uma atitude marcial impassível durante todo o trajeto.

Também é curiosa a existência de uma pequena plataforma que podia ser acoplada para que, Hitler, subindo nela, aumentasse sua altura em uns 11 centímetros. Surpreende igualmente um pequeno compartimento no painel com o tamanho apropriado para abrigar uma pistola. É muito provável que Hitler levasse ali uma arma se fosse enfrentar algum ataque inesperado.

O interesse de Hitler pelos automóveis era extraordinário. A crença é que sua fascinação por eles nasceu durante a Primeira Guerra Mundial, conflito esse que incorporou pela primeira vez, de maneira massiva, os veículos motorizados. Seguramente, como era um simples soldado de infantaria que, ademais, se via obrigado a realizar missões como mensageiro a pé, ele devia invejar os afortunados que se deslocavam sobre quatro rodas. Nesse período, Hitler começou a gostar de ler publicações que tratavam de automóveis.

Em 1920, quando entrou na política, Hitler se deslocava continuamente de um ponto a outro da Alemanha para fazer reuniões, em carros emprestados por seus patrocinadores mais poderosos, dispondo sempre de um motorista. Em 1923, antes da tentativa de golpe de estado em Munique em 9 de novembro, ele comprou um Mercedes, que lhe foi confiscado quando entrou na prisão pela sua participação no *pustch*.

Em dezembro de 1924, a primeira coisa que fez ao ser solto, após cumprir nove meses de prisão dos cinco anos a que havia sido condenado, foi comprar outro Mercedes Benz, com motor de 16 cavalos-vapor.

Embora adorasse seu carro, preferia não dirigir, uma tarefa que deixava para os sucessivos motoristas que teve. Oficialmente, a desculpa que ele dava para não assumir o volante era que se encontrava em liberdade condicional e durante cinco anos não poderia cometer nenhum delito se não quisesse regressar à prisão e, portanto, um simples acidente de trânsito poderia colocá-lo em algum apuro legal. De todo modo, quando terminou esse prazo, Hitler alegou que não lhe convinha dirigir durante muito tempo se quisesse chegar em plenas condições físicas e mentais aos atos do partido em que devia intervir. Durante essa época de contínuas viagens pela Alemanha, Hitler calculou que havia percorrido mais de 2,5 milhões de quilômetros.

Sua paixão por automóveis teve, sem dúvida, influência em duas importantes decisões. Uma foi a fabricação do Volkswagen, que nasceu de uma ideia de Hitler após ultrapassar na estrada um motociclista em uma noite gelada de chuva. Nessa mesma noite decidiu que deveria popularizar a fabricação de um veículo que permitisse a seus passageiros poder viajar pelas rodovias alemãs sem passar frio nem se molhar. O resultado foi o superconhecido "besouro", desenhado pelo engenheiro Ferdinand Porsche.

Apesar da adoração que ele tinha por carros, era muito consciente do risco que podia implicar uma direção perigosa. Embora sempre recomendasse prudência, a morte em um acidente de trânsito do dirigente nazista Viktor Lutze o levou a emitir ordens precisas de que os membros do partido não poderiam ultrapassar os 50 quilômetros por hora, uma limitação que já havia imposto a seus motoristas desde os princípios dos anos de 1930. Além de zelar por sua própria segurança, Hitler considerava, em uma confissão que revela sua verdadeira personalidade, que, se houvesse atropelado uma criança por dirigir em alta velocidade no interior de um povoado, sua imagem poderia ter sido prejudicada.

Um dos melhores momentos que se podiam desfrutar durante uma viagem de automóvel, segundo dizia Hitler, era "estacionar ao lado de uma estrada, estirar umas toalhas no campo e almoçar ali mesmo". O *Führer* se queixava de que já não era mais possível desfrutar esse prazer, visto que era "muito complicado quando você é seguido por uma escolta de vários carros e motoristas".

No entanto, regressando ao ponto de partida, cabe a pergunta: "Como o carro de Hitler chegou em terras canadenses?". É difícil determinar cada um dos passos seguidos por aquele Mercedes até chegar a esse museu, visto que os pesquisadores não contaram com a documentação suficiente de modo a estabelecer com clareza a história do veículo. De fato, até 1969, o convencimento geral era de que se tratava do carro particular de Hermann Goering; o erro se manteve desde o fim da guerra e durante mais de 20 anos.

As pessoas sempre tiveram a certeza de que o Mercedes havia sido propriedade do obeso marechal do Reich. Inclusive se comentava que o grande tamanho do veículo e sua grossa blindagem estavam destinados a proteger a volumosa presença do máximo responsável pela *Luftwaffe*. Contrariamente, supunha-se que o autêntico carro de Hitler encontrava-se nas mãos de um colecionador da Califórnia, embora mais tarde se descobriu que, na realidade, este havia pertencido ao marechal finlandês Mannerheim. A origem dessa confusão era que Hitler possuía um Mercedes idêntico ao do militar escandinavo, que jamais foi encontrado.

A partir de 1969, a descoberta por casualidade na Alemanha de uma placa de matrícula que poderia ter pertencido à limusine trouxe novas provas que abriram a possibilidade de que fora Hitler, e não Goering, seu verdadeiro proprietário. Buscaram-se de imediato fotografias em que aparecia Hitler em sua Mercedes conversível e... ali estava! Podia-se notar claramente a mesma placa, o que comprovava que esse registro correspondia a um veículo utilizado pelo ditador alemão.

Bastava apenas demonstrar que o carro exibido no museu canadense era o mesmo das fotografias e que, portanto, era nele em que ia emplacado originalmente o registro falado. A dúvida continuou durante uma década até que, em fevereiro de 1980, durante alguns trabalhos de manutenção, os restauradores do Museu da Guerra fizeram o lixamento das diversas camadas de pintura do veículo.

Para a surpresa dos restauradores, apareceu na parte interna da carroceria uma minúscula placa com uma combinação de letras e números, muito desgastada, embora visível. Os pesquisadores descobriram que se tratava da matrícula original do carro: IAv 148697. Naturalmente, ela coincidia com a placa encontrada anos antes. As letras IA indicavam que o carro havia sido registrado em Berlim, e o v minúsculo era obrigatório para todos os veículos não militares. Além disso, as três primeiras cifras (148) eram o número que figurava em oito veículos que, em um momento ou outro, tinham sido utilizados por Hitler. Nenhum dos carros de Goering tinha esses dígitos em suas matrículas. Após 35 anos de pesquisa, o caso se dava por encerrado.

Na realidade, não se sabia com exatidão por que se havia atribuído a Goering a propriedade do automóvel. Parece que em um primeiro momento, quando o carro foi encontrado em 4 de maio de 1945 sobre a plataforma de um vagão de trem em Laufen,[27] ao norte de Salzburgo, um mecânico dinamarquês, que trabalhava em uma oficina militar nas proximidades da estação, assegurou aos soldados americanos que o encontraram que ele havia sido deixado ali por Goering, ao ficar sem combustível. A propósito, o relato foi dado sem ser efetuado nenhum tipo de comprovação e, imediatamente, o veículo foi batizado como o "Goering Especial". A partir daí, não ocorreu a ninguém colocar em dúvida essa hipótese; em 6 de agosto de 1945, o carro chegou ao

---

27. A honra do achado do histórico veículo correspondeu ao sargento Joe Azara, do destacamento de artilharia da 22ª Divisão Armada americana. Junto à sua divisão, participou em vários combates em Munique, assim como na libertação do campo de concentração de Dachau. Como lembrança, ficou com a chapa metálica do motor que substituiu o original, por uma avaria, e que se crê que pertenceu a outro veículo de Hitler. Ele faleceu em 1967.

Este impressionante Mercedes de seis rodas se encontra em perfeito estado de conservação. Fabricado em 1939, foi dado de presente por Hitler a Franco em 1941, por mediação de seu embaixador em Madri. O ditador espanhol utilizou-o raras vezes.

porto de Nova York, sendo recebido pela imprensa com o convencimento de que se tratava do veículo de Goering. Dois dias depois, ele seria transportado para Boston.

A partir dessa localidade, o Mercedes iniciou um longo giro pelos Estados Unidos. Foi exposto em numerosas cidades, com um grande cartaz em que se podia ler: "O carro pessoal de Hermann Goering". O objetivo era atrair o público e, de passagem, impulsionar as campanhas de recrutamento do exército. O *show* incluía também a presença de seus captores, que não cansavam de relatar, repetidamente, seus atos de heroísmo à imprensa local.

Em 1946, começaram a surgir as primeiras vozes que poriam em dúvida as conclusões sobre a propriedade do automóvel. Nas numerosas fotografias que estavam depositadas na biblioteca do Congresso em Washington, em nenhuma delas aparecia Goering junto ao Mercedes, o que fez temer que, possivelmente, tinham se precipitado em atribuí-lo ao hierarca nazista.

Seja ou não por essa razão, a verdade é que a partir de então o carro foi transferido a um depósito, do qual não sairia durante uma década. Ao não saber qual destino dar-lhe, a Repartição de Propriedade do Exército decidiu descartá-lo, leiloando-o em 25 de outubro de 1956. Um colecionador de carros antigos de Montreal fez uma oferta pelo veículo e conseguiu ficar com sua propriedade.

O Mercedes se encontrava em mau estado, mas um restaurador de Toronto se encarregou de devolver-lhe seu antigo esplendor. O trabalho não foi fácil porque o veículo tinha sofrido manutenções inadequadas, como prova a carroceria, que mostra até 18 películas sobrepostas de pintura.

Em 1969, outro colecionador adquiriu o automóvel do comprador no leilão, oferecendo-o posteriormente ao Museu da Guerra de Ottawa, que o expôs ao público em 1971. Em virtude de algumas reclamações sobre o protagonismo que adquiria o veículo pessoal de um ditador genocida como Hitler, a direção do museu estudou a possibilidade de vendê-lo ou leiloá-lo novamente. No entanto, logo se deram conta de que a solução poderia ser mais comprometedora, visto que havia a possibilidade de que a limusine acabasse nas mãos de algum grupo nostálgico do nazismo. Portanto, decidiu-se que era preferível que o veículo continuasse no museu, onde pode ser contemplado na atualidade.

Porém, esse não é o único Mercedes de Hitler que passou incólume pela guerra. Em 1941, o embaixador alemão na Espanha, o barão Von Stohrer, fez a entrega de um presente do líder nazista ao general Franco: um Mercedes 540.G-4.W131. O veículo blindado, de seis rodas, havia saído da fábrica em dezembro de 1939. Foram fabricados apenas mais quatro carros desse modelo; o primeiro foi dado de presente a Mussolini, mas desapareceu durante a guerra, o segundo encontra-se em poder de um restaurador de veículos francês, o terceiro pertence a uma empresa americana de locação para rodagens cinematográficas, e está em mau estado de conservação, e o último encontra-se na Alemanha, cortado em pedaços.

O que se encontra em melhores condições é o que foi do ditador espanhol, pois foi utilizado somente em raras ocasiões. Curiosamente, durante a visita que o general Eisenhower, já como presidente dos Estados Unidos, realizou à Espanha em 1953, o Mercedes de Hitler foi o veículo usado para transportá-lo desde o Palácio de El Pardo até o hotel em que se hospedara.

Apesar de não estar confirmado, assegura-se que a própria Mercedes fez uma oferta tentadora para adquirir o veículo com o objetivo de expô-lo em seu Departamento de Carros Clássicos, mas a proposta foi rechaçada por seu grande valor histórico. Atualmente, esse impressionante Mercedes pertence à coleção do parque automobilístico do chefe de Estado e se encontra adscrito ao Regimento da Guarda Real.

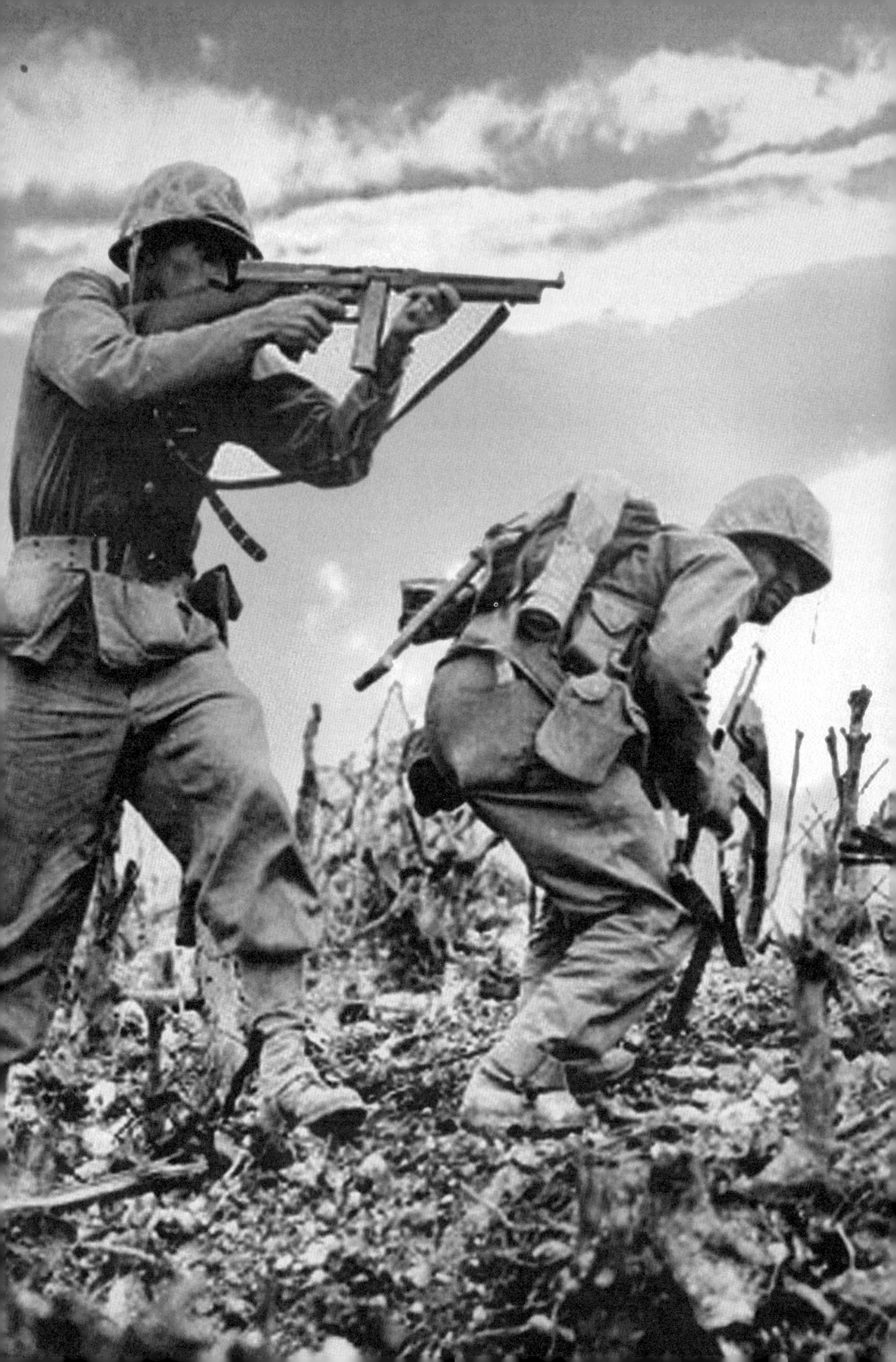

Capítulo VI
Relatos do Front

Provavelmente, um *front* de guerra não é o local mais adequado para buscarmos histórias inacreditáveis. O cenário em que dois exércitos travam um combate se converte em uma área marcada a fogo pela morte e destruição; embora passem muitos anos, a recordação de uma batalha é inesquecível e, inclusive, para alguns, o espírito dos que morreram em plena juventude permanece nesse lugar para sempre.

No entanto, os homens que lutaram na linha avançada de combate se depararam com situações cômicas, curiosas ou incríveis, que contrastavam com o terrível momento pelo qual passavam. Neste capítulo, conheceremos dados insólitos que afetaram os que participaram nesses episódios bélicos e descobriremos também situações que surpreenderam seus protagonistas na metade da luta e que, várias décadas depois, igualmente surpreenderão os que se debruçarem para seu estudo.

O outro Rommel

Para os interessados na Segunda Guerra Mundial, é inútil apresentar o que, provavelmente, foi o militar alemão mais célebre do conflito. De fato, o general Erwin Rommel – promovido a marechal após a tomada de Tobruk – era um autêntico mestre da estratégia, que obteve seus maiores triunfos no deserto africano sob o comando do *Afrika Korps*. Rommel conseguiu despertar admiração e reconhecimento, tanto nas próprias fileiras como nas do inimigo; inclusive, Winston Churchill teve palavras elogiosas para ele no Parlamento britânico.

Embora os diferentes episódios de sua vida sejam amplamente conhecidos, está menos difundido um aspecto curioso que o afeta indiretamente: o exército polonês, que ele enfrentou em setembro de 1939, contava também com outro Rommel. Nesse caso, tratava-se do general Juliusz Rommel (1881-1967), que participou na inútil defesa de Varsóvia diante do incontrolável avanço da *Blitzkrieg* alemã.

As diferenças entre ambos os militares, apesar do sobrenome coincidente, foram notáveis. Se o alemão demonstrou ser um gênio no campo de batalha, o Rommel polonês evidenciou muito mais o contrário. A disposição que Juliusz Rommel estabeleceu para suas tropas na fronteira germano-polonesa, contrariando as recomendações dos superiores, foi péssima, o que facilitou uma rápida manobra envolvente da *Wehrmacht*. O fato de que na hora mais delicada Juliusz Rommel deixasse o *front* e se dirigisse à capital, abandonando seus homens à própria sorte, não contribuiria exatamente para elevar seu prestígio.

Porém, o momento de emergência que vivia o exército polonês aconselhava adiar os castigos para uma ocasião mais oportuna, e por isso esse obscuro episódio foi abafado e se decidiu contar com ele para defender Varsóvia. No entanto, diante dessa nova oportunidade, as decisões de Juliusz Rommel também foram infelizes e ele fracassou na missão de montar uma linha de defesa no Rio Vístula e na fortaleza de Modlin. Finalmente, na prática, foi afastado da direção militar em favor de outros generais mais competentes e seu trabalho se limitaria, desde então, a rubricar os comunicados oficiais à população de Varsóvia até a assinatura da capitulação, em 28 de setembro de 1939.

O *Rommel polonês* passou o resto da guerra em um campo de concentração de prisioneiros em território alemão, o Oflag VII-A Murnau. Com o fim da guerra, em 1945, ele não se solidarizou com seus antigos companheiros de armas, que preferiram permanecer no exílio em protesto pela ocupação soviética de seu país, não hesitando em regressar

Erwin Rommel e Juliusz Rommel. Um se converteu no Raposa do Deserto e o outro serviu no exército polonês com pouco sucesso. Ambos os militares compartilhavam o sobrenome, mas não se sabe se eram parentes. Para alguns, há uma semelhança física que apontaria nessa direção.

à Polônia. Essa decisão foi aproveitada pela propaganda comunista, que tentou apresentá-lo como um herói de guerra, omitindo sua desastrosa atuação durante a invasão alemã, especialmente o episódio de sua suposta deserção, que foi estritamente censurado. Juliusz Rommel chegou, inclusive, a ser condecorado pelas novas autoridades com a prestigiosa Cruz da Virtude Militar. Em 1947, ele abandonou o exército e se dedicou à profissão de escritor.

Não há dúvida de que as carreiras dos dois Rommel não poderiam ter sido mais antagônicas. Porém, o que de fato persiste é a incerteza sobre a possibilidade de que ambos os militares fossem parentes. Desconhecemos se o marechal alemão iniciou algum tipo de investigação ou se chegou a se interessar pela sorte de seu homônimo durante seu cativeiro.

Não se pode descartar a possibilidade de que compartilhassem um tronco familiar comum, visto que a região de onde procedia o Raposa do Deserto – Suábia – havia sido historicamente uma zona pobre da qual emergiram milhares de famílias há séculos rumo a outras regiões europeias. Além disso, se considerarmos que Rommel não é um sobrenome muito comum, é bem provável que os dois Rommel efetivamente fossem parentes.

A favor da tese da consanguinidade poderíamos citar que um irmão de Juliusz Rommel – Karol –, que também foi oficial no exército polonês, obteve uma medalha de bronze em hipismo nos Jogos Olímpicos de 1928 disputados em Amsterdã. Considerando-se a disposição de Rommel para a prática do esporte, cujos vigor e resistência física superavam os de soldados muito mais jovens do que ele, se poderia concluir que, talvez, os dois homens compartilhassem algo a mais que o sobrenome.

A confiança dos militares em guias turísticos

Durante a retirada do Corpo Expedicionário britânico na direção das praias de Dunquerque, em maio de 1940, ficou evidente que o exército enviado por Churchill para socorrer a ameaçada França não estava preparado para uma intervenção no continente europeu.

Um exemplo dessa falta de previsão era o fato de os soldados não disporem de mapas das estradas, razão pela qual eram forçados a perguntar aos moradores da região, sofrendo os correspondentes atrasos. Os soldados pediam a seus superiores que lhes dessem mapas, mas os pedidos ficavam sempre retidos na atrofiada burocracia militar.

Essa dificuldade foi sanada em grande parte pelo major Cyril Barclay, que comprou em uma livraria todos os guias de estradas Michelin disponíveis, pagando-os com seu próprio dinheiro, para que as tropas britânicas pudessem encontrar assim o melhor caminho para chegar a Dunquerque. Curiosamente, quando Barclay pediu posteriormente para ser reembolsado por essa despesa tão crucial, o exército britânico lhe informou que não era possível, já que não existia nenhuma entrada destinada à compra privada de guias de estradas, pois cabia ao exército a missão de provê-los às tropas.

Algo parecido ocorreu no outro lado; a *guerra-relâmpago* no Oeste se desenvolveu também com a ajuda dos mapas Michelin, pois os oficiais alemães confiavam neles para avançar pelas estradas francesas. Nesse caso, o Michelin se impôs aos guias alemães Baedeker que, pela falta de bons mapas militares, eram os que a *Wehrmacht* costumava utilizar. Por exemplo, em março de 1938, como o exército alemão não dispunha de mapas de estradas atualizados da Áustria, a entrada das unidades blindadas germânicas nesse país se deu seguindo as indicações dos mapas Baedeker.

Esses antigos guias, que continham diversas anotações de cunho turístico, eram editados sem interrupção desde 1829. Eles foram criados por Karl Baedeker (1801-1859) e eram os mapas de referência na Alemanha, do mesmo modo que os guias Michelin o eram na França.

Os mapas das estradas que a Wehrmacht *tinha não deviam ser muito precisos, e por isso era habitual que as unidades em movimento tivessem de se deter para perguntar aos habitantes nativos de modo a poder chegar a seu destino.*

Após o fracasso da *Luftwaffe* na Batalha da Inglaterra, Goering tentou vingar-se daquela humilhação. Tratou de penalizar o orgulho inglês destruindo os edifícios mais emblemáticos de suas cidades. Graças a esse plano, tornaram-se conhecidos por *Baedeker Raids* aqueles alvos principais representados pelos edifícios e monumentos que o guia turístico qualificava com três estrelas. A operação se iniciou em 24 de junho de 1942, com um ataque contra Exeter, e se prolongou até junho, porém seus fracos resultados decepcionaram Hitler novamente.

Do outro lado, a *Wehrmacht* já contava com seus correspondentes mapas militares, porém acabou confiando nesses guias turísticos, que cobriam amplamente as zonas que apareciam incompletas, especialmente na Europa Oriental. Para avançar pelas estradas russas, as colunas motorizadas alemãs descartaram seus mapas e seguiram as orientações dos guias Baedeker.

A importância da informação contida nesses guias não passou despercebida para os britânicos; em 1943, a Inglaterra bombardeou a sede central da editora, em Leipzig, destruindo completamente a maquinaria de impressão. O mais lamentável foi a perda praticamente de todos os seus valiosíssimos arquivos, que continham informação cartográfica detalhada de toda a Europa com mais de um século de idade.

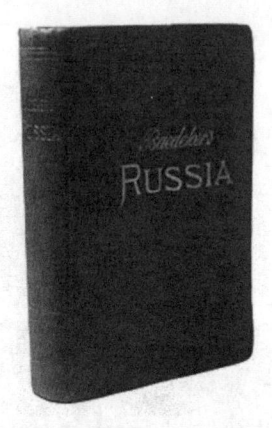

Às vezes, as indicações da estrada não eram suficientes para se encontrar o caminho correto – nesse caso, até Leningrado. Os guias turísticos Baedeker – na imagem, o correspondente à Rússia – foram muito úteis às tropas alemãs para orientar-se pelas estradas da União Soviética.

Curiosamente, seriam os Aliados que voltariam a utilizar esses guias. Durante os rápidos avanços pela Alemanha em abril de 1945, após ter cruzado o Reno, as unidades de vanguarda se encontravam em ocasiões com o que, literalmente, *se havia extraído* dos mapas. Nesses casos, qualquer guia rodoviário Baedeker, localizado em alguma livraria que ainda se mantivera em pé, servia para continuarem avançando por território alemão sem receio de perder o rumo.

Prêmio triplo

Os integrantes de uma patrulha alemã no deserto, que retornava às próprias linhas em uma missão rotineira, mal poderiam imaginar que, em 6 de abril de 1941, fossem ter tanta sorte. Detectaram a distância um veículo e se dirigiram até ele para fazer a revista. Porém, para surpresa desses soldados do *Africa Korps*, se deram conta de se tratar de um veículo britânico. Detiveram-no e contemplaram, perplexos, a presença nele de três generais.

Com efeito, tratava-se dos generais britânicos Richard N. O'Connor, Philip Neame e Carton de Wiart. Ao que consta, o motorista havia se desorientado no deserto e, em vez de se deslocar no interior de suas linhas, avançara decididamente até as posições alemãs.

Os contrariados generais, que seguramente não teriam um bom conceito sobre o motorista, foram capturados e enviados a um campo de prisioneiros na Itália. Embora a forma como esses militares caíram em mãos inimigas não fosse muito heroica, um deles, o general O'Connor, resgatou ao menos sua honra, escapando de seu cativeiro e conseguindo chegar à Inglaterra, com tempo de se incorporar às tropas que desembarcariam na Normandia em 6 de junho de 1944.

A estranha invasão do Timor

A Ilha do Timor, no arquipélago indonésio, constituía um ponto estratégico fundamental. A ilha estava dividida em duas: a parte ocidental, pertencente às Índias Orientais Holandesas, e a oriental, que era colônia portuguesa desde 1596. Sua posição geográfica, próxima à costa norte da Austrália, lhe conferia uma grande importância; no caso de ser ocupada pelos japoneses, o continente australiano ficaria a seu alcance.

Nessa época, Portugal era neutro, mas não se podia descartar que entregasse sua colônia aos japoneses, tal como havia ocorrido com as possessões francesas na Indochina. Tampouco havia garantias de que os soldados portugueses pudessem rechaçar com êxito um desembarque de tropas japonesas.

Para proteger a ilha de um hipotético ataque do Japão, tropas australianas – auxiliadas por soldados holandeses procedentes da parte ocidental da ilha – fizeram a ocupação do Timor português em 16 de dezembro de 1941.

Os valentes soldados *australianos* desembarcaram em uma praia próxima a Dili e avançaram até cercar o campo de aviação. Esperavam entrar em combate contra os soldados portugueses, porém ninguém veio ao seu encontro. Desconfiando dessa inesperada tranquilidade, os australianos chegaram até o edifício da administração portuguesa com suas armas em punho, esperando travar combate a qualquer instante contra, até esse momento, as ausentes tropas locais.

No entanto, a surpresa dos australianos foi imensa quando um suarento funcionário português lhes abriu a porta do edifício oficial, abaixou respeitosamente seu sombreiro tropical e os saudou com um "*Good afternoon!*" ["Boa-tarde!"] em um inglês impecável. Os invasores se calaram diante dessa acolhida tão pouco hostil.

A explicação foi dada pelo próprio funcionário português; ele revelou que seus respectivos governos haviam firmado um acordo secreto pelo qual os australianos simulariam uma invasão da colônia portuguesa para que esta não caísse em mãos japonesas. Como o governo de Lisboa não desejava oficialmente que o Timor fosse ocupado pelos Aliados para não comprometer sua neutralidade, havia optado por essa fórmula tão pouco ortodoxa.

Por sua parte, as tropas australianas, que não haviam sido avisadas do plano, não encararam muito bem não ter sido informadas com antecedência da farsa que iriam representar como protagonistas.

De todo modo, as precauções australianas não atingiram seu objetivo. Apenas dois meses depois, em 20 de fevereiro de 1942, as tropas japonesas invadiram o Timor sem que australianos nem holandeses pudessem fazer algo para evitá-lo. Os soldados aliados, junto a um bom número de nativos, passaram, dessa forma, a converter-se em guerrilheiros para fustigar as forças japonesas de ocupação. Esses combates, e mais as ações de represália dos soldados nipônicos, acabariam custando a vida de cerca de 40 mil a 70 mil timorenses.

Amuletos da sorte

O fato de se verem, diariamente, cara a cara com a morte estimula os fundamentos mais irracionais do ser humano. Para os soldados, a possibilidade de ser morto ou ferido no momento mais inesperado lhes levava a adotar medidas que, embora absurdas, lhes proporcionavam uma ilusória segurança de que voltariam para casa sãos e salvos.

A maioria apostou em ter talismãs ou amuletos que, supostamente, os protegeriam de qualquer mal. Medalhas de santos, crucifixos, relógios de bolso, medalhões ou moedas serviam para esse propósito. O general Eisenhower, por exemplo, tinha um jogo de sete moedas da sorte que esfregava antes das operações mais importantes. Igualmente ao que ocorreu durante a Primeira Guerra Mundial, as bíblias pequenas se esgotaram na Grã-Bretanha, posto que muitos soldados levavam uma no bolso superior esquerdo para proteger o coração.

Um dos que podem assegurar – neste caso, literalmente – que foi a palavra de Deus que o salvou, foi o sargento Louie Harvard. No Dia D, pouco após desembarcar na praia de Utah, esse soldado americano viu como uma bala inimiga que bateu em seu rifle ricocheteou e foi interceptada pela Bíblia que guardava no bolso do peito, quando já tinha tomado o trajeto do coração, ficando alojada nela. Harvard, que sobreviveu à Segunda Guerra Mundial, conservaria sempre a Bíblia que lhe salvara a vida.

Porém, nem todos os soldados confiavam em objetos de natureza sagrada, pois levavam com eles outros tipos de elementos mais mundanos, como a roupa íntima de suas mulheres ou noivas.

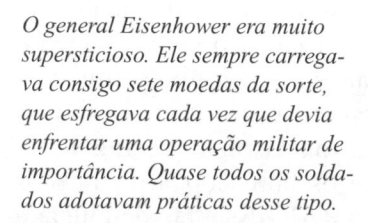

O general Eisenhower era muito supersticioso. Ele sempre carregava consigo sete moedas da sorte, que esfregava cada vez que devia enfrentar uma operação militar de importância. Quase todos os soldados adotavam práticas desse tipo.

Outro objeto que desfrutava de grande aceitação entre as tropas era uma bala que não tivera acertado ninguém, seja por impactar no capacete ou por ter-lhes causado um ferimento superficial. Baseando-se no mito de que há uma bala em que está escrito o nome do soldado a quem ela vai ser dirigida, possuir essa bala era a prova palpável de que uma pessoa havia se livrado da morte. De todo modo, aconteceram inúmeras exceções a essa regra...

No entanto, a crença em talismãs nem sempre proporcionava segurança psicológica, mas sim, em muitas ocasiões, provocava sofrimentos. Os desafortunados soldados que perdiam ou esqueciam seus amuletos se sentiam vulneráveis e se bloqueavam no combate se não eram capazes de recuperá-los. Do mesmo modo, disseminou-se o costume, sobretudo entre os britânicos, de pronunciar uma determinada palavra cada dia ao despertar, no primeiro dia da semana ou do mês. A palavra mais popular era *rabbits* (coelhos), mas, supostamente, *white rabbits* (coelhos brancos) ainda era mais eficaz. A inquietude chegava quando alguém esquecia esse ritual e, portanto, ficava desprotegido durante todo o dia, a semana ou inclusive o mês.

Os mais supersticiosos eram, sem dúvida, os aviadores; deviam usar peças de roupa que, segundo eles, lhes trariam sorte, como cachecóis, luvas, lenços ou gorros. Muitos deles não enviavam nunca essas peças para lavar, temendo que tivessem de sair em alguma missão sem elas. Um objeto que gozava de grande acolhida entre as tripulações dos bombardeiros da RAF era um boneco de pano que representava um negrinho, já que havia a crença de que as pessoas dessa raça eram portadoras de boa sorte. Esses bonecos estavam presentes inclusive nas reuniões informativas em que se preparava a missão e tinham direito a ocupar seu próprio assento.

Além disso, eram feitos pequenos rituais para afastar o perigo, como toda a tripulação urinar em conjunto antes ou depois da missão, ou arremessar garrafas vazias de cerveja por uma janela enquanto o avião era iluminado pelos refletores alemães.

Seguindo na mesma tônica, denominava-se "12-B" a missão número 13 para não atrair o azar. Também havia o convencimento – desmentido pela dura realidade – de que se algum piloto superava com êxito a quinta missão já poderia sobreviver a todas as missões restantes. Do mesmo modo, em nenhum outro lugar da Inglaterra eram acompanhados com tanto interesse os horóscopos publicados na imprensa diária que nos aeródromos da RAF. Esse fato deu lugar a graves problemas, posto que era difícil convencer um piloto para que subisse em um avião depois de ele ler que, segundo os astros, esse não era um dia favorável para ele.

É compreensível essa confiança que os aviadores, especialmente os tripulantes dos bombardeiros, depositavam nos talismãs. É preciso ter presente que era necessário completar um total de 30 missões de bombardeio sobre a Alemanha antes de ser liberado, e que a média das missões cumpridas não passava de 14. Existia apenas cerca de 24% de probabilidade de chegar ao número mágico de 30. Três de cada quatro aviadores acabavam sendo derrubados sobre o território alemão, na condição de mortos ou prisioneiros. Com essa perspectiva, é natural que a superstição atingisse semelhante relevância entre eles.

Um lugar na História

O general americano Mark Clark (1896-1984), no comando do Quinto Exército, atingiu a glória quando conseguiu *conquistar* Roma, ao desfilar triunfalmente por suas ruas em 5 de junho de 1944. Seus homens haviam entrado na capital às 21h30 do dia anterior. Seguramente, essa vitória foi o máximo de todas as suas aspirações.

Durante a Primeira Guerra Mundial, nada faria prever que Clark atingiria tal honra, pois, após se graduar em West Point, passou sem destaque pelo período em que o exército americano participou no conflito. A partir desse ponto, sua carreira seria meteórica, o que lhe acarretaria ser objeto de inveja e desconfianças.

Clark era apreciado por seus soldados, que confiavam cegamente em sua palavra, mas nem tanto pelos demais generais, que não concordavam com o ato no qual lhe havia sido outorgada a responsabilidade de conduzir o exército americano no ataque à Itália. Não lhes faltava razão, visto que Clark dirigiu a batalha de Monte Cassino sem jamais ter comandado antes um exército em campanha.

Certamente, as opiniões que Clark emitia entre seus colegas não eram muito favoráveis. Enquanto o general Bradley o descrevia como "falso, demasiado ansioso por impressionar, muito ávido de notoriedade, promoções e publicidade pessoal", o desembaraçado general Patton o despachava, rotulando-o de uma pessoa "aborrecidamente esperta".

A realidade é que Clark dava motivos para as brigas com seus detratores. Criou um departamento de relações públicas cuja única finalidade era enviar notas de imprensa em que, indefectivelmente, devia aparecer seu nome em, no mínimo, três ocasiões na primeira página, segundo as normas recebidas pelos redatores.

Portanto, para seus colegas, Clark estava mais preocupado em se promover pessoalmente do que em ganhar a guerra. Desse modo, entende-se que, embora a tomada da Cidade Eterna estivesse reservada aos britânicos por motivos políticos, Clark se mostrava obstinado em seu propósito de unir seu nome para sempre aos outros conquistadores de Roma.

Para consegui-lo, não hesitou em abandonar imprudentemente a perseguição das tropas alemãs que fugiam para o norte após ser derrotadas em Monte Cassino, que, desse modo, conseguiram escapar e se reorganizar para travar combates posteriormente. No entanto, a recompensa era muito tentadora e o vaidoso Clark não duvidou em sacrificar essa vantagem em favor de seu enaltecimento pessoal.

Além de levar o mérito de capturar Roma, Clark reuniu um fato excepcional; ao longo de toda a história, somente dois militares haviam conseguido tomar a capital italiana avançando desde o sul, já que na maioria das vezes em que isso ocorreu foi em ataques pelo norte. Os dois militares que precederam Clark foram o general Belisário, que tomou Roma para o Império Bizantino de Justiniano I no ano 536, e Giuseppe Garibaldi em 1848.

Para celebrar o feito, o triunfante Clark decidiu levar um curioso *souvenir* para casa. Ordenou que o portal existente na entrada da cidade fosse retirado e enviado à sua casa nos Estados Unidos.

No entanto, Clark recebeu em seguida um jato de água fria que castigou justamente seu envaidecimento. O general americano esperava que se comentasse durante muito tempo sua espetacular entrada na histórica cidade, mas não foi assim, já que a notícia estampou as manchetes dos periódicos apenas em um dia. No dia seguinte, as atenções do mundo estavam voltadas para longe dali, nas praias da Normandia, onde as tropas aliadas acabavam de desembarcar.

Preparados para o cativeiro

Embora os soldados aliados que chegaram às praias da Normandia em 6 de junho de 1944 encontrassem alguns pontos da costa em que houve uma forte resistência alemã, como na praia de Omaha, a linha de defesa alemã cedeu em alguns trechos praticamente sem combater.

O motivo era que boa parte dos soldados que guarneciam o Muro do Atlântico era composta de *voluntários* poloneses, russos ou ucranianos que haviam se alistado no exército alemão. A maioria desse contingente procedia de campos de prisioneiros, nos quais alguns internos haviam decidido unir-se a seus captores para, dessa forma, escapar das péssimas condições dessas unidades. Muitos deles pensavam mais em como se entregar ao inimigo do que em combater pela defesa do Terceiro Reich. Portanto, enquanto os Aliados desembarcavam, não era surpreendente encontrar grupos desses soldados dispostos a se render sem ter efetuado um único disparo.

No entanto, não eram apenas os soldados estrangeiros que faziam parte da *Wehrmacht* que desejavam entregar as armas. Os próprios soldados alemães também afrouxaram em sua resistência; a maioria dos que vigiavam a costa era de pessoas maduras ou que tinham sido feridas no *front* russo, e por isso sua motivação para lutar não era muito alta. Havia também unidades inteiras compostas de soldados que tinham se livrado de ser enviados ao *front* em decorrência de determinada doença e que ficaram agrupados para facilitar, dessa forma, os tratamentos. Portanto, não era nenhuma surpresa que, por exemplo, todos os integrantes de uma unidade sofressem de moléstias estomacais – razão por que necessitavam de uma alimentação especial –, padecessem de dores nas costas ou tivessem dificuldades auditivas.

Obviamente, com esses membros, era difícil extrair a força capaz de enfrentar com êxito as bem treinadas e motivadas tropas aliadas que se dispunham a atacar a fortaleza europeia de Hitler.

Muitos soldados alemães esperavam o momento da invasão para se ver liberados, imediatamente, de suas obrigações militares, dispostos, prazerosamente, a pagar o preço de serem enviados a um campo de prisioneiros. O caso mais insólito foi o vivenciado pelo capitão britânico Gerald

Forças americanas desembarcando material na praia de Omaha, em uma fotografia tirada em meados de junho de 1944. Embora a resistência alemã tenha sido, neste local, muito forte, em outros setores os soldados alemães não se mostraram tão dispostos a combater até o final e optaram por render-se, oferecendo todas as facilidades para ser feitos prisioneiros.

Norton, da Artilharia Real, no mesmo Dia D. Diante dele se apresentaram quatro soldados alemães desarmados; ao que parece, esperavam subir no primeiro navio de prisioneiros que partisse para a Inglaterra, porque chegaram – para grande surpresa do capitão – com as malas preparadas!

Um disfarce inoportuno

Segundo relato do soldado da RAF J. E. Jonhson em suas memórias (*Wing Leader*, 1958), um companheiro de sua unidade protagonizou um incidente tão absurdo como doloroso.

Após o Dia D, as tropas britânicas foram avançando pelo território normando. Esse terreno, ondulado e riscado por grandes cercas, era ideal para que se armasse uma defesa até as últimas consequências. As fazendas e os povoados em ruínas se convertiam também em perigosas armadilhas, a partir dos quais franco-atiradores alemães poderiam disparar.

Uma unidade da RAF estava encarregada de montar os campos de aviação nos setores recém-liberados, porém devia enfrentar essas ações isoladas dos soldados alemães que tinham ficado atrás das linhas aliadas.

Em uma manhã, uma patrulha deveria inspecionar uma fortificação em que se temia a presença de algum franco-atirador. Um soldado entrou cautelosamente em uma fazenda para inspecioná-la e topou com vários uniformes da *Wehrmacht*, que haviam sido abandonados pelos alemães em sua precipitada fuga. Não ocorreu melhor ideia ao soldado britânico do que se disfarçar de soldado alemão com um daqueles uniformes e sair pela porta, ao mesmo tempo que chamava seus companheiros.

Infelizmente para ele, seus compatriotas não o reconheceram de imediato e reagiram de modo previsível para todos menos para o pobre soldado, crivando-o de balas. Quando eles constataram que o abatido se tratava de um companheiro, já era muito tarde.

Acidentes desse tipo, que resultavam da juventude e da inexperiência dos soldados, eram muito habituais. Está documentado outro episódio muito similar, nesse caso no *front* oriental, em janeiro de 1945.

Um soldado soviético do Sexto Exército blindado de guardas se disfarçou um dia com um abrigo e um capacete alemães. Entrou correndo na cobertura em que seus companheiros estavam protegidos, empunhando um subfuzil Schmeisser e gritando: *Hände hoch*! (mãos para cima!).

Um de seus companheiros disparou instintivamente a arma que tinha nesse momento em suas mãos, e o soldado disfarçado morreu na hora, pagando muito caro por seu desejo de provocar risos em seus camaradas.

Por que me seguem?

No primeiro dia da operação Market Garden, em 17 de setembro de 1944, os planadores da mítica 101ª Divisão de Transportes Aéreos americana aterrissaram perto da cidade holandesa de Eindhoven.

Participava dela um jornalista americano, Walter Cronkite, que escrevia crônicas para a agência de notícias United Press. Era a primeira vez que o repórter voava a bordo de um planador, e por isso se sentia muito incomodado ao comprovar como era o pouso desses artefatos. Seu planador tocou o solo e, a partir desse ponto, foi se arrastando um bom trecho pela terra até ficar entravado em algumas árvores.

Em consequência do forte impacto, todos os integrantes da tripulação perderam seus capacetes, apesar de tê-los bem ajustados nas cabeças. Cronkite apanhou o primeiro que pôde alcançar e, agarrando firmemente sua máquina de escrever portátil Olivetti, saiu do aparelho.

Para não ser um alvo fácil, ele começou a engatinhar até um canal que era o ponto de reunião estabelecido. Ao olhar para trás, comprovou com surpresa que uma coluna de soldados o seguia engatinhando também, porém não deu importância a esse fato. Depois de um tempo, observou que todos os soldados continuavam avançando atrás dele, detendo-se no mesmo instante em que ele se detinha.

Quando chegou ao canal, orgulhoso de que os soldados tinham-no seguido em seu avanço, e crendo que o motivo era que eles tinham observado nele dotes inatos de liderança, um oficial lhe deu a oportuna explicação, apesar do risco de desiludi-lo. Na confusão da brusca aterrissagem, Cronkite havia se equivocado de capacete e colocado um pertencente a um tenente; os dois distintivos pintados na parte posterior do capacete eram a explicação que o seguissem.

Deus está com Patton

Em dezembro de 1944, o general americano George Patton estava preparando seu avanço sobre Bastogne, à frente do Terceiro Exército, para resgatar os soldados que ali estavam, cercados pelos alemães. O êxito da ofensiva alemã nas Ardenas dependia essencialmente da tomada dessa estratégica cidade, que os americanos defendiam com unhas e dentes, e era a última tentativa de Hitler de derrotar os Aliados na frente ocidental.

Porém, o típico clima de inverno que imperava nesse momento ameaçava dificultar a operação de resgate, e por isso era indispensável que as condições climáticas melhorassem para que os tanques pudessem avançar rapidamente, mas, sobretudo, para que fosse possível ter também um apoio aéreo.

Curiosamente, esse tempo desagradável era conhecido pelos alemães como o "tempo do *Führer*", por ser o ideal para as tropas alemãs, que poderiam, assim, manter-se a salvo do poderio aéreo aliado graças à presença de nuvens baixas muito densas.

Dessa forma, Patton decidiu não dar chances para o azar; consciente de que era necessária uma melhora do tempo, pediu a presença do capelão, James H. O'Neil, a quem perguntou:

– O senhor tem uma boa prece para o tempo atmosférico? É preciso fazer algo com essa chuva, se quisermos ganhar essa maldita guerra... Tem de pedir a Deus para que ela pare.

Como O'Neil, estupefato diante do insólito pedido, não se sentiu inconformado nesse momento, Patton lhe ordenou que escrevesse a oração destinada ao Altíssimo para que Ele lhe concedesse esse favor.

Quando o surpreendido capelão lhe ditou a oração, o general a leu em voz alta com o maior respeito:

"Pai todo-poderoso e misericordioso, humildes Te rogamos que, em Tua infinita bondade, contenhas essas chuvas fortes que temos de enfrentar e nos conceda tempo bom para a batalha."

Na data prevista para a operação, Patton se deparou com um dia magnífico, que permitiu o avanço sobre Bastogne nas melhores condições atmosféricas possíveis. As aeronaves aliadas puderam decolar e voar sem problemas no céu claro, e os alemães foram forçados a se ocultar para não ser aniquilados pela aviação.

Após a vitória em Bastogne, Patton agradeceu a O'Neil pela intercessão que ele havia feito com as instâncias mais altas e o premiou com uma condecoração – a Estrela de Bronze –, que o mesmo se encarregou de colocar nele.[28]

---

28. O relato desse curioso episódio exposto neste livro é o habitualmente aceito, e é o que aparece retratado no excelente filme *Patton* (1970), porém existem várias versões sobre esse fato que lançam muita confusão sobre o que realmente ocorreu. Segundo alguns, o pedido de Patton foi feito muito antes de quando ele deveria resgatar seus compatriotas cercados em Bastogne, com a oração estando destinada a uma melhora generalizada do tempo, expressando, dessa forma, um desejo com vista às festas natalinas próximas. O suposto texto da oração também varia; ao que parece, ela era mais extensa do que a que está transcrita aqui e a referência ao bom tempo seria secundária. Também há quem assegure que, na realidade, o pedido foi formulado em meados de novembro, na região de Lorena, e que o resultado não foi o desejado, pois nevou no dia seguinte. As declarações contraditórias de James H. O'Neil quando a guerra terminou também não ajudaram a esclarecer o episódio.

Durante a batalha das Ardenas, o indescritível general Patton pediu a um capelão uma oração para que melhorasse o tempo, o que permitiria a utilização da aviação. As nuvens desapareceram e, por isso, ao que parece, seu rogo foi atendido por Deus.

Essa história serviu para aumentar ainda mais a lenda que cercava Patton e, também, para confirmar as suspeitas dos que duvidavam da saúde mental do general. O filho de Eisenhower, John, se atreveria a dizer:

"Alguém que finge amar a guerra como ele o faz não pode ser muito bom da cabeça."

Cerimônia incomum em Iwo Jima

A tomada da Ilha de Iwo Jima pelos *marines* americanos abalou profundamente o moral dos japoneses. Pela primeira vez em 3 mil anos, um inimigo invadia o território nipônico. Com a conquista dessa ilhota vulcânica de sinistras areias pretas, os bombardeiros americanos teriam já a seu alcance todas as cidades japonesas. A derrota do Japão havia sido decidida nessa ilha.

Porém, a batalha por Iwo Jima entraria na história pela famosa fotografia que os *marines* protagonizaram no cume do Monte Suribachi. Ali, o fotógrafo Joe Rosenthal (1911-2006) tirou a célebre fotografia na manhã de 23 de fevereiro de 1945. Embora o público americano acreditasse que a imagem colhia o momento em que a montanha era conquistada, na realidade a cena não passava da troca da bandeira que pouco antes havia sido içada, de menor tamanho, e cuja fotografia não obteve nenhum tipo de reconhecimento.

No entanto, o que os americanos desconheciam completamente é que a primeira cerimônia realizada no cume do Suribachi não havia sido precisamente a colocação da bandeira americana. Após o rápido acesso de uma patrulha de quatro homens ao cume, às 9 horas da manhã, subindo por pedras e raízes, um destacamento de 40 soldados iniciou a penosa subida ao Suribachi, passando por caminhos repletos de escombros fumegantes. A chegada ao cume durou 40 minutos.

Eram 10h quando um *marine* chamado Robert Leader, contemplando a ilha desde o cume da montanha, teve uma ideia repentina, que comunicou a um de seus companheiros: "Vou urinar aqui", disse ao companheiro.

O rapaz começou a urinar e, em poucos segundos, já havia um grupo de *marines* urinando em cima do Suribachi. Um deles fez uma proclamação solene, que foi aplaudida por todos:

"Proclamamos este horrível vulcão propriedade do governo dos Estados Unidos da América."

Somente depois que os soldados terminaram essa cerimônia, iniciou-se a busca do mastro que deveria içar a primeira das duas bandeiras que ondulariam nesse dia no monte recém-conquistado.

Não sabemos qual teria sido a reação do povo americano se em lugar da famosa fotografia tivessem publicado a imagem dessa cena impagável...

A famosa bandeira americana içada sobre o Monte Suribachi, em Iwo Jima. O que o público americano desconhecia era que, anteriormente, havia sido celebrada uma cerimônia um tanto especial.

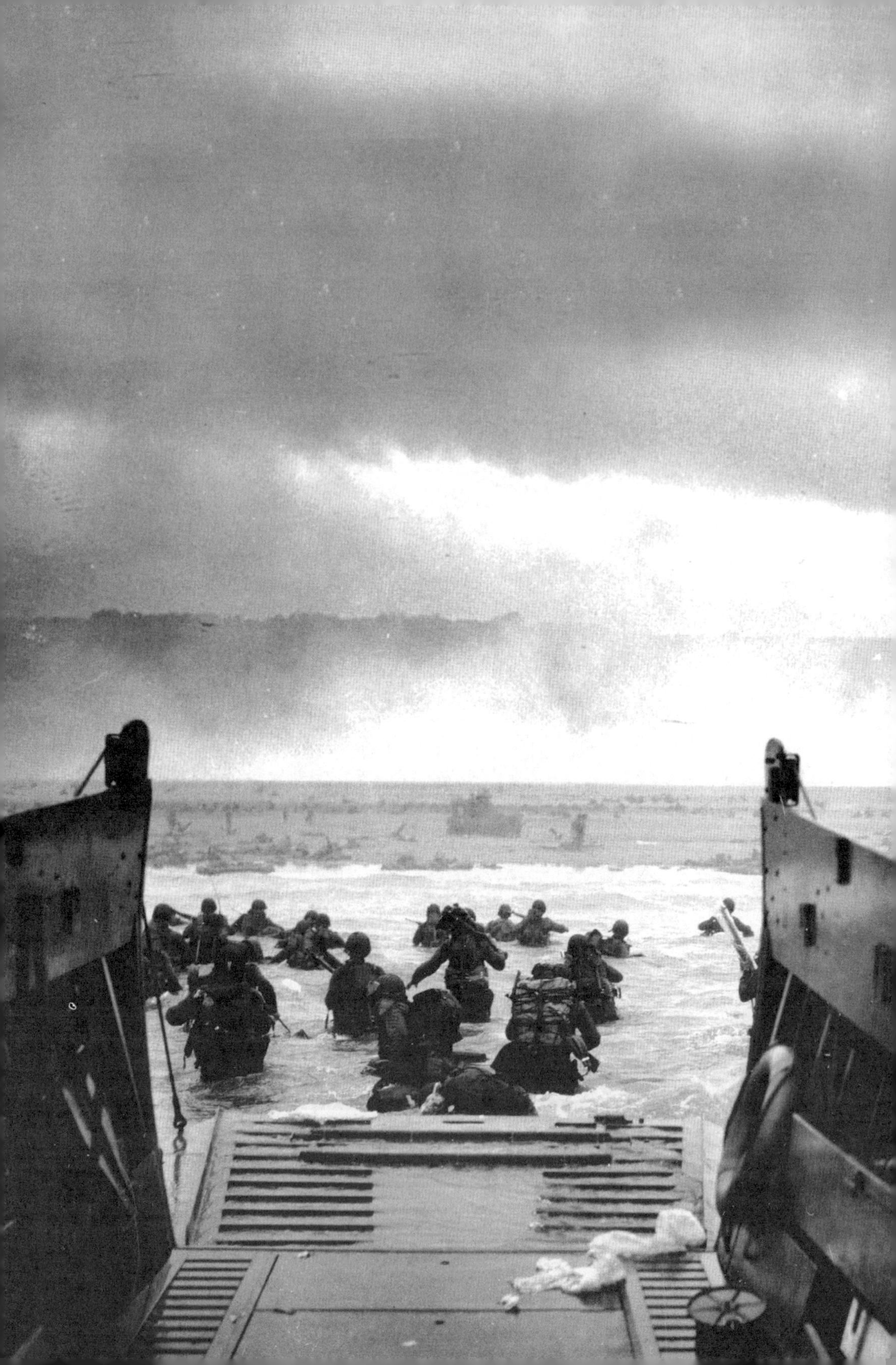

Capítulo VII
No Compasso do Estômago

Os estudiosos da história militar focam sua atenção nas armas, nos uniformes, nas táticas e estratégias, mas raramente se interessam por um aspecto crucial em todos os exércitos: a alimentação. Embora seja algo óbvio, e ela costuma ser o elemento primordial, se a comida escasseia em um exército, provavelmente estarão se assentando as bases de sua derrota.

Quem compreendeu perfeitamente isso foi Napoleão: "Um exército marcha no compasso de seus estômagos", afirmou o Grande Corso, destacando, dessa forma, o papel determinante desempenhado pelos víveres em uma campanha militar. Porém, não está apenas em jogo a pura sobrevivência física dos soldados, mas o moral de combate também depende da comida recebida pelo combatente; não é por acaso que, durante a guerra, foram proporcionados suculentos desjejuns àqueles que deviam se engajar imediatamente em uma operação militar importante.

A água, o principal

Como, certeiramente, assegurava um manual de treinamento do exército japonês, "quando a água acaba é o final de tudo". Os soldados sabiam que se poderia sobreviver determinado tempo sem comida, mas nada conseguia atenuar a ausência de água. A desidratação inabilitava totalmente os soldados para o combate, pois provocava dor de cabeça, fadiga, cãibras e delírios. Além disso, a diminuição dos aportes hídricos ao corpo favorece a temida insolação, sem contar que a falta total de água conduz inexoravelmente à morte.

Esses alertas eram bem conhecidos pelas tropas destinadas ao norte da África. A guerra no deserto acarretava que os soldados sofressem uma contínua limitação de água. Os transportes deviam ser utilizados para proporcionar gasolina às divisões blindadas, e, portanto, as tropas deviam abastecer-se de água recorrendo aos raros poços existentes no deserto. Nesse caso, a água tinha uma concentração muito alta de sal, em torno de 5 e 13 por mil, e por isso sua ingestão, em vez de amainar a sede, a acentuava ainda mais. A que era menos salgada era reservada para fazer o chá, mas mesmo neste caso somente tinha um sabor agradável enquanto a bebida se mantinha quente.

Ocasionalmente, chegava ao *front* algum carregamento de água fresca e doce. Os sedentos soldados se alegravam enormemente quando recebiam esses envios, mas, na maioria das vezes, a água apresentava um gosto desagradável de gasolina, procedente do uso anterior que esses depósitos tiveram.

Outro cenário em que sempre se dispunha de menos água era, paradoxalmente, na úmida selva birmanesa. Nessas latitudes tropicais, a transpiração causava uma perda de líquidos que era necessária repor regularmente. Embora possa parecer que na selva era mais fácil dispor de água potável, isso não era verdade, posto que ela devia conter bactérias que a tornavam uma eficaz transmissora de enfermidades, como a disenteria. Os japoneses calcularam que, nesse ambiente úmido e sufocante, um homem necessitava em condições normais de praticamente sete litros diários de água, quantidade essa que não era possível obter das fontes naturais da selva, e por isso os soldados do *front* birmanês se encontravam sempre sedentos, a ponto de recolher a água da chuva, a única que oferecia garantia de salubridade.

Uma coluna de soldados alemães avança a pé por terras russas. Antes de iniciar a marcha, de madrugada, deviam comer pão com geleia doce. Ao chegar ao destino, no meio da tarde, lhes esperava um guisado de carnes e verduras para repor forças, além da correspondência.

Os marinheiros também sofriam com as limitações de água. A falta de abastecimento de água doce nas travessias oceânicas requeria que cada um dos tripulantes bebesse diariamente apenas dois copos de água. Os soldados que lutavam nas regiões mais setentrionais obtinham água com mais facilidade, pois simplesmente teriam de aquecer a neve para conseguir toda a água de que necessitassem.

Nos demais *fronts*, não era fácil conseguir água potável, pois as fontes e charcos que rodeavam os acampamentos acabavam contaminados pelos derramamentos de óleo ou combustível, ou pelos excrementos dos animais. Próximo dos campos de batalha era inútil conseguir água, pois as fontes ficavam rapidamente contaminadas pela putrefação dos cadáveres. Além disso, não se deve esquecer que, às vezes, ao ver-se obrigados a abandonar uma posição que devia cair em mãos inimigas, os exércitos em retirada envenenavam as fontes que deixavam para trás.

Durante o conflito, tentou-se buscar uma solução para esses problemas de abastecimento de água, recorrendo-se às pastilhas de água potável. Embora seus fabricantes garantissem que a água não causaria nenhum dano, os soldados as odiavam, visto que a água passava a ter um sabor de cloro tão repugnante que a tornava praticamente não potável.

Os químicos americanos tentaram dissimular esse sabor agregando aos tabletes o aroma de limão ou de outras frutas, mas o resultado era ainda mais desagradável. Os soldados chamavam essas poções de "ácido de bateria" ou "desinfetante", o que não ajudava a torná-las populares entre a tropa. Eles descobriram um modo de poder ingerir a água tratada com essas pastilhas, misturando-a com álcool.

De todo modo, as tropas americanas optavam sempre que podiam pelos refrescos engarrafados, tal como se verá mais adiante, para amenizar a sede.

Dieta variada

Durante o conflito, a alimentação dos soldados não podia ser totalmente variada, como seria aconselhável, mas, ainda assim, fazia-se um esforço para que as tropas estivessem alimentadas razoavelmente bem. Por isso, fazia-se todo um esforço para que as cozinhas de campanha avançassem no mesmo ritmo que as tropas.

O prato mais fácil de preparar nessas cozinhas portáteis era a sopa. Punham-se para ferver todos os tipos de legumes e hortaliças em grandes panelas. Em certas ocasiões, o resultado não passava de uma água quente incrementada com um único nabo, mas, ainda assim, os soldados agradeciam fervorosamente, pois lhes ajudava a manter o ânimo alto.

Embora no início da guerra se acreditasse que seria possível alimentar as tropas com rações individuais para se comer na temperatura ambiente, os soldados sentiam a necessidade de compartilhar uma comida quente, o que forçou o uso das cozinhas de campanha.

A sopa era apreciada especialmente durante as longas e exaustivas marchas a pé. Por exemplo, durante a invasão alemã da Rússia, os soldados do Reich iniciavam a marcha às 3h, após comer apressadamente pão com geleia doce, e percorriam a pé uma média de 25 quilômetros ao dia, carregados com mais de 20 quilos de equipamento. Ao meio-dia, as cozinhas de campanha repartiam entre os esgotados soldados uma ração reanimadora de sopa. Como essa parada era aproveitada para a distribuição da correspondência, esse momento era o mais esperado de toda a jornada.

Porém, os soldados que caminhavam habitualmente mais quilômetros a pé em suas marchas eram os japoneses. A escassez histórica de combustível do Japão, ao encontrar-se distante das fontes de petróleo, levara o exército nipônico a ficar muito pouco motorizado, pois reservava o ouro negro para os aviões ou navios, e, portanto, o país dependia da resistência física de seus homens para cobrir longas distâncias a pé. Apesar da frugalidade dos sofridos soldados, muitos deles acabavam mostrando sintomas de inanição, visto que não era normal que tivessem de percorrer 40 ou 50 quilômetros com o único aporte calórico de um punhado de arroz ou, com sorte, uma ração de pasta de pescado seca.

Em muitos *fronts*, quando não era possível conseguir legumes ou hortaliças, recorria-se a concentrados de caldo. Quando tampouco se dispunha deles, não havia outro remédio senão o emprego de ervas; o importante era que a sopa estivesse quente, especialmente nos cenários de guerra em que se davam as temperaturas mais baixas. Por exemplo, no inverno russo mais rigoroso, ambos os lados recorriam à sopa para aquecer os estômagos dos combatentes, porém, se ela não fosse tomada instantaneamente, ficava totalmente congelada em poucos minutos.

Em outros casos, a sopa continha cereais, como aveia ou milho. A polenta resultante não era muito apetitosa, mas representava um insumo importante de energia. Esse prato era servido quase diariamente entre as tropas russas, que o denominavam *Kascha*.

Nas vezes em que chegava ao *front* alguma provisão de carne, esta era aproveitada para preparar guisados. A carne, desse modo, ficava dissolvida na sopa e podia ser distribuída entre mais soldados.

No front *russo, nada era mais apreciado que um prato reconfortante de sopa quente. Os oficiais tinham consciência disso, e faziam todo o possível para que todas as unidades tivessem uma cozinha de campanha. O espírito da tropa dependia desses pequenos detalhes.*

Os aportes de frutas e legumes à dieta dos soldados não eram muito abundantes, por conta das dificuldades lógicas de transporte e conservação. Ainda assim, os russos costumavam dispor de beterrabas, nabos, pepinos e abóboras. O milho era apreciado entre os americanos, mas os alemães resistiam ao seu consumo, visto que ele, tradicionalmente, era empregado para a engorda de porcos.

O alimento que tinha a melhor acolhida era a batata, pois podia ser preparada de várias formas. Quando os exércitos precisavam acampar no mesmo local por muito tempo, os próprios soldados se encarregavam de cultivá-las. Buscando um pouco mais de variedade na dieta, às vezes se tentava também o cultivo de cebolas, ervilhas ou cenouras, mas não com o mesmo êxito.

Embora esse recurso fosse um aporte complementar nas guarnições japonesas no Pacífico, ele era, por vezes, o único método possível de obtenção de alimentos. Os postos situados nas ilhas mais longínquas não podiam receber víveres, e, por isso, os soldados nipônicos se viam obrigados a cultivar para atender ao seu próprio consumo. Como muitas dessas ilhas eram simples atóis ou apresentavam um solo vulcânico com baixa fertilidade, essas condições adversas condenaram muitos desses homens à fome.

Para os japoneses enviados às selvas da Birmânia ou da Nova Guiné era pouco aconselhável recolher os frutos naturais da selva; os que tinham cores mais chamativas podiam ser tóxicos.

Finalmente, não devemos desdenhar o papel desempenhado pelas guloseimas e caramelos, sobretudo no campo aliado. Seu grande insumo calórico, sua facilidade de transporte individual e suas qualidades estimulantes faziam deles um elemento muito apreciado pelos soldados e por civis que os recebiam como presente.

Os americanos contavam com barras energéticas denominadas Ração-D, que eram compostas de mel, aveia, leite de coco, açúcar e leite em pó. Embora os soldados tivessem dificuldades para mastigá-las e engoli-las, essas rações eram consumidas quando se necessitava de um insumo extra de energia. Como não podia ser diferente, as tropas que participaram nos desembarques do Dia D carregavam em suas mochilas uma Ração-D.

Além dessas rações de combate, os Aliados ofereciam a suas tropas uma grande variedade de *snacks*, baseados em cereais, leite ou frutas. No entanto, os mais apreciados eram os que continham chocolate. Eles eram empregados também para ganhar a simpatia da população local. Enquanto os Aliados dispuseram sempre de grandes aportes de cacau, tanto os alemães como os japoneses viram como o chocolate desaparecia nas primeiras fases da contenda.

Em contrapartida, as tropas britânicas e do Commonwealth não podiam passar sem a tradicional xícara diária de chá. Para garantir a provisão dessa estimulante bebida, despejavam-se tabletes do concentrado de chá que era dissolvido na água. Embora seu sabor não fosse muito apreciado pelos soldados, eles serviam para camuflar o sabor da água que, conforme vimos, podia ser muito pior. Alguns oficiais tinham o privilégio de contar com açúcar e leite em pó, a partir dos quais conseguiam preparar um líquido fervido um pouco mais saboroso. Esse leite em pó era um luxo, considerando-se que o leite fresco era uma raridade em todos os cenários de guerra, embora fosse ainda mais apreciado o leite condensado açucarado, sobretudo na Birmânia, onde essas latas valiam seu peso em ouro.

Se os britânicos eram entusiastas de chá, do mesmo modo que os russos ou japoneses, os americanos gostavam muito de café. A quantidade de café enviada ao *front* nunca era suficiente; os aviadores e os marinheiros sempre exigiam mais café, sobretudo os primeiros, já que deviam manter-se bem despertos durante suas missões. Os menos afortunados eram os soldados da infantaria, que deviam conformar-se com um concentrado de café incluído nas rações. A necessidade de tomar café era tão grande que os envelopes que continham esse concentrado eram fervidos posteriormente para extrair deles um par de xícaras de água levemente aromatizadas de café.

Em compensação, os soldados alemães não podiam consumir café ou chá, pois as rotas de fornecimento desses insumos tinham sido cortadas desde os países produtores. A única exceção era no quartel-general de Hitler. Uma vez por ano, um submarino alemão fazia um arriscado trajeto de Istambul a um porto alemão, pelo estreito de Gibraltar, transportando o excelente café árabe. Os convidados do *Führer* podiam degustá-lo, mas não era permitido tomar uma segunda xícara, o que dá uma ideia do enorme valor que era atribuído ao produto.

Churchill e o racionamento

A Grã-Bretanha esteve submetida ao bloqueio marítimo imposto pelos submarinos alemães durante a maior parte da guerra. Os americanos se empenhavam em trazer os materiais e alimentos de primeira necessidade, porém houve meses em que foram raros os comboios que conseguiram chegar aos portos ingleses; nada era mais desanimador do que a notícia de que um navio carregado de víveres havia sido afundado no meio do oceano. De fato, tal como fora indicado no princípio do capítulo dedicado aos navios, Churchill confessou que o único *front* que lhe tirara o sono fora o da chamada Batalha do Atlântico.

As consequências desse bloqueio eram sentidas por toda a população. Faltavam alimentos básicos, e, por isso, as autoridades estimulavam os cidadãos a plantar batatas em suas casas, uma vez que o trigo devia ser importado do Canadá, cruzando o Atlântico Norte, o *ponto de caça* preferido dos submarinos alemães.

Circulou, então, uma infinidade de receitas para tornar esse tubérculo mais apetitoso. De acordo com o modo de preparo, a batata poderia prover o almoço e o jantar do dia, e, inclusive, o desjejum; para isso bastava misturá-la com um pouco de farinha e levar a massa resultante ao forno na forma de rosquinhas. Do mesmo modo, assegurava-se que as melhores receitas das tortas vienenses incorporavam a farinha de batata.

Criou-se também um mascote destinado a promover seu consumo; tratava-se do *Pete Potato* (Pedro Batata), um pedaço enorme de batata com olhos, nariz, boca e chapéu. A intenção era que as crianças se identificassem com ele, e, por meio delas, chegassem até os adultos. Sua mensagem de que "as batatas não ocupam espaço nos navios" foi assimilada, assim, por toda a população britânica.

Não havia escassez de batatas, mas o alimento que, de fato, se achava em falta era a carne, que em sua maior parte deveria vir dos Estados Unidos, razão pela qual estava estritamente racionada. Os cientistas ingleses tentaram elaborar uma massa similar à carne diretamente a partir da pastagem submetida a um processo químico. Embora esses cientistas estivessem satisfeitos com o resultado, decidiu-se submetê-lo ao critério do primeiro-ministro britânico, Winston Churchill. Para isso se organizou um jantar em que o produto foi servido. A avaliação dos comensais foi unânime; o sabor daquela "carne" era horrível, razão por que o projeto foi cancelado.

As queixas da população pela ausência de carne em sua dieta foram aumentando cada vez mais; o próprio Churchill, que considerava muito a opinião pública, perguntou a seus assessores se os protestos eram justificados. Como resposta à sua pergunta, para comer nesse dia eles lhe trouxeram a quantidade de carne que correspondia a cada cidadão britânico segundo a cartilha de racionamento.

Depois da comida, Churchill ficou mais tranquilo, afirmando que "não é uma ração muito abundante, mas creio que comi o suficiente". Enquanto estava fumando um de seus charutos, o premiê britânico ficou perplexo quando um de seus colaboradores lhe disse em voz baixa:

– Senhor, a carne que lhe servimos não era a que correspondia à ração diária, mas sim a de toda uma semana.

O abastecimento das Ilhas Britânicas dependia em grande parte da vontade de seu aliado do outro lado do Atlântico; no momento em que Washington cortasse os suprimentos por medo da ação dos submarinos, os ingleses não teriam outra opção a não ser render-se, se não quisessem morrer de fome. Para convencer os americanos de que a população se encontrava no limite da subsistência, Churchill teria sempre à entrada de sua residência oficial um prato com a ração semanal de manteiga, queijo ou carne, que mostrava aos enviados americanos.

Se comer carne havia se transformado em um luxo, o mesmo ocorreu com o ingrediente fundamental dos *pubs* ingleses: a cerveja. A escassez de matérias-primas obrigou o fechamento de muitas cervejarias, razão pela qual os apreciadores da bebida se viram com dificuldades para consegui-la. Além disso, quando algum *pub* era abastecido com vários barris de cerveja, os clientes podiam deparar-se com o problema da falta de copos. Essa situação levou a que os fãs de cerveja mais prevenidos jamais saíssem na rua sem um copo no bolso.

"Restaurantes britânicos"

Para otimizar as reservas de alimentos de que dispunha a Grã-Bretanha, era essencial que a população seguisse determinadas regras, e, por isso, promovia-se para que se comesse em lugares públicos. Assim, pois, criaram-se cerca de 2 mil lanchonetes governamentais em que se podia almoçar ou jantar por menos de um xelim.

O nome escolhido para esses estabelecimentos públicos foi inicialmente o de "Centros Comunitários de Alimentação". No entanto, Churchill, grande conhecedor da psicologia de seus compatriotas, ordenou que ele fosse substituído por "Restaurantes Britânicos"; em sua opinião, o primeiro nome "evocava o comunismo e os asilos para pobres" e, na troca, a palavra "restaurante" lembraria as boas comidas do período pré-guerra. Com isso, por decisão de Churchill, aqueles estabelecimentos populares passaram a converter-se, da noite para o dia, em restaurantes.

De todo modo, apesar da atrativa denominação desses estabelecimentos, a população preferia ir aos restaurantes particulares. Embora o menu pudesse ser muito parecido ao dos "Restaurantes Britânicos" e o preço chegasse a cinco xelins, sempre era preferível a privacidade proporcionada pelos genuínos restaurantes.

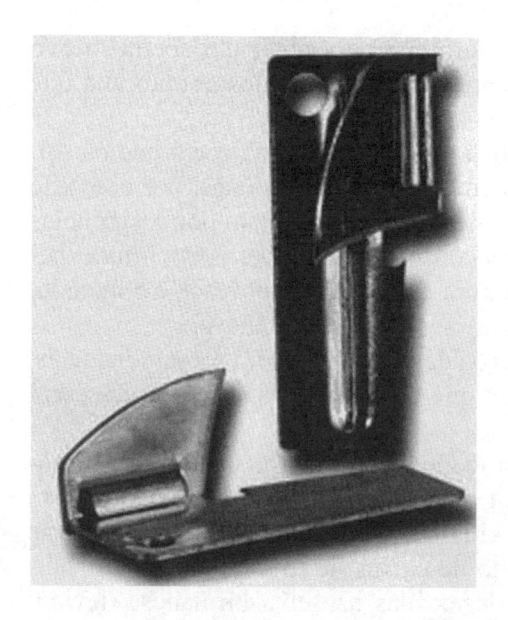

Um simples, porém eficaz, abridor de latas, utilizado pelas tropas americanas, que podia ser engastado na corrente em que pendiam as chapas de identificação. As latas de conserva eram muito utilizadas, sobretudo no cenário norte-africano, onde constituíam praticamente o único alimento.

Os riscos da carne enlatada

As latas de carne costumavam ser o principal insumo de proteínas para as tropas em campanha. De todo modo, seus inconvenientes eram numerosos; os carregamentos das latas eram volumosos e pesados, além do que era necessário aquecê-las para que seu conteúdo fosse apreciado pelos soldados. Quando não era possível aquecê-las, a comida passava a converter-se em uma massa compacta de sabor pouco apetitoso, razão pela qual ganhara o apelido – dos soldados – de "ração para cães".

As latas costumavam conter carne com ervilhas ou outros legumes; as dos americanos eram de vaca e as dos alemães e britânicos, de porco. No entanto, a maioria dos exércitos – exceto o dos Estados Unidos – contava essencialmente com latas de sardinhas, arenques, cavala ou salmão, que podiam ser consumidos sem necessidade de aquecer previamente. As conservas dos soldados japoneses, em compensação, eram principalmente de enguia.

Se houve alguns soldados que acabaram detestando a carne enlatada foram os que combateram no deserto. O calor reinante impedia a conservação de qualquer alimento fresco, mas as tórridas temperaturas não afetavam a qualidade da carne em conserva. Portanto, as tropas deviam enfrentar um invariável menu diário no qual a carne enlatada era a única opção. O ovo era a única variedade disponível; nesse caso não era necessário acender um forninho para obter um apetitoso ovo frito, já que a temperatura da carroceria dos veículos era tão alta que eles podiam ser fritos ali mesmo.

Um caso habitual em todos os cenários da guerra era que os soldados desconheciam por completo o conteúdo das latas; por conta do transporte ou da água da chuva, as etiquetas acabavam por desprender-se, e, por isso, abrir uma dessas conservas se convertia em uma experiência cheia de suspense. O pior era que, uma vez provado o conteúdo, alguns continuavam sem poder arriscar do que se tratava...

Apesar da baixa popularidade das latas, ninguém prescindia delas, uma vez que os soldados sabiam que as proteínas que continham eram muito importantes.

No entanto, para dois soldados indianos alocados na Birmânia, a carne enlatada conseguiu o que as balas japonesas não tinham conseguido: acabar com suas vidas. A *causa mortis* não foi a carne em mau estado, e sim o impacto de caixas de carne enlatada em suas cabeças. As tropas britânicas destacadas na selva birmanesa deviam receber as caixas por via aérea, razão pela qual a comida era lançada em paraquedas. Infelizmente, esses desprevenidos soldados não viram a chegada das caixas e morreram golpeados por elas.

Os filés da liberdade

Ao irromper a guerra, o popular hambúrguer se viu obrigado a mudar seu nome nos Estados Unidos. O enfrentamento com a Alemanha de Hitler levou a propaganda americana a fazer um chamamento para rebatizar os hambúrgueres; a partir de então, ele seriam chamados *Liberty Steaks* (Filés da Liberdade).

Desse modo, eliminava-se essa incômoda referência à cidade alemã de Hamburgo cada vez que alguém pedia um hambúrguer em uma lanchonete ou restaurante.

Os espinafres e o ferro

O convencimento disseminado de que os espinafres são uma fonte importante de ferro teve sua origem na Segunda Guerra Mundial.

Durante os primeiros meses do conflito, as autoridades sanitárias americanas detectaram um aumento de anemia entre a população infantil em decorrência da falta de ferro na dieta.

Dessa forma, pediu-se a um especialista em nutrição que buscasse algum alimento rico em ferro para prevenir o aparecimento desses problemas.

O pesquisador teve acesso a um relatório elaborado por nutricionistas alemães no fim do século XIX, em que figurava que a presença de ferro no espinafre era de 40 miligramas para cada cem gramas, um índice espetacular. O espinafre foi rapidamente adotado como alimento *nobre* e milhões de crianças americanas passaram a consumir essa verdura, convenientemente instruídas pelo célebre personagem de desenhos animados Popeye.

Todavia, no começo da guerra descobriu-se que as supostas virtudes férricas do espinafre não passavam de um erro tipográfico no relatório alemão consultado pelo especialista. Na realidade, a proporção de ferro era de quarto miligramas para cada cem gramas, uma quantidade muito pequena.

Esse erro já havia sido detectado e corrigido pelos cientistas alemães nos anos de 1930, porém a retificação "passou batido" pelo nutricionista americano encarregado do estudo.

Ainda assim, as autoridades americanas optaram por ignorar a revelação do erro e continuar, dessa maneira, com a promoção do consumo de espinafre; o motivo era que a carne escasseava e, em contrapartida, os vegetais eram cultivados com facilidade. Portanto, as necessidades impostas pelo esforço de guerra aconselhavam que a população optasse por esses últimos alimentos. De fato, graças a essa campanha, o consumo de espinafres nos Estados Unidos aumentou cerca de 35%.

Dessa forma, o mito de que o espinafre é rico em ferro prosperou e, ainda hoje, não parece que vai ser desmontado.

Bombardeio de chá

A ocupação da Holanda pelas tropas alemãs foi especialmente dura. A repressão contra a população civil era constante e os fuzilamentos de supostos membros da resistência, bastante comuns.

A proximidade geográfica com a Alemanha não trazia esperanças de uma pronta libertação; os holandeses sabiam que somente voltariam a ser livres quando o Terceiro Reich fosse totalmente derrotado, e essa possibilidade não era muito factível em março de 1941. A Grã-Bretanha, enfraquecida após uma campanha intensa de bombardeios, lutava solitariamente contra Hitler. Os americanos ainda não tinham entrado no conflito e Moscou ainda mantinha seu acordo de colaboração com

Berlim. Portanto, nem os holandeses mais otimistas eram capazes de vislumbrar uma luz no fim do túnel.

Porém, em 6 de março, eles receberam um inesperado alento procedente dos britânicos. Nesse dia, vários aviões da RAF sobrevoaram as principais cidades holandesas, arremessando sobre seus surpresos habitantes um total de 4 mil toneladas de chá, em saquinhos de 50 gramas. No entanto, não era um chá qualquer; tratava-se do chá procedente das Índias holandesas, a atual Indonésia.

O chá da colônia holandesa proporcionava a seus habitantes a esperança de voltar a desfrutar a vida anterior à guerra, quando era possível saborear essa estimulante bebida que chegava ao porto de Roterdã depois de um longo percurso iniciado na Batávia, o antigo nome que designava a capital indonésia, Jacarta.

Os britânicos deram esse presente com uma mensagem impressa em cada saquinho de chá:

"Saudações das Índias holandesas livres. Mantenham o moral alto. A Holanda voltará a erguer-se."

Insólita ceia de Natal

Embora em todo conflito bélico abundem os episódios terríveis de morte e vingança, no Natal de 1944 se deu um fato em que, no meio dos combates, aflorou o sentimento de reconciliação típico dessas datas.

O episódio ocorreu na noite de Natal durante a Batalha das Ardenas. Dois jovens americanos perambulavam desorientadamente pelo denso bosque de Hürtgen, na fronteira germano-belga, ao ter perdido contato com suas tropas. Um deles apresentava graves ferimentos, e, por isso, eles não poderiam continuar caminhando por aquele terreno coberto de neve. Desesperados, arriscaram-se a chegar até a porta de uma casa solitária em busca de ajuda, mesmo esta se encontrando do lado alemão.

A dona da casa, ao contemplar o soldado ferido, não hesitou um instante e se ofereceu a ajudá-los. Pediu para que entrassem e, após o jovem ser atendido pelos ferimentos, convidou-os a compartilhar com sua família da ceia de Natal, que consistia em um suculento assado. Surpreendidos com essa hospitalidade, os americanos aceitaram participar da ceia e passar a noite na casa.

Quando todos já estavam sentados à mesa, escutaram batidas na porta. A dona abriu e se deparou com quatro soldados alemães que, ao que parece, haviam seguido o rastro de sangue deixado pelo soldado americano na neve.

Aguardando que seria a mesma mulher a que confessaria a presença dos soldados inimigos, esperaram uns segundos, porém ao não obter uma confissão espontânea, gritaram: "Quem está aí dentro?", enquanto lançavam olhares de ódio até o interior da casa.

A dona não se deixou impressionar e respondeu de forma desafiadora: "americanos". Os alemães empunharam suas armas, dispostos a entrar no recinto, quando ela lhes disse com calma: "Vocês poderiam ser meus filhos, e os que estão aqui dentro também". "Um deles está ferido", continuou, "e estão cansados e famintos, como vocês, assim que entraram, porém esta noite ninguém tem de pensar em matar."

Sem dúvida, o espírito natalino colaborou para que os soldados alemães atendessem ao pedido da mulher. Baixando suas armas, entraram na sala de jantar e, cruzando olhares de mútua desconfiança, foram sentar-se junto aos americanos, que, poucos segundos atrás, pensaram que suas horas tinham chegado. Pouco a pouco, as prevenções foram se dissipando e a ceia acabou discorrendo por impensáveis sentimentos de companheirismo. No final, todos entoaram canções natalinas, reeditando-se, assim, as espontâneas mostras de confraternização entre inimigos ocorridas no Natal de 1914, durante a Primeira Guerra Mundial.

Na manhã seguinte, aquela amizade nascida durante a ceia não havia evaporado com a chegada do novo dia; os soldados alemães indicaram aos americanos como eles deviam chegar até suas próprias linhas.

O B-17, uma geladeira original

Todos conhecem a paixão dos americanos por sorvete. Quando perguntavam aos soldados que estavam no *front* qual seria a primeira coisa que fariam ao regressar aos Estados Unidos, muitos deles respondiam, praticamente sem hesitar, que iriam se empanturrar de sorvetes. Uma prova da grande importância que eles tinham para os jovens americanos é que, duas décadas depois, durante a Guerra do Vietnã, se instalaram nesse país 40 fábricas de sorvetes para que os soldados pudessem consumi-los quando estivessem nos dias de folga, por considerar-se que o sorvete era um elemento imprescindível para manter o moral das tropas.

Os membros da força aérea americana enviados à Grã-Bretanha durante a Segunda Guerra Mundial também apreciavam muito esse refrescante alimento. Como os britânicos não podiam lhes oferecer a possibilidade de consumi-lo, por encontrarem-se sob estritas medidas

Um bombardeiro americano B-17. Os aviadores aproveitavam o movimento do avião e as baixas temperaturas para fabricar sorvetes, que eram consumidos quando regressavam da missão.

de racionamento, os aviadores americanos idealizaram um engenhoso sistema para obtê-lo por sua própria conta.

Em 13 de março de 1943, o *New York Times* publicava uma reportagem curiosa em que se explicava a particular fábrica de sorvetes instalada na força aérea. Os tripulantes dos bombardeiros B-17, durante suas missões à grande altitude sobre os céus alemães, estavam submetidos a temperaturas baixíssimas; além disso, as contínuas vibrações da fuselagem, unidas aos solavancos bruscos que sofriam por efeito da onda expansiva das explosões, convertiam o trajeto em uma viagem muito pouco prazerosa.

No entanto, um aviador inteligente reparou que essas condições eram as necessárias para se produzir sorvete. Dito e feito: colocou uma grande lata com uma mistura de leite e açúcar no compartimento da metralhadora de popa, que não era o local em que a temperatura era a mais baixa e onde o movimento era maior. Ao finalizar a missão, quando o B-17 aterrissou em solo inglês, os tripulantes comprovaram surpreendidos como a mistura líquida havia se solidificado, convertendo-se em um cremoso sorvete que todos degustaram com avidez.

A partir de então, os aviadores americanos não se importavam de suportar um frio intenso nem as sacudidelas do voo; sabiam que, na volta, lhes esperava um refrescante sorvete para celebrarem o êxito da missão.

Menu do dia: minhocas e gafanhotos

Os soldados americanos enviados à região do Pacífico receberam com seus equipamentos um manual de sobrevivência. Nele era indicado o que deveriam fazer no caso em que suas rações se esgotassem e estivessem longe do acampamento. Para assegurar o insumo calórico necessário a fim de sobreviver, poderiam recorrer, segundo garantia bucolicamente o manual, à "Mãe Natureza".

A selva lhes oferecia uma enorme lista de plantas e frutos silvestres, mas também era fundamental a ingestão de proteínas. Para isso, estimulava-os a alimentar-se de qualquer animal, já que "todos os animais são bons para comer", com uma recomendação muito especial para as minhocas. Para consegui-las, bastava escavar um pouco a superfície e, em seguida, apareceriam apetitosas "lombrigas da terra".

Outra *delícia* que o manual considerava muito alimentícia eram os gafanhotos. No entanto, nesse caso, se aconselhava arrancar-lhes a patas e as asas antes de comê-los. As lesmas também ofereciam um apreciável insumo de proteínas.

Finalmente, advertia-se que os únicos animais que não deveriam ser comidos eram as cobras venenosas e as lagartas, embora se suponha que essa proibição não previa uma decepção para os desafortunados soldados que deveriam alimentar-se na selva.

Porém, os soldados americanos não ficavam entusiasmados com essas receitas, pois muitos optavam por esquecer os nutritivos insetos e se dedicavam a caçar pequenos mamíferos.

Segundo os soldados, se não era abatida a tiros alguma ratazana, uma boa opção era capturar um macaco. De todo modo, as opiniões sobre a carne dos primatas eram variáveis; quando existiam outras possibilidades, esse tipo de carne era descartado pelos soldados, já que, ao mastigar um bocado, ela parecia aumentar de tamanho e era necessário deixar descansar as mandíbulas. Além disso, era preciso romper uma barreira psicológica, visto que os soldados asseguravam que, ao limpar e preparar o animal, "se sentiam como um canibal". Porém, quando os homens estavam muito famintos, a carne de macaco ganhava adeptos e muitos asseguravam que não havia nada mais delicioso que uma porção de mãos de macaco recheadas.

De seu lado, os soldados filipinos que lutavam junto aos americanos em seu país contra a ocupação japonesa tinham como comida favorita o *haggis* de cachorro. O *haggis* é um prato típico escocês em que a barriga da cabra é recheada com nabos e batatas e é considerado um manjar; no caso dos filipinos, um cão substituía a cabra. Para rechear seu estômago, o animal era cevado com arroz pouco antes de seu sacrifício, razão por que ele conservava ainda um arroz quente, mesclado com a mucosidade do estômago.

Naturalmente, os americanos rejeitavam as ofertas dos filipinos com uma careta repulsiva, mas, da mesma forma que ocorreu com a carne do macaco, quando aumentava a fome ampliava-se o leque gustativo dos famintos soldados, e, no final, o *haggis* canino também desfrutou de grande aceitação.

Latas de carne e correspondência indesejada

A chamada *correspondência indesejada*, conhecida em inglês como *spam*, tem se convertido em um dos principais problemas que os usuários da internet devem enfrentar diariamente. Esse tipo de correspondência consiste no recebimento de mensagens publicitárias não solicitadas que acabam colapsando o endereço eletrônico do usuário.

Os problemas provocados por esse abuso são enormes, especialmente para as empresas; calcula-se que os gastos ocasionados com o tempo utilizado para a eliminação dessas mensagens cheguem a cerca de 1.300 dólares anuais por funcionário.

O leitor deverá estar se perguntando, e com razão, a relação existente entre esse fenômeno recente e a Segunda Guerra Mundial, quando naquela época nem sequer havia surgido o computador, tal como hoje o conhecemos. A resposta tem de ser buscada na curiosa origem do termo *spam*.

Para boa parte do mundo anglo-saxão e sua área de influência, *spam* tem sido, durante mais de 60 anos, sinônimo de carne enlatada. As primeiras unidades desse produto foram postas à venda pela empresa americana Hormel em 1926, embora com outro nome comercial.

A ideia de fabricar esse inovador preparado de carne pronto para comer, que podia ser ingerido frio ou quente, foi de Jay Hormel, filho do fundador da empresa, George Hormel. Em 1937, decidiu-se pela produção dessas latas em larga escala, razão pela qual se estimulou a busca de um nome de fácil memorização; para isso foi convocado um concurso público no qual eram oferecidos cem dólares para a pessoa que propusesse o nome mais atrativo, que acabou sendo *Spam*.

Segundo a empresa, esse nome não teria nenhum significado oculto. Desse modo, ela se defendia das versões mal-intencionadas que asseguravam que se tratava de siglas que descreviam o autêntico conteúdo das latas, que ia desde a carne de ratazana até a de tatu.

Uma lata de carne da marca Spam. Essas latas, de baixo preço e fácil conservação, alimentaram as tropas aliadas em todo o mundo e, ainda hoje, continuam presentes no mercado. No círculo superior, Jay Hormel, o criador da marca.

O baixo custo e sua longa vida útil sem necessidade de refrigerá-la converteram-na alguns anos depois na base da comida dos soldados aliados durante a Segunda Guerra Mundial. Seus grandes consumidores foram os americanos, mas também os britânicos e, inclusive, os soviéticos, que carregavam em suas mochilas de combate essas latas de carne que lhes ofereciam as proteínas necessárias para sua alimentação.

O *Spam* foi objeto de muitas brincadeiras entre os soldados russos, que lhe deram o irônico nome de "Segundo *Front*"; o motivo era o atraso dos aliados em abrir um novo *front* na Europa, o que tentavam compensar com o envio em massa de comida. Também a chamavam de "Salsicha Roosevelt". Outro artigo que recebiam dos americanos, os ovos desidratados, tinham um codinome, nesse caso "Ovos de Roosevelt", pois, curiosamente, a ambivalência obscena do significado da palavra "ovo" (*yaitsa*) ocorre também na língua russa.

O general Eisenhower, após sua passagem pela presidência dos Estados Unidos, enviou uma atenciosa carta à empresa fabricante, recordando o importante papel do *Spam* no conflito, decisivo para alimentar as tropas. *Ike* recordou com nostalgia que ele próprio havia compartilhado essas latas de carne com seus companheiros de luta.

A presença constante do *Spam* enlatado, não apenas durante a guerra, mas também nas décadas seguintes, explica provavelmente a razão por que se batizou a correspondência indesejada com esse nome em 1994.²⁹ Em 2005, a fábrica, que mantém um museu em Austin (Minnesota, Estados Unidos), comemorou a fabricação de 5 bilhões de latas. Atualmente, há fábricas na Dinamarca, Filipinas e Coreia.

De todo modo, embora a distinção entre *spam* eletrônico e as latas de carne pareça suficientemente clara, ainda há quem não saiba distingui-las. Em um debate realizado na Câmara dos Deputados do Reino Unido, em que se falou da indesejável proliferação do *spam* na internet, houve quem mostrou surpresa com essa afirmação, assegurando que, embora não fosse de uma qualidade muito boa, não via necessidade de proibir a venda dessas latas de carne de porco...

O pastel recheado com um anel

Em 1941, a sra. Vial, uma dona de casa da cidade sul-africana de Greytown, assava 150 pastéis para as tropas de seu país enviadas à Europa³⁰ e onde também seu filho estava servindo. Quando acabou de prepará-los, ela percebeu que havia desaparecido de seu dedo o anel de casamento, e chegou à conclusão de que ele havia deslizado para um dos pastéis.

Para evitar estragar toda aquela fornada de pastéis ao procurá-lo, ela os enviou ao exército com uma nota em cada um, pedindo que, caso o encontrassem, lhe devolvessem o anel. Porém, quem o descobriu foi

---

29. Para isso colaborou, sem dúvida, um célebre desenho do corrosivo grupo humorístico britânico Monty Python, em que os clientes de um restaurante somente podiam escolher *Spam*; essa palavra era vociferada continuamente, o que impedia qualquer tipo de conversação. Essa situação absurda provavelmente inspirou alguém a designar assim o então incipiente fenômeno da "correspondência indesejada".

30. A África do Sul participou com 325 mil voluntários no esforço de guerra aliado, combatendo com grande valor e determinação na África Oriental, Madagascar e, especialmente, na decisiva Batalha de El Alamein. No entanto, alguns meses antes, uma divisão completa havia sido capturada por Rommel em Tobruk. Na Itália, os sul-africanos ficaram integrados ao V Exército americano. A aviação sul-africana (*South African Air Force*, SAAF) também desempenhou um papel importante; com aeronaves obsoletas cedidas pelos britânicos, conseguiu proteger as rotas marítimas que passavam pelo Cabo da Boa Esperança da ameaça submarina alemã, além de participar ativamente no norte da África, Oriente Médio e, inclusive, Sicília e Itália. O efetivo de sua força aérea chegou a ser de 45 mil integrantes, incluindo 6.500 mulheres. No término da guerra, cerca de 9 mil soldados sul-africanos haviam morrido. É preciso ressaltar que somente os brancos eram autorizados a entrar em combate. Os voluntários de raça negra tinham de se limitar a executar tarefas de vigilância, condução de veículos ou manutenção. A Rodésia também enviou voluntários, cerca de 67 mil, que lutaram nos mesmos cenários dos sul-africanos, além de na Birmânia. Por sua vez, a Bechuanalândia (atual Botswana) colaborou com um contingente de soldados, enquanto outros territórios do sul da África (Basutolândia e Suazilândia) enviaram voluntários para a realização de trabalhos de intendência.

seu próprio filho, que, por uma casualidade extraordinária, recebeu um dos pastéis e nele encontrou o anel de sua mãe.

Menu sem feijão no Capitólio

Desde os primórdios do século, no menu diário do restaurante do Senado americano não tem faltado um prato que, ao que consta, tem grande aceitação entre os representantes do país: a sopa de feijão.

No entanto, só houve um dia em que os senadores não puderam saborear esse prato. Foi em 14 de setembro de 1943, quando, em virtude das estritas normas de racionamento, as cozinhas do Capitólio ficaram sem esse alimento, que chegava pontualmente de Michigan. No dia seguinte, essa inesperada carência foi sanada e os políticos americanos puderam continuar tendo a opção de escolher o feijão para suas refeições.

De sua parte, a população não gozava de um abastecimento tão eficaz como o do Congresso e enfrentava continuamente o desabastecimento de gêneros de primeira necessidade como a carne e o açúcar, ou, inclusive, roupas ou sapatos. Ainda assim, esses inconvenientes não geraram grandes danos aos americanos, que estavam decididos a enfrentar qualquer sacrifício para apoiar o esforço de guerra de seu país. Havia apenas um elemento que, realmente, os afetou muito: o racionamento de gasolina. Considerando-se o culto dos americanos aos motores e à independência proporcionada por um veículo próprio, essa foi a restrição que seria rejeitada na maioria das vezes.

A Coca-Cola se propaga pelo mundo

Dizem que as guerras proporcionam ótimas oportunidades para se fazer bons negócios. Não há dúvida de que a Coca-Cola, a marca de refrigerantes mais conhecida no mundo, soube se beneficiar do esforço de guerra americano.

Após o ataque japonês a Pearl Harbor e a entrada dos Estados Unidos no conflito, a empresa de bebidas fez uma proposta ao Exército na qual oferecia seu produto, disponibilizando-o aos soldados americanos em qualquer região do mundo. Uma vez aceita, as fábricas de engarrafados se puseram a trabalhar para cumprir com a crescente demanda dos soldados.

O fato de que a água que se bebia no *front* tinha um sabor muito desagradável, como já fora aqui destacado, levou a que muitos soldados tivessem como único aporte líquido o refresco de cola. Para poder

A Coca-Cola se comprometeu a que os soldados americanos pudessem ter à sua disposição uma garrafa desse refrigerante independentemente de onde estivessem, e conseguiu esse feito. Na ilustração, um cartaz da conhecida marca unindo sua imagem à do Exército.

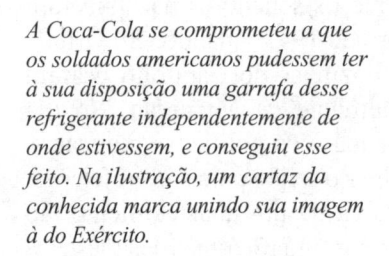

atender a tão extensa clientela, a empresa teve de realizar um esforço enorme; das cinco unidades engarrafadoras situadas fora dos Estados Unidos existentes em 1939, passou-se a 64, em 1945. Esse fato foi decisivo para a disseminação mundial da marca, que desse modo conseguiu controlar 95% do mercado mundial de refrigerantes.

No entanto, reduzir a presença da Coca-Cola no conflito a uma questão de negócio acarretaria desprezar a enorme importância que essa simples garrafa teve no ânimo dos soldados americanos, para quem a popular bebida atingiria um significado quase religioso.

Em uma carta do soldado Dave Edwards a seu irmão, do *front* italiano em 1944, é possível notar todo o simbolismo que a garrafa desse refrigerante representava para os homens que se encontravam tão distantes de sua pátria:

"Hoje é um dia muito especial. Todos nós recebemos uma garrafa de Coca-Cola. Isso pode parecer que não é muito importante, porém se você tivesse visto todos esses homens, que levam meses desejando apertar a garrafa contra o peito, correr até sua tenda de campanha e ficar admirando-a... Não sabiam o que fazer. Todavia, ninguém havia bebido sua Coca-Cola, pois, depois que o fizessem, tudo teria terminado."

O presidente da Coca-Cola, Robert Woodruff, conseguiu cumprir a promessa feita ao governo americano: "Todos os militares teriam à

Um cartaz publicitário da Coca-Cola na Alemanha em 1939. Embora hoje pareça estranho, os alemães estavam convencidos de que se tratava de uma marca local.

sua disposição uma garrafa de Coca-Cola a cinco centavos de dólar, independentemente de onde estivessem e do custo para nossa empresa". Para conseguir isso, a Coca-Cola enviou seus funcionários ao *front* de batalha; esses homens eram conhecidos como os "Coronéis da Coca--Cola", já que usavam roupa militar e tinham posição militar de acordo com sua categoria dentro da empresa. Não ostentavam galões, mas seus uniformes exibiam as iniciais T. O. (Observador Técnico, de *Technical Observer*), que os identificavam como os *soldados* da Coca-Cola. Não é necessário dizer que eles eram muito bem recebidos em qualquer lugar aonde iam; todos sabiam que, com eles, chegava um carregamento de garrafas do popular refrigerante.

Esses intrépidos funcionários seguiram os soldados americanos por todos os cenários da Segunda Guerra Mundial; da Islândia às Filipinas, passando pela Tunísia ou Nova Guiné. Além de distribuir as garrafas procedentes dos Estados Unidos, eles eram os encarregados de dirigir a construção das novas unidades fabris. A primeira garrafa produzida em uma dessas fábricas saiu da unidade de Orã, na Argélia, no Natal de 1943.

Porém, no verão anterior, o general Eisenhower fizera o que, seguramente, havia sido o pedido mais importante da história da Coca--Cola: ordenou que fossem enviados um total de 3 milhões de garrafas às tropas americanas que se encontravam no norte da África.

Não eram apenas os soldados que ansiavam beber uma Coca-Cola fresca. A maioria dos generais americanos também compartilhava o mesmo desejo. O general Eisenhower pedia sempre uma Coca-Cola depois do jantar, e podia tomar mais de uma garrafa. O general Bradley tinha em seu gabinete uma geladeira repleta de garrafas. Para o carismático general MacArthur, supostamente foi uma honra estampar seu autógrafo na primeira garrafa produzida na unidade das Filipinas. O general Clarence Huebner, para celebrar que suas tropas haviam se encontrado com os soviéticos no Elba, brindou com Coca-Cola.

Embora o preço oficial de uma garrafa fosse de apenas cinco centavos, os períodos de escassez estimulavam o surgimento de um florescente mercado negro; fora dos circuitos oficiais, os soldados podiam chegar a pagar entre cinco a 40 dólares por uma garrafa.

Porém, os vasilhames de Coca-Cola não davam sua missão por terminada quando eram esvaziados de seu refrescante conteúdo. Os soldados encontravam múltiplas e variadas utilidades para as garrafas vazias. No Pacífico Sul eram utilizadas como isolantes elétricos, enquanto os náufragos sabiam que podiam utilizá-las como anzol para caçar tartarugas; também eram utilizadas quando desgastadas, para sabotar as pistas de aterrissagem japonesas com a finalidade de rebentar as rodas dos aviões.

Onde sua presença foi mais necessária foi em Pearl Harbor; ali as garrafas seriam empregadas para estocar sangue destinado a transfusões. Pouco depois, em 23 de dezembro de 1941, as garrafas serviram para fabricar coquetéis molotov, que seriam utilizados na defesa das Filipinas contra a invasão das forças japonesas.

Tem-se notícia de que, durante a batalha das Ardenas, em dezembro de 1944, a Coca-Cola substituiu o vinho em uma missa improvisada por um capelão no *front*. Também em um episódio, concretamente por ocasião do lançamento ao mar de um destróier da *Royal Navy*, em que a filha de Churchill foi a madrinha, uma garrafa de Coca-Cola substituiu a tradicional garrafa de champanhe.

A prova da versatilidade da garrafa de Coca-Cola é que o futuro presidente dos Estados Unidos, Jimmy Carter, recorreu a ela para entrar na Academia Naval de Anápolis em 1943. Acreditando que tinha pé chato, dedicou-se por um tempo a rodar seus pés sobre garrafas desse refrigerante com a finalidade de corrigi-los. Graças ou não à Coca-Cola, ele conseguiu entrar na Academia.

No entanto, quem melhor soube definir o que significava essa marca de bebida para os americanos foi o sempre certeiro general Eisenhower:

"Se alguém nos perguntar por que combatemos, creio que a metade dos nossos responderia que é pelo direito de comprar Coca-Cola em paz".

Eisenhower não esqueceria os serviços prestados por essa companhia de refrigerantes ao esforço de guerra aliado; quando alcançou a presidência dos Estados Unidos, em 1953, firmou um contrato com a Coca-Cola pelo qual lhe outorgava a concessão do fornecimento de bebidas nos banquetes da Casa Branca.

O chiclete se converte em um símbolo

Os soldados americanos que lutaram na Segunda Guerra Mundial levaram sempre com eles uma guloseima que acabaria convertendo-se em um autêntico símbolo do estilo de vida americano: o chiclete.

Em qualquer lugar onde se encontrassem, fosse nas ilhas do Pacífico ou no deserto da Tunísia, eles sempre estavam bem abastecidos de goma de mascar, que não duvidavam de compartilhar entre eles e também com a população em geral. Graças ao generoso gesto de dar uma pastilha de chiclete a uma criança, muitos soldados conseguiram ganhar a simpatia dos civis nos lugares por onde passavam.

Embora seja estranho, o consumo massivo de goma de mascar por parte do Exército americano não foi ideia dos próprios militares nem do governo, mas se deu pela insistência e a astúcia de um fabricante, Philip K. Wrigley, que comercializava com êxito os chicletes Wrigley por meio da empresa familiar fundada por seu pai, William, falecido em 1932.

A guerra com o Japão acarretou o fim do abastecimento da matéria-prima para a elaboração do chiclete, procedente do Sudeste Asiático, ocupado nesse momento pelos nipônicos. Essa dificuldade foi superada por Wrigley, que se ofereceu para extrair o látex da América do Sul – fundamental para a indústria da guerra –, aproveitando a ocasião para sangrar também as seringueiras e transportar seu sumo nos mesmos navios prioritários que levavam o látex aos Estados Unidos.

Para obter o açúcar, que estava estritamente racionado, o astuto Wrigley usou de argúcia. Abastecido com alguns relatórios supostamente elaborados por especialistas na matéria, ele acudiu às autoridades militares com a intenção de demonstrar que o consumo de chiclete podia servir para que os soldados aliviassem suas tensões no *front*. Desse modo, destacando o interesse militar da goma de mascar, conseguiu que cada pacote de rações de combate acabasse incluindo um tablete de chiclete Wrigley, de maneira que, para ele, as restrições de açúcar deixaram de existir.

Não contente com isso, o ambicioso fabricante *demonstrou* também que os operários desempenhavam melhor seu trabalho se mascassem cerca de cinco tabletes diários; em pouco tempo, todas as fábricas do país proporcionavam a goma de mascar a seus funcionários.

Philip K. Wrigley soube aproveitar ao máximo a exclusividade de que desfrutou durante a Segunda Guerra Mundial para poder se expandir por todo o planeta sem temer os concorrentes. Seu êxito continuou depois da contenda, consolidando sua posição nos países que contavam em seu solo com tropas americanas, ávidas consumidoras dos chicletes Wrigley, visto que já não desejavam outra marca.[31]

O refrigerante nascido à época do Terceiro Reich

Embora a marca comercial Volkswagen seja a mais conhecida entre aquelas que foram criadas durante o Terceiro Reich, há outra de renome mundial – Fanta – que também teve sua origem no turbulento período em que os nazistas detiveram o poder na Alemanha. Essa popular marca de refrigerantes surgiria sob o regime nazista de 1942, como reação diante do encerramento das importações do xarope concentrado de Coca-Cola que chegava regularmente dos Estados Unidos.

Antes da eclosão da Segunda Guerra Mundial, eram vendidas na Alemanha cerca de 5 milhões de garrafas anuais de Coca-Cola, produzidas nas 43 fábricas que a marca possuía no país. Curiosamente, Hermann Goering favoreceu a expansão da marca no Reich, mas seu objetivo final era nacionalizar a empresa e se apropriar da fórmula que possibilitava sua fabricação.

Não podemos esquecer que, naquela época, a Coca-Cola não desfrutava ainda da condição de ícone do *american way of life*, e por isso muitos alemães desconheciam que ela se tratasse de uma marca americana. Desde o ano de sua chegada à Alemanha, em 1930, a companhia havia apostado, como estratégia de implantação, em apresentá-la como uma marca local. Por exemplo, os prisioneiros alemães que eram

---

31. Na atualidade, a Wrigley é o primeiro fabricante mundial de chiclete, com presença em 150 países e um faturamento de mais de 3 bilhões de dólares. A metade do mercado americano está em seu poder, um dado revelador se levarmos em conta que cada cidadão americano consome uma média de 300 chicletes ao ano (!).

transportados durante o conflito aos Estados Unidos se surpreendiam com o fato de que, nesse país, também se vendesse essa bebida.

Até a entrada dos Estados Unidos na guerra, em dezembro de 1941, continuaram as relações da Coca-Cola com sua filial germânica – a Coca-Cola GmbH –, apesar de o governo de Washington apoiar a Grã-Bretanha. Porém, a partir desse momento, elas foram cortadas. Os empresários alemães donos das engarrafadoras se viram com a impossibilidade de prosseguir fabricando a bebida. Com isso, o diretor da Coca-Cola GmbH, Max Keith, que ocupava o cargo desde 1938, decidiu criar uma nova bebida que permitiria dar rentabilidade às custosas instalações e, dessa forma, continuar com o negócio.

O resultado dessa iniciativa foi um refrigerante com sabor de fruta, que se obtinha misturando os ingredientes que à época estavam disponíveis na Alemanha. A fórmula era variável, posto que dependia das matérias-primas de que a empresa dispusesse em cada momento, porém a fervura costumava conter fruta, polpa de maçã empregada na fabricação de sidra, subprodutos da indústria do presunto cru e o queijo, e todos esses ingredientes adoçados com sacarina e uma pequena porcentagem de açúcar.

Havia sido criado o produto que deveria substituir a Coca-Cola, porém faltava seu nome comercial; segundo Max Keith, ele precisava ser impactante e fácil de recordar. Como não tivera acordo entre os especialistas da empresa para a escolha de um nome, Keith decidiu convocar um concurso entre seus funcionários.

Joe Knipp, um veterano vendedor, refletiu sobre as indicações de Keith, que sugeriu aos funcionários que deixassem soltar sua imaginação e fantasia para encontrar o nome adequado, e propôs o nome "Fanta", derivado da palavra *Fantasie* (fantasia ou imaginação, em alemão). Knipp ganhou o concurso e seu nome foi eleito; a Fanta havia nascido.

A marca da nova bebida foi registrada, criou-se uma garrafa com *design* exclusivo e a maquinaria de venda foi novamente ativada. Diante do temor de que o consumidor se mostrasse reticente a provar o novo refrigerante, decidiu-se incluir a frase "é um produto da Coca-Cola GmbH", como garantia de qualidade.

A Fanta estreou com grande êxito, ao vender em 1943 um total de 3 milhões de caixas. De todo modo, as razões que estimulavam as pessoas a comprar uma garrafa nem sempre tinham relação com as propriedades refrescantes ou seu sabor; ela foi muitas vezes utilizada para adoçar as infusões, uma vez que o açúcar estava rigorosamente racionado.

A marca de refrigerantes Fanta foi criada pela divisão alemã da Coca-Cola em 1943, ao não dispor do xarope concentrado que chegava dos Estados Unidos. Na imagem, um cartaz da nova e bem-sucedida bebida nascida sob o regime nazista.

O grau de colaboração de Max Keith com o regime de Hitler é objeto de controvérsia. Embora ele tivesse recebido as delegações da Coca-Cola nos países ocupados e contado sempre com o apoio do governo, parece que Max Keith se mostrava distante dos hierarcas do Terceiro Reich e, de fato, ele nunca se afiliou ao Partido Nazista. Por sua parte, na sede central da companhia, na cidade americana de Atlanta, tampouco se sabia se o diretor trabalhava para os nazistas ou se limitava-se a manter a produção das fábricas da Coca-Cola por lealdade à empresa. Como a comunicação com ele era impossível, a dúvida permaneceria até o fim do conflito.

De todo modo, para corresponder ao apoio que recebeu do governo, Keith concordou em emprestar seus caminhões de distribuição para ajudar a população civil que havia sofrido bombardeios, transportando água potável. Seriam precisamente os bombardeios aliados sobre as instalações industriais dos principais inimigos das garrafas de Fanta; estas eram as primeiras a sofrer as consequências, pois quebravam com facilidade por conta das vibrações provocadas pelas ondas expansivas. Como solução, optou-se por armazená-las cheias de água em sótãos profundos. Porém, os esforços para salvar as garrafas seriam em vão, já que as 43 fábricas existentes na Alemanha seriam totalmente destruídas.

Após a guerra, a Coca-Cola abriu uma investigação sobre as atividades do diretor, para estimar se ele estava envolvido na dinâmica criminosa do Terceiro Reich. A empresa comprovou que seu antigo responsável não tinha apoiado o regime e que, inclusive, tinha executado ações para proteger alguns funcionários que estavam na mira da Gestapo.

Em meio a um país em ruínas, a fabricação da Coca-Cola assim como a de Fanta foram reiniciadas quase imediatamente, substituindo, nesse caso, os precários ingredientes que haviam sido utilizados até o momento. O êxito voltou a sorrir para a empresa e as vendas cresceram, contribuindo, assim, para o *milagre alemão*, a espetacular recuperação econômica da Alemanha do pós-guerra.

A implantação definitiva da Coca-Cola na Alemanha seria por meio do legendário boxeador teutônico Max Schmeling (1905-2005), ex-campeão mundial dos pesos-pesados, que enfrentou em dois históricos combates, em 1936 e 1938, o não menos mítico Joe Louis. Schmeling foi *contratado* pela empresa americana para permitir a utilização de sua imagem na publicidade da marca; além do carisma, o pugilista demonstrou possuir uma grande iniciativa comprando em 1957 a licença para engarrafar Coca-Cola em uma fábrica de Hamburgo, passando a ser um empresário de sucesso.

O célebre boxeador alemão Max Schmeling converteu-se na imagem pública da Coca-Cola na Alemanha, graças à grande popularidade de que desfrutava entre seus compatriotas por seus míticos duelos com o americano Joe Louis. Ele continuaria trabalhando para a Coca-Cola até os 95 anos.

Quanto ao destino da Fanta, em 1960 a empresa matriz da Coca-Cola decidiu integrá-la definitivamente ao grupo, comprando a marca registrada e iniciando sua exportação aos Estados Unidos, onde ela não era correlacionada com sua origem.

Atualmente, essa bebida, nascida em circunstâncias tão curiosas, goza de uma extraordinária popularidade, apresentando-se com 70 sabores distintos e sendo distribuída em 180 países.

Peixe-boi ao molho de alho

No outono de 1943, o sul da Itália era vitimado por uma fome atroz. A recente rendição do país transalpino, unida à ocupação do território pelos alemães e o início da campanha aliada para libertá-lo, havia imprimido o caos às regiões meridionais. As colheitas haviam se perdido e os canais habituais de distribuição de alimentos, deixado de funcionar. Apenas era possível recorrer ao mercado negro.

Os Aliados já tinham desembarcado na Península Italiana, e os alemães estabeleciam sucessivas linhas defensivas para conter o avanço de americanos e britânicos. Todavia, para as regiões que se encontravam sob domínio alemão, alimentar a população civil não era considerado prioridade. Antes, a fome que os italianos padeciam era vista com indiferença e, inclusive, com uma não dissimulada satisfação pelos alemães, que consideravam seus antigos aliados como traidores. Todos os recursos seriam destinados a prover as forças encarregadas de frear a ofensiva aliada.

A fome fez estragos particularmente em Nápoles. Enquanto nas zonas rurais os camponeses sobreviviam a duras penas, na cidade era muito mais difícil encontrar algo para comer. Além disso, os alemães haviam destruído completamente as instalações portuárias e tinham deixado a cidade sem água nem eletricidade. A metade dos 800 mil habitantes de Nápoles tinha fugido para o campo, empurrada pela fome.

O grau de desespero dos napolitanos foi tal que o aquário municipal chegou a converter-se em uma incomum fonte de pescado fresco. Essa instalação, situada nos jardins da Via Caracciolo, havia sido fundada por um alemão no fim do século XIX, sendo, portanto, o aquário mais antigo da Europa.

A maior parte da coleção de peixes tropicais foi consumida, porém os habitantes de Nápoles decidiram guardar a principal peça, um filhote de peixe-boi, para oferecê-la aos Aliados quando eles libertassem a cidade. Embora a carne desse mamífero aquático, que tem seu hábitat natural nas águas quentes do Caribe, não fosse muito apreciada,

O general americano Mark Clark foi acolhido pelos habitantes de Nápoles como libertador da cidade. Foi oferecida uma ceia a ele que incluía um peixe-boi procedente do aquário.

para qualquer napolitano ela se transformou em um bocado celestial. O afortunado militar que teria o duvidoso privilégio de fincar o dente no peixe-boi seria o general americano Mark Clark, que teria posteriormente a honra de libertar Roma, conforme vimos em capítulo anterior.

O peixe-boi foi preparado em um molho de alho e oferecido a Clark, na qualidade de conquistador da cidade. Não sabemos a opinião do general sobre o inusitado prato que foi obrigado a degustar, mas é certo que o americano, que ansiava o protagonismo acima de tudo, se sentiu muito lisonjeado pela sincera homenagem que os napolitanos lhe prestaram.

A origem do "espaguete à carbonara"

Dentre as raras consequências positivas tidas por um conflito tão trágico como a Segunda Guerra Mundial, destaca-se uma invenção tão prosaica como apetitosa: a do espaguete à carbonara.

Uma vez que as forças aliadas estabeleceram as medidas de urgência para garantir o abastecimento da faminta população civil, os soldados britânicos e americanos começaram a apreciar as habilidades naturais dos moradores locais, enquanto eles dispunham dos elementos básicos. Não em vão, durante a campanha africana, os prisioneiros italianos se encarregavam voluntariamente dos afazeres da cozinha para seus captores. Com pouquíssimos ingredientes, eram capazes de elaborar pratos gostosos que surpreendiam muitas vezes os anglo-saxões, muito menos familiarizados na arte gastronômica. Não se pode esquecer que a universal pizza, segundo a lenda, foi inventada pelo cozinheiro de um navio italiano que somente dispunha de farinha, tomate e anchovas.

Graças a essa habilidade inata, os italianos conseguiriam entusiasmar os soldados aliados com uma proposta original que resultaria, também, em um descobrimento para eles mesmos. Se havia algo que abundava nas cozinhas de campanha dos aliados eram os ovos e o *bacon* (*panceta*); a tradição explica que alguns soldados, cansados de comer os ovos fritos diariamente no desjejum, entraram em uma casa e pediram que lhes preparassem uma comida com aqueles ingredientes. Se temos presente que a massa não poderia faltar em lugar algum, o resultado foi o espaguete à carbonara, em que a pasta ao dente é misturada com ovos batidos, alho e, finalmente, coroada com pequenos pedaços de toucinho salteado na frigideira.

Como o carbonara era um prato altamente nutritivo, ele servia para proporcionar energia aos *partisans* italianos, que se dedicavam a fustigar, sem trégua, as tropas alemãs. Esses guerrilheiros se ocultavam nas antigas minas de *carbón* (carvão); daí o nome de "carbonara", com o qual se acabou conhecendo essa receita culinária.[32]

A população civil também gostou desse novo prato. O mercado negro proporcionava os ingredientes; alguns contrabandistas conseguiram obter quantidades significativas de ovos e toucinho, seja trocando-os por álcool e cigarros ou desviando-os durante os trajetos de abastecimento.

Enquanto isso, os Aliados iam descobrindo os prazeres da boa mesa nessas acolhedoras terras meridionais. Tendo em vista o encantamento que podia resultar um prato de massa, regado com um bom vinho *Chianti*, em qualquer aldeia do sul italiano, não é de se estranhar que esse *front* foi o que os Aliados avançaram mais lentamente em toda a contenda...

Se, graças à guerra, o espaguete à carbonara foi conhecido em todo o mundo, algo parecido ocorreu com a pizza. Embora ela já fosse

---

32. Essa não passa de uma das muitas versões que circulam sobre a origem do nome e, por extensão, dessa maneira de preparar a pasta. Alguns asseguram que essa era a comida habitual dos mineiros da região de Umbria – que precisavam de um bom aporte calórico – enquanto outros afirmam que o nome provém da maneira mais recomendável de tostar a *panceta*, com brasas de carvão, o que lhe daria um sabor inconfundível. Há quem defenda que foram os Carbonari, revolucionários do século XIX, que combinaram pela primeira vez esses simples ingredientes nos dias em que deviam permanecer ocultos em algum esconderijos, porém outros estão convencidos de que esse prato já era consumido na Roma antiga. Seja como for, a realidade é que a Segunda Guerra Mundial deu o grande impulso à popularização, tanto dentro como fora das fronteiras italianas, desse modo de elaboração do espaguete.

amplamente conhecida, sua internacionalização surgiu por causa da Segunda Guerra Mundial.

Os soldados americanos que haviam combatido na Itália, ao regressar ao seu país natal, recordavam-se com nostalgia desse prato, e, por isso, frequentavam restaurantes italianos para saboreá-lo de novo. Em virtude dessa demanda, alguns empresários viram a oportunidade na preparação dessa refeição simples, e, portanto, passaram a surgir os primeiros restaurantes de *fast-food*, em que se servia pizza com preço baixo. Esse modelo obteve um êxito imediato entre os soldados, que se estendeu às gerações posteriores.

Portanto, aqueles prestativos italianos mal poderiam imaginar, quando ofereciam pizza aos soldados, que estavam criando as bases de um fenômeno que, anos mais tarde, transformaria essa especialidade em um prato universal.

Filé e ovos antes da batalha

É possível ter apetite antes de uma batalha? Provavelmente não, mas a realidade é que os *marines* americanos que estavam a ponto de entrar em combate não desperdiçavam a oportunidade de desfrutar um farto desjejum.

Os *marines* que, ao amanhecer, deveriam assaltar as ilhas defendidas pelos japoneses sabiam que teriam no café da manhã uma farta ração composta de filés de carne e ovos. Era tradição que, antes de enfrentar a morte, os soldados tivessem, ao menos, uma leve satisfação, tal como se indicou na introdução do presente capítulo. Assim que o estômago estivesse cheio, aumentava o ânimo para enfrentar os japoneses, que, provavelmente, nessa manhã, tinham comido somente um pouco de arroz fervido.

O mesmo ocorreu com os soldados americanos que participaram no desembarque da Normandia, a quem foi oferecido um farto desjejum antes de invadirem as praias defendidas pelos alemães.

No entanto, essa tradição contava com alguns opositores: eram os médicos e cirurgiões da marinha, que nessa mesma manhã, com toda certeza, iriam tratar de muitos soldados com ferimentos no estômago, motivo por que esse farto desjejum era contraproducente.

Porém, as autoridades militares preferiam priorizar o ânimo dos soldados e não deixaram de continuar oferecendo esse apetitoso menu, medida essa que contava com o apoio entusiasta da tropa, consciente de que, talvez, essa pudesse ser a última refeição de suas vidas.

Soldados americanos desembarcando na praia de Omaha em 6 de junho de 1944. Antes de partir até a Normandia, receberam um farto desjejum, embora essa prática fosse desaconselhada pelos médicos.

Sardinhas norueguesas contra submarinos nazistas

Após a invasão da Noruega pelas tropas de Hitler, em 9 de abril de 1940, a população desse país escandinavo admitiu que passaria muito tempo antes que os nazistas fossem expulsos de suas terras. Ainda assim, os patriotas noruegueses, como seus vizinhos dinamarqueses ou os holandeses, ficaram decididos a enfrentar bravamente as forças invasoras na medida de suas escassas possibilidades, compensando sua debilidade com grande capacidade de inovação e improvisação.

No inverno de 1940-1941, o quartel-general alemão em Oslo emitiu uma ordem pela qual todas as capturas de sardinha deveriam ser entregues aos ocupantes. Essa decisão foi muito mal recebida pelos pescadores noruegueses, visto que dependiam, em grande parte, da pesca de sardinha para poder manter suas famílias.

A resistência norueguesa obteve, assim, um forte apoio entre a população que dependia da indústria da pesca, ao sofrer na própria pele a política de confisco econômico implantada pelos nazistas, não apenas na Noruega, mas também em toda a Europa ocupada.

A tripulação do U-837 rendendo-se aos Aliados em 11 de maio de 1945. Os víveres destinados aos tripulantes de outro U-Boot *sofreram uma insólita sabotagem por parte dos pescadores noruegueses.*

Um membro da resistência infiltrado no quartel-general alemão constatou que as sardinhas confiscadas dos pescadores eram destinadas à base de submarinos de Saint-Nazaire, na França; dali partiam os *U-Boots* que atacavam no meio do Atlântico os comboios aliados que abasteciam a Grã-Bretanha. Dessa forma, as sardinhas norueguesas formariam parte dos víveres que as tripulações dos submergíveis alemães necessitavam para suas longas missões em alto-mar.

Os noruegueses se encontravam, assim, em meio a um dilema. Se entregassem suas sardinhas aos alemães, estavam colaborando com o esforço da *Kriegsmarine* para derrotar os Aliados na decisiva batalha do Atlântico. Porém, caso se negassem a colaborar, nada poderia livrá-los das terríveis represálias germânicas.

A solução do impasse foi dada por um membro da resistência. Ele teve uma ideia genial, mas necessitava da ajuda dos britânicos. Graças a um equipamento de rádio, os resistentes noruegueses fizeram um inusitado pedido a seu contato em Londres; encomendaram todos os barris que pudessem reunir de óleo de rícino. Essa substância, extraída das sementes da planta, é um purgante extraordinariamente potente; basta uma gota para provocar abundantes evacuações, razão por que é administrado a animais que sofrem de prisão de ventre crônica. Ademais, os efeitos que se seguem à absorção do óleo de rícino pelo organismo são: diminuição da frequência cardíaca, suores frios e abatimento, podendo provocar uma síncope se as doses forem muito elevadas.

Os britânicos se surpreenderam, obviamente, pelo pedido inusitado, mas lhes fizeram chegar os barris camuflados como combustível, fazendo a entrega a um pesqueiro norueguês em alto-mar. Quando os membros da resistência receberam o óleo de rícino, aplicaram-no em vários lotes de sardinhas destinados aos alemães. Estes não suspeitaram de nada estranho, já que era habitual untá-las em azeite para facilitar sua conservação.

Ao chegarmos a este ponto, sinto não poder informar ao leitor os detalhes do previsível desenlace dessa história. Presumivelmente, alguns submarinos com base em Saint-Nazaire se abasteceram com essas sardinhas e partiram em busca de seus objetivos no Atlântico. Não se sabe quantas tripulações comprovaram as propriedades laxantes do óleo de rícino, mas o que não se tem dúvida é de que esse purgante deve ter provocado um efeito devastador nos infelizes marinheiros...

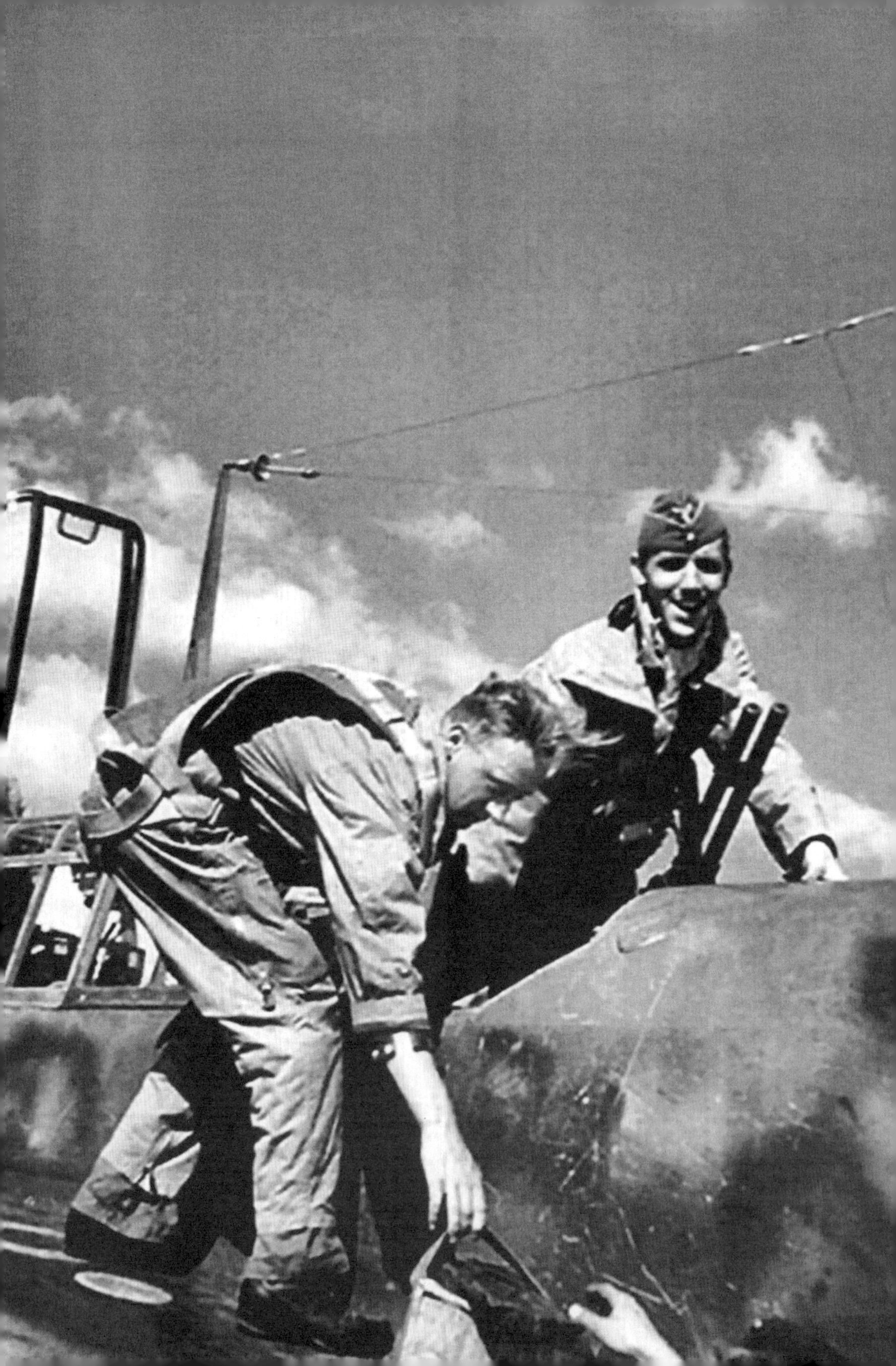

Capítulo VIII
Momentos de Distração

A difícil vida no *front* proporcionava, ocasionalmente, algum momento de entretenimento que podia ser compartilhado animadamente com os companheiros de armas. Embora as autoridades militares defendessem limitar o consumo de álcool, para a maioria dos soldados esse era um meio rápido e simples de esquecer os sofrimentos pelos quais passavam diariamente, e, por isso, estudavam formas para obtê-lo de um modo ou de outro.

Porém, não eram apenas os soldados que recorriam ao álcool nesses tempos difíceis. Alguns estadistas, como Churchill ou Stálin, tinham nele um companheiro inseparável, que os ajudava a suportar a terrível tensão a que estavam submetidos.

O tabaco teve um papel similar ao longo do conflito. Para muitos soldados, alheios ao dano que ele causa na saúde, o fato de deter-se para fumar um cigarro fazia com que esquecessem da guerra por alguns instantes. Igualmente, oferecer um cigarro a um civil ou um prisioneiro inimigo representava o gesto de amizade por excelência. E, supostamente, os dirigentes tampouco podiam escapar aos prazeres do tabaco; seria concebível vermos a imagem de Churchill sem seu inseparável charuto?

Ardor guerreiro

O álcool tem desempenhado um papel destacado na história militar. Desde a Antiguidade, os grandes generais sempre se esforçaram para que não faltasse o vinho a seus homens. Tanto Júlio César como Napoleão eram conscientes da importância que o vinho tinha para as tropas; eles estavam convencidos de que a ingestão moderada de álcool protegia os soldados de infecções e contribuía com vitaminas e minerais, imprescindíveis para completar uma alimentação irregular.

Outra virtude do álcool era sua capacidade de elevar o ânimo dos soldados; uma comida insossa de campanha podia converter-se em um banquete se contasse simplesmente com uma taça de vinho. Além disso, o álcool tem sido empregado ao longo de toda a história como estimulante do instinto guerreiro nos momentos prévios a se entrar em combate, algo que também ocorreu durante a maioria dos conflitos armados do século XX.

Na Primeira Guerra Mundial, os soldados franceses enviados ao *front* podiam dispor em suas trincheiras de caixas de champanhe, cujas garrafas eram abertas nos momentos em que o ânimo mais fraquejava. Também se realizavam envios regulares de vinho, com os utensílios necessários para consumi-los quentes; os fatigados soldados agradeciam o recebimento dessa bebida reconfortante, especialmente durante o inverno. Porém, pouco antes dos ataques à baioneta, o que os soldados franceses recebiam eram generosas quantidades de conhaque – suponhamos que o de não muito boa qualidade –, para executar ataques mais intensos nas trincheiras alemãs.

Na Segunda Guerra Mundial, os soldados também recebiam álcool com o objetivo de elevar o ânimo. Nos casos em que não era possível fornecer essa bebida, a imaginação dos próprios soldados se encarregava de solucionar o problema. Esse foi o caso dos soldados americanos enviados ao duríssimo *front* birmanês; ali encontraram a maneira de destilar alguns frutos selvagens com os quais se preparava uma bebida denominada *Bullfight Brandy* (traduzido por "conhaque para enfrentar touros"). A verdade é que esse destilado convertia os soldados americanos em uma horda aterrorizadora, capaz de provocar efeitos devastadores na defesa inimiga. Não obstante, parece que o segredo

Alguns soldados americanos ficaram intoxicados ao beber o álcool metílico que servia de combustível para as bombas volantes alemãs V-1. Segundo os dados estatísticos do Exército americano, entre outubro de 1944 e junho de 1945 houve mais mortes atribuídas ao envenenamento por álcool do que a enfermidades contagiosas na guerra.

do sucesso do *Bullfight Brandy* não era seu alto teor alcoólico, mas sim algum ingrediente secreto que se extraía das plantas alucinógenas que cresciam na região.

Os soldados americanos no Pacífico elaboravam uma bebida que chamavam *swipe* ("golpe forte") e que bebiam a toda hora; um destilado de açúcar, fruta em conserva e cascas de batata. As consequências de se tomar vários tragos de *swipe* eram superadas após um longa sesta, porém os efeitos dos licores que os destiladores ilegais filipinos vendiam aos americanos eram muito mais graves; ao menos meia centena de soldados morreu após ingerir álcool tóxico de procedência incerta.

Em Stalingrado, os soldados da 284ª Divisão soviética encontraram em meados de 1942, na cidade em ruínas, várias cisternas repletas de aguardente. Após cuidar bem delas, encontraram uma outra que, presumivelmente, conteria mais licor. Uma vez vazia, os que haviam bebido nessa cisterna começaram a se sentir muito mal; essa cisterna continha álcool metílico. Quatro soldados morreram e muitos outros ficaram cegos.

Ocorreu algo similar a alguns soldados americanos enviados à Europa, ao beber álcool metílico, nesse caso o que servia de combustível às bombas voadoras alemãs V-1 capturadas. As estatísticas oficiais do Exército americano indicam que durante o período compreendido entre outubro de 1944 e junho de 1945, no continente europeu houve mais mortes atribuídas ao envenenamento por álcool do que a enfermidades contagiosas.

As autoridades militares tomaram medidas para combater o alcoolismo no exército, porém se limitaram unicamente a abaixar a 3,2% o teor do álcool nas cervejas fornecidas nos campos de treinamento. A única consequência dessa medida foi que os soldados tiveram de beber mais cervejas para poder se embriagar...

Em compensação, os oficiais enviados à Europa não deviam enfrentar essas restrições. No quartel-general de Patton fez furor um coquetel batizado como "170", em homenagem ao potente canhão alemão de 170 milímetros. Sua receita era uma metade de champanhe e outra de conhaque; supõe-se que seu efeito no estômago era similar ao do impacto de um desses projéteis.

Por sua vez, os russos estavam sempre acompanhados de boas reservas de vodca, que não somente utilizavam antes dos combates para ganhar ânimo, mas especialmente após a ocupação de povos e cidades, quando se lançavam a fazer saques sob os efeitos do álcool. Nesses casos, os oficiais assumiam que já não poderiam contar com seus homens até horas bem avançadas do dia seguinte, após os demolidores efeitos da ressaca.

Um caso em que a ingestão desmedida de álcool foi letal para as tropas soviéticas ocorreu em novembro de 1943. O Primeiro Corpo de Guardas da Cavalaria conseguira derrotar o Quarto Exército blindado alemão, em um combate travado próximo ao Rio Dnieper, na Ucrânia. Para festejar o triunfo, os soviéticos beberam todos os estoques de licor dos oficiais germânicos. No dia seguinte, as tropas alemãs chegaram à localidade e acabaram facilmente com os russos, que não puderam oferecer qualquer resistência pelo estado deplorável em que se encontravam.

Destilarias na Marinha americana

Embora o consumo de álcool estivesse proibido na Marinha de guerra americana,[33] os marinheiros não se resignavam a tomar leite ou café. Logo descobriram que o arroz misturado com o sumo de uva e submetido a um trabalhoso processo de destilação gerava uma bebida alcoólica que recordava remotamente o uísque, e que seria conhecida como *tuba*.

---

33. Essa medida datava de 1914. A noite anterior do dia em que a proibição entrou em vigor seria recordada durante muito tempo. As tripulações de todos os navios de guerra americanos se apressaram em consumir os estoques de álcool antes da meia-noite, o que deu lugar a altercações e incidentes de todo tipo. Os que conseguiam terminar as reservas próprias se lançavam, literalmente, à abordagem dos navios que ainda não o haviam conseguido, algo que gerou combates variados e graves desavenças entre os navios. Na manhã seguinte, foram raros os marinheiros que estavam em condições de formar diante do içamento da bandeira.

Esse licor caseiro era fabricado em segredo nas salas de máquinas dos navios. Ali se instalavam as caldeiras e os alambiques dos quais surgia a desejada *tuba*, ante o olhar tolerante ou a colaboração direta dos oficiais.

Nos submarinos não era necessário instalar destilarias. Os tripulantes descobriram que o combustível de certos novos torpedos, propulsionados por álcool, podia ser ingerido sem efeitos colaterais, e, por isso, a partir dessa data os torpedos começaram a perder autonomia de navegação. Nesse caso, os imaginativos marinheiros denominaram a nova bebida de *Torpedo Juice* (Suco de Torpedo).

Alguns capitães combateram com denodo a existência de álcool clandestino, enquanto outros se mostraram mais lenientes com a fraqueza de seus homens. Houve inclusive os que permitiram a presença do álcool ilegal, mas qualificando-o oficialmente como de "finalidade medicinal" e distribuindo-o unicamente entre pessoas de confiança.

Havia outras formas de violar a medida que proibia consumir álcool nos navios da Marinha americana. Uma das mais criativas era o consumo de cerveja "fora do navio", algo que não poderia ser sancionado. Para isso, a cerca de cem metros da embarcação principal navegava uma pequena embarcação civil de apoio, carregada com barris de cerveja. Do navio de guerra partia um grupo de marinheiros em um bote que chegava até ela; ali, eles podiam saciar sua sede e de novo regressar ao navio principal. Durante um certo tempo, outro grupo de marinheiros repetia a mesma operação, embora para realizar esses trajetos fosse preciso contar com as *vistas grossas* do capitão. Desse modo, a maior parte da tripulação conseguia alegrar sua rotina sem violar o regulamento.

Churchill, de copo em copo

Não é nenhum segredo que Churchill era um grande apreciador de álcool. Mas, apesar de ele ingerir continuamente bebidas ao longo do dia, não parece que esse vício o incapacitasse para o trabalho que realizou de forma tão eficaz desde quando era o premiê inglês.

O secretário particular de Churchill, Phyllis Moir, escreveu um artigo para a revista americana *Life* em que descrevia a forte relação que o premiê britânico mantinha com o álcool:

"Em casa ou de viagem, no trabalho ou de férias, Churchill bebe uma taça de xerez seco pela manhã, e uma garrafa de clarete ou borgonha no almoço. Para o senhor Churchill, uma comida sem vinho não é comida. Quando está na Inglaterra, às vezes ele toma o Porto depois do

almoço, e sempre depois do jantar. É precisamente a essa hora que sua conversa é mais brilhante. Ao cair da tarde, pede seu primeiro uísque com soda do dia. Também lhe agrada uma garrafa de champanhe no jantar. Depois do ritual do vinho do Porto, degusta o finíssimo conhaque Napoleón.[34] *Às vezes, toma um copo dele durante a noite."*

Essa prolixa descrição dos gostos etílicos de Churchill é, no entanto, incompleta, talvez para oferecer um retrato amável de sua pessoa. O testemunho de seu secretário particular, entre outras omissões, passa por alto sua predileção pelo rum, bebida essa que ele começou a gostar durante sua estadia quando jovem em Cuba.

Tampouco revela que podia beber um copo do uísque *Johnnie Walker Black Label* simplesmente ao despertar, embora nesse caso – e sem que servisse de precedente – diluído com uma generosa quantidade de água, o qual sua filha denominava afetuosamente de *Papa Cocktail* [Coquetel do Papai]. Aparentemente, esse costume havia sido adquirido durante sua estadia na Índia e na África do Sul, onde era necessário acrescentar álcool à água, como método de purificação. No entanto, a cada noite, antes de dormir, ele bebia um quarto da garrafa do mesmo uísque, embora sem cometer o *pecado* de diluí-lo com água.

Do mesmo modo, o testemunho do secretário não explica que ele podia regar as comidas com uma garrafa de champanhe francesa *Pol Roger*,[35] e não unicamente nas ceias. Churchill se entusiasmava com esse pálido e fino champanhe que oferece uma sensação frutal característica, e, por isso, não causa estranheza que ele somente acabasse com uma garrafa. Sua devoção a essa bebida uniu para sempre esse vinho à sua memória; enquanto a casa Pol Roger possui o privilégio de oferecer uma edição especial com seu nome, uma garrafa desse champanhe ocupa um lugar de honra no museu de Churchill contíguo às Cabinet War Rooms, de Londres.

Durante sua breve passagem pela Casa Branca, quando visitou o presidente Roosevelt em sua residência oficial em dezembro de 1941, o pessoal posto a seu serviço se surpreendeu com sua resistência etílica, que nesse caso revelou algumas leves variações em relação a sua

---

34. *Napoleón* não é, como poderia ser inferido, uma marca real de conhaque; alude a que os tonéis de envelhecimento utilizados em sua preparação receberam supostamente conhaque procedente de uma excepcional safra produzida à época do Grande Corso. Por não existir uma regulamentação oficial para o uso da denominação *Napoleón*, qualquer adega poderia recorrer à mesma para ilustrar seu conhaque.

35. Quando a França foi ocupada pelos alemães, a casa Pol Roger, da mesma forma que outras grandes produtoras, se viu obrigada a enviar suas melhores safras a Berlim. A mais desejada pelos burocratas nazistas era a de 1928, que fora extraordinária. Esse espólio quase acabou com a marca, porém seus proprietários conseguiram esconder em suas adegas, atrás de paredes de fundo falso, parte de seus estoques mais apreciados pela cobiça germânica.

Churchill não deixava de tomar álcool ao longo de todo o dia. Embora ingerisse grandes quantidades de uísque, vinho, champanhe, rum e conhaque, não parece que isso deteriorava sua enorme capacidade de trabalho.

rotina habitual. Como fazia habitualmente, quando despertava tomava um uísque ainda na cama e não fazia o desjejum sem ter tomado antes um copo de xerez. Durante as refeições era fiel ao champanhe francês e depois pedia vários copos de conhaque até adormecer. Durante a noite, abria outra garrafa de champanhe e tomava um copo de conhaque de 90 anos para fechar o jantar. Surpreendentemente, em pouco tempo se punha a trabalhar.

Os historiadores não concordam em qualificar Churchill de alcoólatra. Embora todos admitam que o político britânico era dependente de álcool, parece que ele sempre manteve essa dependência sob controle, se é que podemos chamar assim essa possibilidade; em 1936, ele ganhou uma aposta com um amigo que o desafiou a ficar um ano inteiro sem provar bebidas alcoólicas.

Churchill via no álcool um fiel amigo. Ao fim de sua longa existência, afirmou que "o álcool me tem dado muito mais do que tenho dado a ele". Além disso, assegurou em uma ocasião que seu pai o ensinara a "ter a melhor opinião sobre as pessoas que bebem". De todo modo, era consciente dos perigos do álcool – "um copo de champanhe faz bem ao espírito, mas uma garrafa causa o efeito contrário" – embora não desse a sensação de que suas palavras estivessem em consonância com seus atos.

Para os especialistas, a razão pela qual o álcool não afetava sua saúde podia ser explicada pelo fato de que boa parte dele era ingerida nas refeições. Levando-se em conta que essas podiam ser copiosas, é provável que os alimentos serviam de *colchão* e, segundo alguns, essa heterodoxa dieta pode ter-lhe dado benefícios comprovados à saúde. Também existe a possibilidade de que sua constituição genética o fizesse resistir mais às consequências negativas do álcool, embora essas conclusões não deixem de ser arriscadas conjecturas.

O gosto de Churchill pelo álcool não era segredo para ninguém. O próprio Hitler costumava denegrir publicamente o político inglês, ressaltando seu suposto alcoolismo; chamava-o de "eterno bêbado" e "bêbado do Império".

Seus inimigos políticos na própria Inglaterra também tentavam atacá-lo pelo mesmo flanco. Em 1946, a deputada Bessie Braddock o instigou durante uma recepção: "O senhor está bêbado!". Churchill lhe respondeu: "Sim, mas amanhã estarei sóbrio e, em compensação, a senhora continuará com a mesma feiura". Curiosamente, segundo afirmaria logo seu guarda-costas, nessa ocasião Churchill não havia provado uma gota de álcool, mas estava com mal aspecto pois se encontrava esgotado.

Outro episódio protagonizado por Churchill e uma dama ocorreu quando, em meio a uma conversa tensa durante uma reunião no Palácio de Blenheim, lady Astor lhe disse: "Se o senhor fosse meu marido, colocaria veneno em seu café". Churchill, sem se alterar, lhe respondeu: "Se eu fosse seu marido, posso assegurar que o tomaria". A aguçada resposta do político talvez tenha sido inspirada precisamente pelos eflúvios do álcool.

Finalmente, como exemplo de sua devoção quase religiosa em relação às tiradas espirituosas, basta contarmos outro episódio ocorrido após a guerra, em 1950.

Durante uma visita oficial à residência do rei da Arábia Saudita, o político britânico se surpreendeu que na mesa tão somente houvesse suco de laranja, e pediu imediatamente um uísque.

O intérprete árabe comentou que a ausência de álcool se devia à religião do rei, que o proibia. Churchill o contestou severamente dizendo que "minha religião pessoal exige beber álcool antes, durante e depois das refeições".

O intérprete, temeroso de traduzir essas palavras que o monarca poderia considerar ofensivas, preferiu repassá-las ao saudita por algo assim como "esse indigno servo do rei da Inglaterra está tão escravizado pelo álcool que, se Vossa Majestade não lhe der permissão para beber algo em seguida, será incapaz de comunicar as importantes mensagens de seu amo".

O compreensivo rei saudita se deu conta da situação e ordenou que proporcionassem ao veterano político todo o álcool que ele desejasse. Churchill, uma vez mais, havia se saído bem com uma de suas tiradas.

Grandes fumantes de charutos

Winston Churchill não foi o único personagem da Segunda Guerra Mundial que se caracterizou por ser um grande fumante de charutos. O líder da França Livre, o general Charles de Gaulle, que exatamente manteve algumas tensas conversações com o premiê britânico, gostava também de fumar um bom charuto cubano, porém não é provável que compartilhasse alguns desses prazerosos momentos com o líder inglês.

Embora não costumasse fazê-lo publicamente, o sinistro chefe das SS, Heinrich Himmler, gostava de acender um charuto após uma boa refeição, igualmente o marechal Wilhelm Keitel ou o general Dietrich Von Choltitz, o responsável pela rendição de Paris para os Aliados. Um herói da aviação alemã, Adolf Galland, tampouco deixava passar a oportunidade de terminar um banquete do mesmo modo.

Entre os americanos, não era raro ver o impulsivo general George S. Patton com um charuto firmemente aferrado entre suas mandíbulas. O general das Forças Aéreas, Curtis Le May, conhecido por não ter compaixão com as cidades japonesas, costumava também aparecer em público mordiscando um charuto. Tanto um como o outro, homens de ação, consideravam que fumar charutos era como um estimulante para suas atividades bélicas.

Também do lado americano eram grandes apreciadores de charutos o general das Forças Aéreas Ira C. Eaker, o da Aviação Naval, Joe Fosso, o dos *Marines*, Holland Smith, ou o assistente naval do general Eisenhower, Harry Butcher. Curiosamente, Eisenhower não gostava de charutos, mas era um fumante inveterado de cigarros; ele fumava, no mínimo, dois maços diários, embora quando estivesse especialmente nervoso chegava a três e, inclusive, quatro maços. No entanto, *Ike* se daria conta dos perigos do tabaco em 1948; por causa de uma súbita elevação da frequência cardíaca, seus médicos o advertiram de que, se ele continuasse fumando, poderia sofrer um ataque cardíaco. Eisenhower obedeceu aos médicos e abandonou o consumo de tabaco para sempre.

De sua parte, o general MacArthur preferia o cachimbo aos charutos, da mesma forma que o comandante Paul Tibbets, o piloto de avião que lançou a bomba sobre Hiroshima, que costumava fumar o tabaco *Bond Street* em um cachimbo de madeira de urze.

Entre os militares britânicos, destacava-se além de todos o marechal Edmund Ironsides. Em compensação, o célebre marechal Bernard Montgomery, do mesmo modo que Hitler, nem sequer suportava a fumaça do tabaco. No entanto, o inglês não hesitava, em suas visitas ao *front*, em chegar sempre com um bom carregamento de cigarros, que dividia entre seus homens para aumentar sua popularidade. Por exemplo, após seu desembarque na Península Italiana, levava atrás de si um caminhão carregado com 10 mil cigarros, o qual provocou o entusiasmo e o eterno agradecimento dos soldados britânicos. A vida de *Monty* era, indubitavelmente, ascética; além de não gostar de fumar, não tomava bebidas alcoólicas e mantinha uma rigorosa agenda que lhe permitia dormir às 21h30 todas as noites.

Por sua vez, Stálin, da mesma forma que MacArthur, preferia fumar cachimbo, sendo que sua marca preferida de fumo era uma britânica, a *Dunhill*. Quando, durante uma reunião, o ditador soviético acendia pausadamente seu cachimbo, todos os presentes respiravam aliviados, pois isso significava que ele se encontrava relaxado. Em compensação, se ele alisava o bigode, era quase certo que se sentia contrariado com o que se estava discutindo naquele momento.

Porém, tal como se apontara no início, o fumante de charutos por excelência da Segunda Guerra Mundial foi, sem dúvida, Winston Churchill. Pouco antes de morrer, o já ex-premiê britânico calculou que ao longo de sua vida fumara cerca de 250 mil charutos; em seu caso, o consumo de tabaco não parecia ser tão prejudicial, pois ele alcançou a longa idade de 91 anos.

Provavelmente, um dos momentos mais dramáticos da Segunda Guerra Mundial para Churchill ocorreu em 1941, quando durante um longo bombardeio da *Luftwaffe* sobre a capital britânica lhe chegou a notícia de que a loja Dunhill Tobacco, na Duke Street, havia sido danificada. Esse estabelecimento exclusivo era o encarregado de fornecer-lhe os melhores charutos cubanos do mercado. O dono da loja, consciente de que a notícia causaria preocupação a seu cliente mais famoso, comunicou-se no menor tempo possível com a residência oficial do premiê. Sua mensagem conseguiu tranquilizar Churchill: "Não se preocupe, seus charutos estão a salvo!".

Hitler e o álcool

Se, tal como vimos, Churchill – além de apreciador de charutos – era um grande bebedor, seu principal antagonista, Adolf Hitler, era justamente o contrário, já que detestava o álcool.

Segundo confessou a uma de suas secretárias, Christa Schroeder, essa aversão teria origem em um episódio ocorrido em sua adolescência. Depois de ser aprovado no exame de final de ano, Hitler e seus companheiros decidiram celebrar tomando vinho em um *pub*. O jovem Adolf sentiu muitas náuseas e foi várias vezes ao banheiro. Sem saber muito bem como, conseguir chegar a sua casa e se jogou na cama.

No dia seguinte, ao despertar ainda sob os efeitos da ressaca, seu severo pai pediu que ele mostrasse o certificado de estudos, porém não conseguiu encontrá-lo, e, por isso, teve de solicitar uma cópia ao diretor da escola. Ao apresentar-se diante do diretor, ele passou a maior vergonha de toda a sua juventude, já que este lhe devolveu o certificado extraviado, porém visivelmente manchado de excrementos; um fazendeiro tinha-o encontrado junto a um caminho e o havia entregue no colégio. Nesse momento, Hitler recordou que, no regresso à sua casa, havia sentido uma vontade incontrolável de ir ao banheiro, utilizando seu certificado de estudos como papel higiênico. A partir desse traumático episódio, Hitler começou a detestar o álcool.

O *Führer* somente bebia água mineral com gás *Fachingen* ou *Appolinaris*.[36] Em razão de sua obsessão pela pureza da água que consumia, um de seus assistentes, Karl Krause, iria pagar muito caro por isso. Durante uma visita do *Führer* ao *front* polonês, em setembro de 1939, o ditador notou que o copo de água que este lhe oferecera tinha um sabor estranho. Krause confessou que, por ter terminado a água engarrafada que levavam, havia obtido água de uma fonte, sem examinar previamente se ela não estava contaminada ou, inclusive, envenenada. Krause foi despedido como assistente e enviado para a Marinha de guerra.

De todo modo, embora esteja muito disseminada a ideia de que Hitler fosse totalmente abstêmio, isso é falso. Não era raro ele tomar uma cerveja; nesse caso, bebia uma marca que era elaborada especialmente para ele na localidade de Holzkirch, perto de Munique, que tinha apenas dois graus de teor alcoólico.

Certas vezes, ele se servia com uma pequena taça de Fernet Branco – um licor amargo de origem italiana, preparado com ervas maceradas – depois das refeições, como digestivo. De todo modo, um de seus guarda-costas, Rochus Misch, revela em sua biografia que um assistente do ditador contou-lhe um segredo: Hitler sempre tinha em seu quarto uma minúscula garrafa dessa bebida, e, o que é mais curioso, que o *Führer* tomava um copo de Fernet Branco antes de fazer determinados discursos, nos quais necessitava liberar uma energia especial.

Além do Fernet Branco, Hitler podia tomar eventualmente um copo de *Boonenkamp*, um licor digestivo, ou de outra bebida alcoólica tradicional do sul da Alemanha, chamada *Krotzbeere*. Quando dizia estar resfriado, adicionava um pouco de conhaque ao chá.

Em relação ao vinho, Hitler não mostrava o mínimo interesse por essa bebida. Nas raras ocasiões em que tomava um copo de vinho, fazia-o diluindo em água ou acrescentando açúcar. Curiosamente, na residência alpina do ditador, em Berchtesgaden, existia uma das melhores adegas que se havia reunido ao longo da história. A adega não se encontrava em sua enorme e sombria casa, o *Berghof*, mas sim em um

---

36. A água mineral *Fachingen* nasce em alguns mananciais da localidade germânica de Lahntal, a 200 metros de altitude, que datam do ano de 1746. De sabor ligeiramente salgado, pela alta concentração de sódio, afirma-se que ela possui propriedades medicinais que ajudam a combater a dor de cabeça e que proporcionam sensação de bem-estar. Por sua vez, a *Apollinaris* é a marca de água mineral alemã mais reconhecida. Descoberta por um vinicultor em seus terrenos de Bad Neuenahr em 1852, seu símbolo inconfundível é um triângulo vermelho. Durante o nazismo, as SS foram as encarregadas de sua exploração comercial. Essa água possui um sabor picante característico que fascina seus adeptos, embora a outros provoque uma rejeição imediata.

porão de uma pequena fortaleza construída no cume de uma montanha de quase 3 mil metros de altura, o *Adlerhost,* ou Ninho da Águia.

A insaciável pilhagem nazista nas regiões vinícolas francesas proporcionara a Hitler meio milhão de garrafas dos vinhos mais deliciosos, que se encontravam ali armazenadas, em caixotes de madeira ou estantes de ferro. Não faltava o produto das safras mais legendárias de todas as grandes marcas. Além disso, em um canto da adega, havia um local para abrigar algumas garrafas do melhor vinho do Porto e, inclusive, conhaques do século XIX.

Naturalmente, Hitler não se interessava por esses saques, ao contrário de outros hierarcas do Terceiro Reich, como Herman Goering, que degustavam esses vinhos excelentes e desfrutavam oferecendo-os pomposamente aos visitantes para impressioná-los.

Para o *Führer*, o vinho não passava de "uma espécie de vinagre". Ainda assim, em um momento de fraqueza do ditador, seu fotógrafo pessoal, Heinrich Hoffmann – cuja afeição ao álcool era desmedida – conseguiu convencê-lo de que um copo de bom vinho o ajudaria a conciliar o sono, visto que Hitler sofria de insônia.

Finalmente, o líder nazista concordou provar um dos vinhos de sua extensa adega, escolhido pelo próprio Hoffmann. Para surpresa do fotógrafo, Hitler esvaziou o copo com um dos tragos e, mexendo satisfeito a língua, exclamou: "Por Júpiter!" Este vinho é excelente!". Nessa noite, o *Führer* dormiu placidamente.

Ao levantar-se pela manhã e dizer ao seu fotógrafo que havia muito tempo que não dormira tão bem, Hoffman acreditou que poderia convertê-lo em um apreciador de bebidas alcoólicas. Pura ilusão: o ditador assegurou que devia manter sua frieza para tomar as decisões acertadas, e que isso não seria possível se adotasse por costume a ingestão de álcool, embora fosse apenas um copo de vinho. Desse modo, Hoffmann fracassou em sua tentativa e Hitler continuou afastado do álcool.

Ao que consta, parece que somente em outras duas ocasiões tomou um copo de vinho. Uma foi no Natal de 1944; sua secretária Christa Schroeder afirma em suas memórias que ele tomou o vinho com imenso prazer, porém rejeitou energicamente a tentativa de seu camareiro de voltar a encher o copo. A outra vez seria em uma data tão significativa como a de seu casamento com Eva Braun, na madrugada de 28 para 29 de maio de 1945, em que brindou com um vinho húngaro.

O champanhe tampouco atraía a atenção do autocrata alemão. Nas noites de fim de ano e em seus aniversários, ele levava seu copo com champanhe para celebrar os tradicionais brindes, porém a duras penas molhava os lábios, acompanhando seu gesto com ostensivas mostras de asco, como se estivesse provando um veneno.

Apenas em duas ocasiões Hitler considerou que o momento merecia ser extremamente celebrado, tomando assim um bom trago de champanhe. A primeira foi na madrugada de 24 de agosto de 1939, ao chegar a Berchtesgaden a notícia de que o ministro alemão de Relações Exteriores, Joachim von Ribbentrop, acabara de firmar no Kremlin o pacto nazis-soviético com seu homólogo russo, Vyacheslav Molotov. O documento previa que a Alemanha teria o *caminho aberto* para invadir a Polônia, sem que Stálin movesse um dedo para impedir. Hitler, eufórico porque o *czar vermelho* havia caído em sua bem arquitetada armadilha, ordenou que lhe servissem o melhor champanhe e tomou uma taça.

A segunda ocasião seria motivada pelo ataque japonês à base americana de Pearl Harbor, em 7 de dezembro de 1941. Embora a entrada na guerra do gigante americano acarretasse o desequilíbrio da balança em favor dos Aliados, Hitler confiava que, com a entrada do Japão na guerra, o Eixo seria invencível, e, por isso, abriu novamente algumas garrafas de champanhe. O *Führer* tomou uns goles para comemorar, sem saber que, na realidade, começava nesse dia a contagem regressiva para sua derrocada final.

Lucky Strike vai à guerra

As consequências da Segunda Guerra Mundial são mais visíveis do que se pode suspeitar. Por exemplo, a atual cor branca dos maços de cigarros *Lucky Strike*[37] tem sua origem nas restrições impostas pelos Estados Unidos durante o conflito de 1939-1945.

Antes da guerra, esses maços eram verdes, uma cor que se tornara o emblema da marca. Curiosamente, esse fato havia provocado nos anos de 1930 a deserção das apreciadoras americanas, visto que elas consideravam que o verde não combinava com as cores que estavam, à época, na moda. Essa apreciação levou a fabricante a organizar uma campanha em que importantes profissionais da moda do mundo inteiro

---

37 O *Lucky Strike* apareceu no mercado em 1871. Seu nome, que significa "Golpe de Sorte", recuperava uma expressão que se tornara popular durante a Corrida do Ouro (1849) e que fazia referência ao momento em que os mineiros descobriam o desejado metal. Naquela época, os cigarros ainda não existiam, e, por isso, o *Lucky Strike* era uma marca de tabaco picado em uma caixa metálica, para manter seu frescor intacto. Ao que parece, a chave do sucesso dessa marca era seu sabor característico; embora a caixa parecesse dar pistas sobre o segredo indicando que era "tabaco tostado", na realidade seu agradável aroma era proporcionado pelo xarope caseiro com que as caixas estavam impregnadas.

Antes da Segunda Guerra Mundial, os maços de Lucky Strike eram verdes. Durante o conflito passaram a ser brancos, pois se restringiu a utilização do cromo, o componente principal da tinta verde. A marca aproveitou essa mudança para lançar uma eficaz campanha de promoção.

apresentaram coleções de roupa baseadas na cor verde. Esse esforço para recuperar a clientela feminina deu certo.

No início dos anos 1940, a equipe *Lucky Strike* redesenhou seu maço, convertendo-se na primeira marca que colocava seu símbolo em ambos os lados. Isso representou uma mudança radical, já que não era preciso girar o maço para ver o rótulo, como ocorria com as restantes.

Porém, com a chegada da Segunda Guerra Mundial aconteceu a mudança mais radical na imagem do *Lucky Strike*. A escassez de metais causada pelo conflito, e seu emprego praticamente exclusivo na indústria da guerra, provocou um grave problema; já não era possível para o setor privado adquirir cromo, um ingrediente-chave para a fabricação da tinta verde. Os maços de *Lucky Strike* não poderiam mostrar sua cor característica.

A identidade da marca se encontrava em perigo, porém os dirigentes da empresa, a American Tobbaco Company, souberam encontrar uma oportunidade com esse inesperado contratempo. Assim, portanto, se prescindiu da tinta verde e se optou pela cor branca, porém essa mudança foi realizada junto a uma campanha em que se afirmava *"Lucky Strike green has gone to war"* (o Lucky Strike verde foi à guerra). Como nota curiosa, o sortudo *slogan* foi idealizado precisamente pelo presidente da companhia, George W. Hill.

Essa frase teve grande aceitação entre os americanos, especialmente entre as tropas que se encontravam no *front*. A mostra simbólica de solidariedade do *Lucky Strike* fez com que se ganhasse para sempre o apreço dos soldados. Eles se encarregariam de disseminar a fama da marca em todo o mundo, unindo-a a outros elementos emblemáticos da cultura de massa americana, como o jazz e o swing, ou tal como comprovamos anteriormente, a Coca-Cola e a goma de mascar.

As caixinhas do *Lucky Strike* seriam objeto de muitas especulações; muitos acreditavam que, segundo se inferia do nome da marca, elas eram uma fonte de boa sorte, muito necessária nessas circunstâncias. Para que o efeito fosse maior, devia-se dar um giro em um dos cigarros quando se abrisse o maço voltando a colocá-lo em seu interior, embora essa prática admitisse muitas variantes.

No entanto, a crença mais infundada era a de que um em cada cem cigarros dessa marca conteria maconha; embora muitos soldados estivessem convencidos disso, ninguém conseguiu encontrar nada.

A batalha da vodca

Como vimos no início do capítulo, a vodca era muito importante para as tropas russas. A vida no *front* era insuportável caso não se contasse com essa popular bebida, e as autoridades militares soviéticas eram muito conscientes disso.

Em novembro de 1942, quando a situação dos russos em Stalingrado era mais precária, posto que apenas conservavam o controle de 10% da cidade diante dos furiosos ataques das tropas de assalto germânicas, a segunda maior preocupação deles residia na escassez de vodca.

Os blocos de gelo flutuante que deslizavam a grande velocidade pelo Volga dificultavam enormemente a navegação, razão pela qual a chegada de provisões às linhas russas se deteve até que o rio gelasse completamente. Esse corte no abastecimento era especialmente grave porque abortava o recebimento de munição e víveres, porém os homens eram afetados sobretudo porque a vodca não chegava com sua regularidade habitual.

Os encarregados da administração da cidade se viram obrigados a racionar a distribuição dessa bebida a cem gramas diárias. Porém, houve um oficial, o veterano tenente Iván Bezditko, conhecido como *Ivan, o Terrível,* por seus homens, que não estava disposto a aceitar uma dose tão pequena. Com isso, deixou de notificar a maioria das mortes dos soldados sob sua responsabilidade, dando-os como "presentes e ativos", com a finalidade de se apropriar das rações diárias de vodca a que teriam direito, escondendo-as em seu refúgio pessoal.

No entanto, um oficial da Intendência suspeitou da confiabilidade das escassíssimas cifras de baixas comunicadas pelo tenente, e decidiu investigar por sua conta. Em pouco tempo, descobriu as práticas corruptas do tenente e lhe comunicou que sua ração de vodca seria suprimida, anunciando que daria parte do delito ao quartel-general, o que fez em seguida.

Porém, a reação do tenente foi tão inesperada como demolidora: ordenou às suas baterias que abrissem fogo contra os depósitos da Intendência, mais concretamente contra o armazém que guardava as reservas de vodca. As bombas começaram a cair sobre ele; milhares de garrafas se quebraram e o álcool começou a formar fluxos contínuos que iam parar no Volga, diluindo-se no rio.

O oficial da Intendência, abalado com raiva e impotência, supôs desde o primeiro momento que não eram os alemães que estavam disparando contra o depósito, e sim o tenente corrupto, e, por isso, quando conseguiu sair dos escombros fumegantes, se pôs em comunicação com o quartel-general para denunciá-lo.

Porém, sua surpresa seria enorme quando do outro lado da linha telefônica lhe disseram:

"Da próxima vez, dê a ele sua ração de vodca. O tenente acabara de receber a ordem da Estrela Vermelha."

Ivan, o Terrível, havia se saído com uma das suas; tinha vencido o que se denominou de Batalha da Vodca. Desde esse dia, o oficial da Intendência não voltaria a interferir nos confusos "rolos" do tenente.

Stálin descobre o *dry martini*

A Conferência de Teerã, em novembro de 1943, foi a primeira ocasião em que se reuniram os Três Grandes. Roosevelt, Stálin e Churchill traçaram ali as linhas gerais que deviam servir para derrotar os exércitos de Hitler.

Nessa reunião, que se iniciou na tarde de 28 de novembro, os Estados Unidos tentaram ganhar a confiança dos soviéticos à custa dos britânicos, o que se traduziu nas gozações que Roosevelt fazia de Churchill para arrancar, dessa forma, os sorrisos de Stálin. De sua parte, Churchill não se enquadrou muito bem a esse papel involuntário de bobo da corte e se mostrou reticente a fazer concessões aos soviéticos, mas a fraqueza de sua posição facilitaria a cumplicidade entre os líderes das duas grandes potências.

A reunião serviu também para que o ditador soviético fizesse um descobrimento insólito. Stálin regressaria a Moscou com a lembrança no paladar do que é, sem dúvida, o coquetel mais famoso do mundo: o *dry martini*.[38]

Em Teerã, Stálin era o único dos Três Grandes que jamais havia provado o célebre coquetel, de que, anos mais tarde, o líder soviético Nikita Kruschev diria que era a verdadeira "arma letal" dos Estados Unidos. Embora não fosse uma de suas bebidas favoritas, Churchill tomava-o de vez em quando, porém sempre acompanhado com o gim britânico da marca *Boodles*.

Ao anoitecer do terceiro dia, a delegação britânica organizou uma ceia para celebrar os companheiros de Churchill. Os momentos mais tensos da conferência já haviam passado; a abertura de um segundo *front* na Europa havia sido assegurada e Stálin estava disposto também a comemorar de seu modo. Após a ceia, o ditador soviético começou a tomar um uísque após o outro.

Aproveitando esse momento de distensão, Roosevelt ofereceu a Stálin um *dry martini*. O georgiano se limitou a olhar o copo sem decidir-se a pegá-lo, visto que os coquetéis lhe inspiravam uma enorme desconfiança, mas a insistência do presidente americano o animou a prová-lo. Depois de bebê-lo lentamente e esperar alguns segundos, Stálin passou a língua pelos lábios e pediu outra dose, diante do olhar entre aliviado e satisfeito dos representantes americanos.

---

38. Segundo a receita mais difundida, o *dry martini* é elaborado misturando-se cinco partes de gim por uma de vermute seco e acrescentando-se uma azeitona, embora a proporção possa variar de três para um ou de até sete para um. Ele é preparado na coqueteleira com cubos de gelo e servido em um copo com formato de um guarda-chuva invertido. A origem do coquetel preferido do personagem ficcionário James Bond segue sendo uma incógnita. Supostamente, o *dry martini* foi criado em 1912 por um mítico imigrante italiano em Nova York chamado Martini, embora seja uma localidade texana chamada Martinéz – por certo, local de nascimento do célebre jogador de beisebol Joe di Maggio – a que se atribui a honra de ser a origem do coquetel, em 1870; o nome não passaria de uma derivação desse topônimo. Também circula a versão de que o criador foi um *barman* de São Francisco chamado Jerry Thomas, que criou esse coquetel em 1887, especialmente para um viajante que tinha como destino essa mesma localidade do Texas, da qual tomaria seu nome. Seja como for, a popularidade do coquetel não chegaria até depois da Primeira Guerra Mundial. A promulgação da Lei Seca não cortaria precisamente a progressão de sua fama, posto que era a bebida mais pedida pelas grandes estrelas de Hollywood. Sua consagração chegaria em 1934; para simbolizar a anulação da Lei Seca, Roosevelt inaugurou a nova época preparando um *dry martini* para si mesmo na Casa Branca, logo após assinar o decreto que anulava a proibição.

Na Conferência de Teerã, Stálin teve a oportunidade de provar o célebre coquetel dry martini, por convite de Roosevelt. Embora o czar vermelho desconfiasse de coquetéis, gostou do trago e pediu para repetir.

Stálin continuou bebendo, porém nesse caso champanhe. Por estar pouco acostumado com essa bebida, o ditador soviético começou a dar mostras de embriaguez. Ainda assim, Churchill – cuja resistência aos efeitos do álcool, como temos visto, era muito maior – deu início, de forma imprudente, ao inveterado costume russo de encadear um brinde após o outro. O primeiro foi dado por Stálin, "o Grande", e a partir desse ponto já foi impossível frear as sucessivas homenagens regadas com vodca.

Houve um momento de tensão quando um militar britânico declarou-se em voz hostil contra a União Soviética, mas Stálin já estava completamente embriagado, tilintando seus copos de vodca com os de todos os presentes e, inclusive, convidando os surpresos camareiros a unirem-se à festa. Em razão do vexame em que o ato estava se tornando, tanto Roosevelt como Churchill decidiram retirar-se discretamente.

É possível que na manhã seguinte alguém tenha se atrevido a dizer a Stálin que seu comportamento não fora o mais apropriado, ou talvez foi ele mesmo que se deu conta de que seu prestígio internacional podia ver-se prejudicado ao repetir uma cena similar. Isso explicaria o fato de que, na Conferência de Yalta de fevereiro de 1945, na qual também houve a presença dos Três Grandes, Stálin planejasse um truque para se manter sóbrio; durante os brindes, ele levantava o copo de uma garrafa especial, que aparentava ser de vodca, mas que na realidade era de água.

Se na Conferência de Teerã houve bebida alcóolica, o tabaco tampouco podia faltar. A sala de reuniões onde estavam os representantes das três potências apresentava sempre uma densa fumaceira. Não era para menos, visto que Stálin podia ter um cachimbo acendido, Roosevelt fumava um cigarro atrás do outro e Churchill, invariavelmente, mostrava um de seus sempre eternos charutos na boca.

"O *Führer* não fuma"

Se o nazismo fez a humanidade retroceder vários séculos, colocando-a de novo no tempo da bárbarie, é surpreendente sabermos que, contrariamente, a adiantou em sua época no que diz respeito à restrição do consumo de tabaco por motivos de saúde que ocorre atualmente nas nações ocidentais.

Os argumentos contra o tabaco já datavam dos primórdios do século XX. Algumas organizações religiosas advertiam de seus riscos, mas foi o industrial americano Henry Ford o primeiro a declarar-se contra seu consumo, estimulando a juventude a prescindir desse "pequeno escravizador" e a praticar esportes. Outras personalidades destacadas da sociedade americana tentavam conscientizar especialmente a juventude das consequências danosas do cigarro, mas esses chamamentos eram realizados sempre de maneira individual. Em compensação, o governo de Washington não era o mais indicado para apoiar essa luta, em função do *lobby* das grandes empresas de tabaco e da arrecadação de impostos inerente à sua venda.

A Alemanha nazista seria o primeiro país do mundo onde se adotaram medidas destinadas a frear seu consumo entre a população. Durante a República de Weimar, na década de 1920, os fabricantes de cigarros conseguiram duplicar as vendas de tabaco, colocando a Alemanha como o principal importador mundial. Após o advento do regime nazista, esses empresários acreditaram que o novo governo continuaria facilitando o desenvolvimento de seu florescente negócio, e para isso doaram somas volumosas de dinheiro ao partido de Hitler. No entanto, depararam-se com o fato de que o governo de Berlim não lhes abria o caminho, e sim estabelecia algumas disposições encaminhadas a erradicar o consumo de tabaco em qualquer edifício público, bem como em trens e ônibus urbanos. O governo também aumentou os impostos sobre os cigarros, o que gerou seu aumento de preço, provocando uma queda drástica em sua curva de consumo.

A Alemanha nazista foi pioneira nas campanhas contra o consumo de tabaco. Estes dois cartazes pretendiam advertir a população germânica sobre seus riscos para a saúde.

A manchete de uma revista alemã de 1937 exibia uma fotografia de Hitler em atitude pensativa sob o título: "Nosso *Führer* não fuma". O que se pretendia é que o exemplo do ditador estimulasse os alemães a afastar-se do tabaco, tal como se anunciava nas páginas de uma outra revista: *"Irmão nacional-socialista, você sabe que Hitler é contra o hábito de fumar e pensa que cada alemão é responsável por seus atos e missões diante de todas as pessoas, e que não tem o direito de prejudicar seu corpo usando drogas?"*.

Hitler era muito consciente dos riscos do tabaco, embora o motivo por que abandonou seu consumo quando jovem fora de ordem econômica; podia relatar com frequência que, durante sua adolescência, quando vivia em Linz, gastava muito dinheiro na compra de cigarros, até que percebeu que isso lhe privava de assistir às peças de teatro. Segundo explicava, "eu estava na ponte que cruza o Danúbio e disse a mim mesmo: É preciso terminar com esse vício. Em seguida, atirei o cigarro nas águas do rio. Desde então, jamais voltei a fumar".

Além do aspecto econômico, é preciso considerar que as primeiras experiências do jovem Hitler com o tabaco não foram muito prazerosas. O ditador podia contar, eventualmente, a seus enfadonhos interlocutores seu primeiro contato com o tabaco; após conseguir fumar meio charuto, ele se sentiu tão enjoado que regressou imediatamente a sua casa, com a desculpa para sua mãe de que tivera uma indigestão ao comer cerejas. No entanto, quando o médico que o acudiu examinou seus bolsos, descobriu os fragmentos de um charuto, o que o deixou bastante envergonhado.

Porém, esse episódio não conseguiu afastar Hitler do tabaco, posto que, quando já vivia sozinho, comprou um cachimbo de porcelana, no qual – segundo confessava – "fumava como um caminhoneiro, inclusive na cama". Foi precisamente no leito que ocorreu um acidente, quando dormiu enquanto o cachimbo estava aceso. Ao despertar, a cama estava ardendo, e ele, com grande dificuldade, conseguiu apagar o incipiente incêndio.

Os motivos principais de Hitler – além desses traumas juvenis – para que empreendesse essa cruzada antitabaco são confusos, porém a realidade é que ele impulsionou decididamente todas as ações destinadas a combatê-lo. Por exemplo, os cientistas nazistas fizeram um estudo em 1939 que demonstrava a relação entre o tabaco e as doenças pulmonares, sendo o primeiro trabalho desse gênero. Nesse mesmo ano, foi criado um departamento contra os riscos do álcool e do tabaco. Em 1942, seria fundada a Universidade de Jena, um instituto específico para a luta contra o tabaco, que contaria com um orçamento de 100 mil marcos, soma essa considerável se levarmos em conta que quase todos os fundos estatais eram destinados ao esforço bélico.

As fanáticas Juventudes Hitleristas participaram nessa ofensiva, difundindo propaganda antitabaco. A federação das mulheres alemãs lançou uma campanha contra o mau uso do tabaco e do álcool durante as marchas e os períodos de licença. Nas escolas, os professores não podiam fumar, e também o fumo era proibido para os menores de 18 anos, bem como para as grávidas e os aviadores da *Luftwaffe*.

A legislação era especialmente rígida, já que, na prática, era proibido fumar inclusive em carros particulares; no caso de provocar um acidente enquanto fumavam, os motoristas eram acusados de negligência criminal. A publicidade de tabaco foi restringida e se abriu o debate sobre se os fumantes teriam direito a receber os mesmos cuidados de saúde que os demais cidadãos.

No entanto, a medida antitabaco mais surpreendente, ao antecipar uma decisão que se tomaria meio século depois, era a proposta do próprio Hitler de incluir mensagens de advertência nos maços de cigarro. Certa vez, assegurou a Gretl Braun, uma das irmãs de Eva, que "antes de me aposentar, vou ordenar que todos os maços de cigarros que se vendam em minha Europa tenham uma inscrição bem nítida: *Perigo, o fumo do tabaco mata*".

No entanto, a justificativa para essa campanha generalizada contra o tabaco não era a proteção da saúde dos alemães, e sim evitar – conforme asseguravam os panfletos nazistas – que "esse veneno genético propiciasse a degeneração da raça ariana". Portanto, a luta contra o tabaco se enquadrava na "limpeza racial" que ele estava executando, e que se traduzia na perseguição e posterior assassinato dos judeus, bem como na eliminação das pessoas que tinham deficiências físicas ou mentais.

Porém, Hitler não se atreveu a levar seu combate – equivocado nos fins, porém acertado nos meios – até o final. Consciente de que os soldados necessitavam da nicotina para suportar a vida dura no *front*, ele concordou em proporcionar-lhes todo o tabaco que a economia alemã era capaz de produzir, obtendo-o quase exclusivamente da ocupada Grécia, diante das dificuldades de importação do produto. Dessa maneira, o ditador alemão demonstrava mais uma vez que estava disposto a sacrificar seus princípios em nome de suas conquistas militares.

Onde está meu cachimbo?

Um dos cachimbos de Stálin foi o protagonista de uma história que reflete bem o estado de terror que se vivia na corte do *czar vermelho*.

Em uma ocasião, Stálin perdeu um cachimbo e comunicou o fato a Lavrenti Beria, o implacável chefe do Serviço Soviético de Inteligência, para saber se alguém o tinha encontrado.

Após alguns dias, o ditador soviético chamou o sinistro Beria para um encontro pessoal e lhe disse que não era mais necessário continuar com a investigação, pois acabara de encontrá-lo debaixo de seu sofá.

– Não pode ser – contestou Beria –, já consegui a confissão de três pessoas sobre o roubo de seu cachimbo!

Falou além da conta

Sabe-se muito bem que a ingestão de álcool estimula a eloquência, porém, às vezes, especialmente se uma pessoa é depositária de importantes segredos militares, esse comportamento não é aconselhável.

Foi exatamente o que ocorreu com um general americano, do qual não se divulgou o nome, que pagou muito caro por *falar demais* em um coquetel celebrado em Londres em abril de 1944. Nessa recepção estavam presentes vários oficiais americanos e britânicos, além do corpo diplomático e representantes da imprensa.

No evento, o general em questão não pôde resistir aos efeitos do álcool e, após ter tomado vários copos de uísque, falou sem reserva sobre a invasão do continente que estava planejando naqueles momentos. Embora houvesse tido uma tentativa dissimulada de retirá-lo discretamente da sala, o general insistiu em permanecer no recinto e, ainda, teve tempo de assegurar em voz alta que o Dia D seria efetivado alguns dias antes de 15 de junho desse mesmo ano.

O escândalo da incontinência verbal do militar chegou aos ouvidos de Eisenhower. O presidente não hesitou em rebaixá-lo a coronel e ordenou seu imediato regresso aos Estados Unidos. Ao que parece, *Ike* não lhe impôs um castigo mais severo pois ele havia sido seu companheiro na Academia Militar. De todo modo, após esse descabido incidente, o rebaixado general optou por retirar-se do exército.

A festa não terminou bem

Sabe-se muito bem que não é aconselhável que uma pessoa tome decisões enquanto se encontre sob os efeitos do álcool. Isso não foi seguido pelo intendente militar soviético da cidade polonesa de Lódz, na noite de 2 de maio de 1945.

Ao receber a notícia de que Berlim havia caído, o intendente ficou bêbado e, para celebrar, ordenou que se soassem todas as sirenes antiaéreas da cidade. Apesar da advertência de seus subordinados de que essa não era a melhor maneira de festejar a tomada da capital do Reich, uma vez que a guerra ainda continuava, ele insistiu.

Cumprindo seus desejos, todas as sirenes de Lódz foram acionadas. Diante do estrondo repentino, os civis pensaram que estavam prestes a ser bombardeados, e, por isso, alguns se apressaram a buscar refúgio, enquanto outros, a abandonar a cidade rapidamente.

De seu lado, os soldados encarregados das baterias antiaéreas começaram a disparar tiros, o que fez aumentar ainda mais o pânico entre a população, mas também entre os próprios russos, que acreditaram que estavam sendo atacados por soldados alemães que haviam ficado para trás.

Para piorar ainda mais a situação, os soldados russos que serviam nos controles das estradas que circundavam Lódz viram destacar-se na escuridão os cidadãos e militares que chegavam correndo em sua direção, razão pela qual começaram a disparar suas armas, por acreditar também que eram objeto de um ataque.

O resultado da *festa* do intendente foi a ocorrência de várias dezenas de mortos e feridos, entre civis e militares. O causador do incidente foi preso e enviado à Rússia, desconhecendo-se o castigo que lhe foi imposto, embora se suponha que ele teve a oportunidade de conhecer as regiões mais remotas da Sibéria.

Um isqueiro imortal

O popular isqueiro *Zippo* se converteu em um elemento imprescindível do equipamento dos soldados americanos durante a guerra. Enquanto vários soldados se sentavam para descansar, alguém aparecia com um maço de cigarro para compartilhar e, indefectivelmente, um *Zippo* preparado para acender um a um os cigarros.

Esse utensílio, de desenho indestrutível, havia sido criado por George G. Blaisdell no ano de 1932, em Bradford, Pensilvânia, embora se acredite que ele se baseou em um isqueiro austríaco similar. De formato retangular e de metal leve, trata-se de um isqueiro resistente e de longa vida, já que é recarregável, e as peças desgastadas podem ser substituídas.

O nome original deriva da palavra *zipper* (cremalheira). Blaisdell gostava do som dessa palavra, e, por isso, nomeou sua invenção de *Zippo*. Estima-se que foram produzidos cerca de 400 milhões de isqueiros *Zippo* e atualmente são produzidos 12 milhões ao ano, com uma variedade de mais de mil modelos.

Se a popularidade desse isqueiro alcançou semelhantes números, eles se devem em boa parte à sua expansão durante a Segunda Guerra Mundial; os soldados aliados receberam um isqueiro *Zippo* como parte de seus apetrechos de guerra, posto que a característica deles mais marcante é que não se apagam com o vento, diferentemente de outros tipos de isqueiros. A maneira de extinguir a chama é fechando a tampa superior, esgotando-se com isso o oxigênio e gerando, de passagem, um som característico que contribui também para cinzelar a subjacente personalidade desse isqueiro. Além disso, podia ser empregado qualquer tipo de líquido inflamável para recarregá-lo, como gasolina, querosene ou, inclusive, alguma bebida de alto teor alcoólico.

O modelo D XII foi o utilizado pelos Aliados, e é até hoje o mais popular, porém os isqueiros diferiam dos utilizados na vida civil, visto que todos os modelos eram pintados de cor negro malte. O motivo era que o acabamento brilhante original oferecido pelo cromo ou níquel poderia refletir os raios do sol e, portanto, delatar a posição de seu dono a um inimigo à espreita.

A única exceção eram os utilizados pelas tripulações dos tanques. Para poder distingui-los na penumbra do interior desses veículos, os soldados podiam pintá-los com uma cor clara.

Este isqueiro Zippo *pertencia ao capitão americano J. R. Ralph, que o personalizou incrustando moedas francesas e tunisianas, prática essa habitual entre os soldados aliados.*

Os alemães não conseguiram escapar à fascinação pelos isqueiros Zippo, que obtinham dos soldados aliados capturados. Este exemplar raro mostra um isqueiro em que seu dono incrustou uma insígnia nazista.

Porém, os soldados americanos não utilizavam seus *Zippos* apenas para acender cigarros. Nos longos períodos de inatividade, se combatia o tédio personalizando os isqueiros; incrustavam-se moedas ou insígnias, escrevia-se o nome do dono ou se gravava qualquer desenho, recuperando, assim, a admirável "arte de trincheira" da Primeira Guerra Mundial.

Os soldados alemães também não puderam escapar ao fascínio pelos *Zippos*. Quando se registrava o cadáver de um combatente aliado ou prisioneiro, seu isqueiro era o item mais apreciado para pilhagem, do mesmo modo que as adagas das SS ou suas pistolas *Luger* para os Aliados. Em compensação, os alemães rivalizavam entre si no gosto por personalizá-los incrustando suásticas.

O correspondente de guerra mais famoso da Segunda Guerra Mundial, o americano Ernie Pyle, ecoaria a paixão existente por esses humildes artefatos. Em uma de suas crônicas – que eram publicadas em 400 jornais e 300 revistas – se referia a esse fenômeno afirmando: "O isqueiro *Zippo* tem uma grande demanda no *front* (...). Estou convencido de que ele é o objeto mais cobiçado por nossos soldados".[39]

---

[39]. A história desses isqueiros possui sua face obscura. Eles formavam parte do equipamento dos soldados americanos enviados ao Vietnã, onde eram utilizados não somente para acender cigarros, mas também para queimar os povoados cujos habitantes supostamente colaboravam com os vietcongues. Essas ações indiscriminadas eram denominadas "incursões *Zippo*".

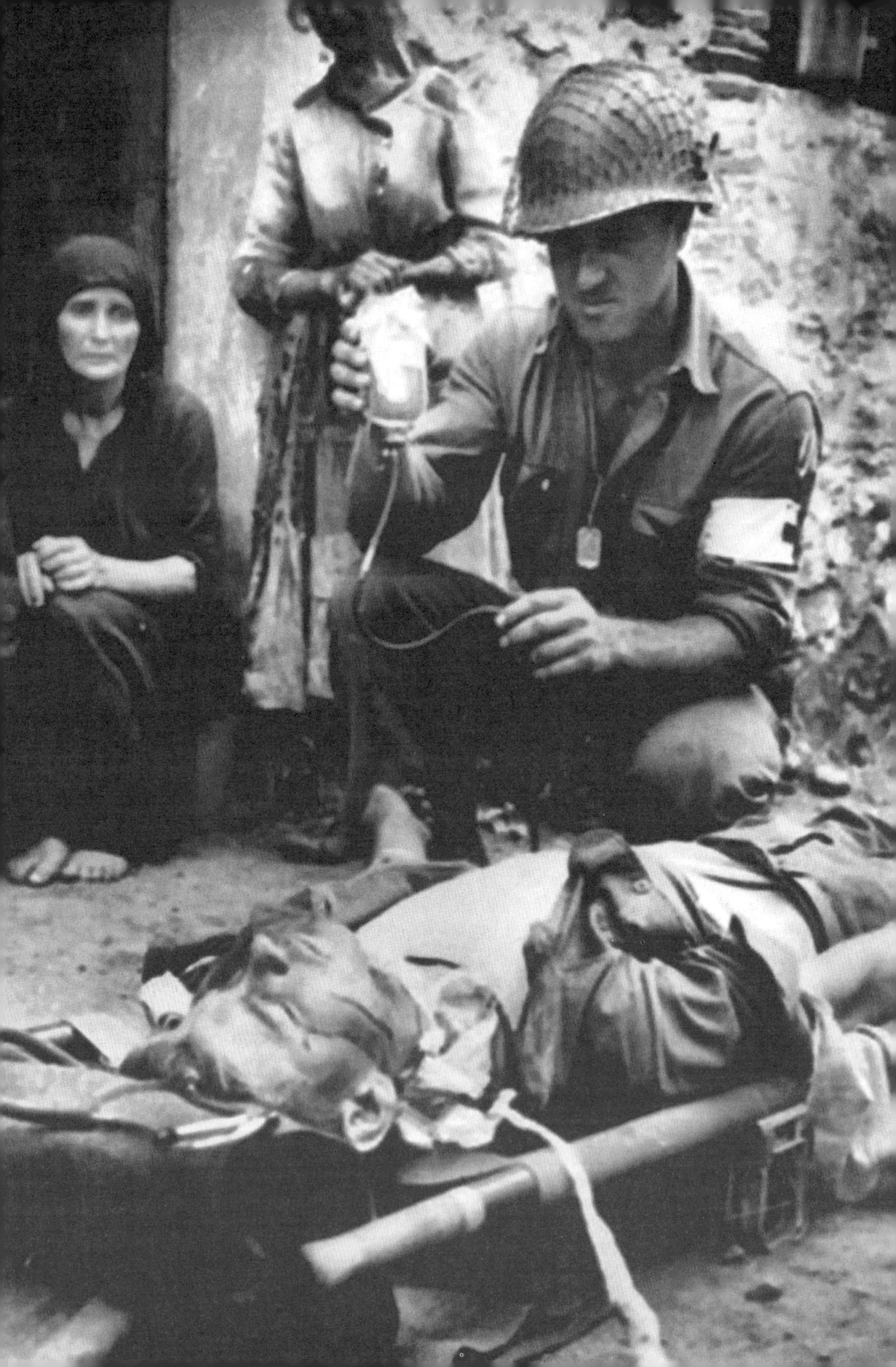

Capítulo IX
Histórias de Saúde

No conflito, os soldados não deviam temer apenas as forças adversárias. Frequentemente, o autêntico inimigo estava entre eles; fosse uma bactéria, um vírus ou um inseto. Também havia as temperaturas extremas – que provocavam insolações ou congelamentos –, a neurose de guerra ou o pé de trincheira, que poderiam deixar um número significativo de homens fora de combate. De fato, as autoridades militares temiam especialmente os problemas de saúde, razão pela qual executavam insistentes campanhas de prevenção.

As péssimas condições higiênicas ou de alimentação no *front* de guerra favoreciam o aparecimento e a difusão de todos os tipos de transtornos ou doenças, e, por isso, muitos homens padeceram muito inclusive sem enfrentar os próprios inimigos. Embora esse tema sempre apareça meio que marginalizado na história da contenda, de modo algum ele pode ser negligenciado.

Primeiros socorros no campo de batalha

Nos *filmes* ambientados na Segunda Guerra Mundial, é frequente contemplarmos cenas em que um ferido em plena batalha, ou algum de seus companheiros, pede atenção médica aos gritos de "socorristas, socorristas!". Nesse caso, o soldado encarregado de aplicar os primeiros socorros tira um pequeno envelope do bolso e polvilha seu conteúdo sobre o ferimento.

Esse remédio *milagroso* era a sulfanilamida, uma substância muito efetiva para combater as infecções. Ela foi descoberta pelo bioquímico alemão Gerhard Johannes Paul Domagk (1895-1964), quando ele investigava um remédio para combater as enfermidades bacterianas. Essa descoberta teve um caráter dramático; sua filha se infectou brincando com uma agulha que Domagk mantinha em seu laboratório. Quando ela se encontrava à beira da morte, o cientista se arriscou a testar na menina a sulfanilamida, que havia sido um êxito em ratos de laboratório, e desse modo conseguiu salvar a vida da filha.

Em 1939, Domagk recebeu o Prêmio Nobel de Medicina, mas as autoridades alemãs impediram que ele fosse recebê-lo em Estocolmo, pois, em 1936, tinham sido premiados dois ativistas antinazistas. Conforme estipulavam as regras da premiação, o dinheiro que Domagk teria de receber passou a engrossar o fundo da Fundação. Posteriormente, em 1947, ele pôde ir até a Suécia para receber a premiação, mas infelizmente não recebeu o dinheiro.

A sulfanilamida foi amplamente utilizada por todos os países combatentes durante a guerra, com o nome comercial de Prontosil. Os soldados costumavam levar em seu estojo de primeiros socorros vários envelopes com essa substância em pó. O ferimento era coberto com uma camada de Prontosil e, sobre ela, se colocava uma bandagem.

De todo modo, quando o ferimento era grave, provocando enorme sofrimento, era administrada uma dose de morfina para aliviar a dor. A utilização dessa substância acarretava um risco muito grande pelo fato de ela causar enorme dependência, tal como puderam comprovar Hermann Goering ou o célebre magnata, aviador e cineasta americano Howard Hughes. Ambos, após serem tratados com morfina para amenizar as sequelas físicas de seus acidentes de avião, já não conseguiam ficar sem essas substâncias no restante de suas vidas.

Um soldado alemão do front *oriental atendido em razão de seus ferimentos no campo de batalha. Em seguida, era enviado à retaguarda para que pudesse se restabelecer.*

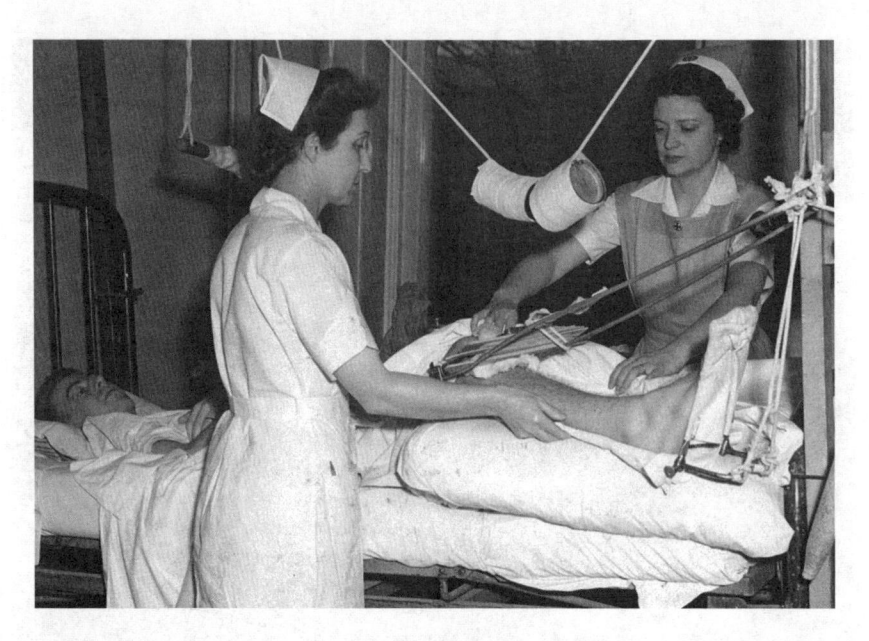

Muitos soldados sonhavam em sofrer um ferimento leve que lhes permitissem ser levados a um hospital. Nele, podiam dispor de comida, lençóis limpos e da atenção de solícitas enfermeiras.

Durante a guerra, uma empresa farmacêutica americana desenvolveu um sistema destinado a aplicar as doses de morfina de modo rápido e eficaz, evitando a possibilidade de se administrar mais quantidade que a necessária. Assim, foi inventado um pequeno tubo, chamado *Syrette*, que continha a dose precisa. Para injetar seu conteúdo, acoplava-se uma agulha na extremidade, que perfurava o lacre do tubo, e a seguir ela era cravada diretamente na perna ou no braço do ferido.

Após a morfina ser injetada, o tubo era colado com placas de identificação, e, com isso, se evitava a aplicação de uma nova dose, ou era pintado um "M" no vasilhame. O efeito da morfina era praticamente imediato, e o paciente ficava inconsciente.

Além desses medicamentos de emergência, foram empregados muitos outros durante a Segunda Guerra Mundial.

O quinino foi utilizado para combater a malária nas ilhas do Pacífico ou no Sudeste Asiático, mas também chegou a ser usado em algumas regiões da Itália em que essa enfermidade era endêmica.

Porém, sem dúvida, o medicamento mais revolucionário seria a penicilina. Descoberta em 1928 pelo bacteriologista escocês *sir* Alexander Fleming (1881-1955), não demorou muito tempo, em 1938, para um grupo de cientistas ingleses retomar seus trabalhos, advertindo-o da grande importância de seu achado. Com a eclosão da guerra, as pesquisas tiveram de ser deslocadas para os Estados Unidos, onde culminaram com a produção em massa de penicilina por 19 empresas farmacêuticas. Graças a esse impulso, os Aliados puderam contar com esse medicamento em todos os *fronts* de guerra.

Embora seus benefícios para a saúde não fossem tão evidentes como os da penicilina, os soldados contavam com outra substância muito útil para combater a dor ou a febre em seus estojos de primeiros socorros. Era o ácido acetilsalicílico, mais conhecido por seu nome comercial de Aspirina, descoberto pelo médico alemão Félix Hoffman em 1897. A Aspirina era adicionada à cafeína, o que ajudava a combater as dores de cabeça causadas pelo estresse a que os soldados se viam submetidos.

O evitável "pé de trincheira"

Um dos pesadelos dos dirigentes militares foi o "pé de trincheira", que provocava um número enorme de baixas. O nome dessa enfermidade nasceu na Primeira Guerra Mundial, quando as tropas permaneciam em trincheiras encharcadas durante semanas, ou até mesmo meses.

Em casos com períodos de exposição à umidade de mais de 12 horas diárias, os vasos sanguíneos se constringem, e em decorrência do pequeno teor de oxigênio que chega às células do pé, este incha e a pele amolece. Se essas más condições persistirem, as células afetadas vão morrendo e o pé acaba gangrenando, exigindo sua amputação nos casos graves.

A prevenção é muito simples. Apenas exigia um cuidado mínimo dos pés, mantendo-os secos e com a troca regular das meias. Mas, em muitas ocasiões, esses cuidados elementares não eram seguidos, em função da má qualidade das botas ou da falta de meias de reposição.

Os numerosos casos apresentados no Exército americano durante a Segunda Guerra Mundial causaram desespero no Pentágono. Uma em cada dez baixas entre outubro de 1944 e abril de 1945 foi em decorrência dessa infecção: um total de 46.107 homens. Tais cifras eram consideradas assombrosas, pois eram superiores inclusive às sofridas pelo exército francês durante a Primeira Guerra Mundial. Vários oficiais foram destituídos por não ter sabido prevenir o problema.

A proliferação desse mal entre as tropas americanas na última fase da guerra provavelmente se deve ao desejo de muitos homens de abandonar o *front* recorrendo a essa enfermidade, a qual tratada no começo não era um grave risco para a saúde. Com efeito, a maioria dos casos se deu nas unidades pouco disciplinadas e com menos espírito de combate. Talvez seus integrantes tenham visto no pé de trincheira um fácil e seguro *bilhete de volta para casa.*

O remédio australiano contra as bolhas

Para derrotar o *Afrika Korps* do marechal Rommel, os britânicos contavam com a inestimável ajuda das tropas australianas que, a exemplo do que ocorrera durante a Primeira Guerra Mundial, haviam acudido para socorrer sua antiga metrópole.

O Raposa do Deserto considerava os australianos, bem como os neozelandeses, excelentes soldados, incansáveis e aguerridos. Rommel preferia não enfrentá-los quando ocorria um choque armado. Os britânicos também se surpreendiam com sua grande forma física, que os levava a caminhar horas e horas sem ter fadiga.

No final das intermináveis caminhadas, os pés dos ingleses mostravam bolhas terríveis, o que os fazia mancar durante vários dias, enquanto os australianos conservavam seus pés em perfeitas condições. A explicação parecia ser que os australianos estavam mais acostumados à vida ao ar livre, visto que muitos deles eram fazendeiros, enquanto os ingleses costumavam proceder das cidades.

Um oficial médico, intrigado por essa curiosa circunstância, encontrou a resposta no dia em que viu um grupo de australianos chapinhando em um charco. Embora, aparentemente, fosse apenas uma maneira de passar o tempo, na realidade se tratava de um tratamento *milagroso* contra as bolhas. Os charcos não estavam cheios de água, o que era pouco provável no deserto; os australianos tinham os pés enfiados em um buraco em que antes todos haviam urinado.

Ao que parece, esse era o truque empregado por eles para manter os pés livres das perniciosas bolhas. Embora o segredo passasse de boca em boca pelas surpreendidas tropas britânicas, muito poucos se animaram em pô-lo em prática.

Solução contra as náuseas

Um dos remédios mais utilizados na atualidade contra as náuseas, a Biodramina, também teve sua origem na Segunda Guerra Mundial.

Esse medicamento foi descoberto por cientistas alemães encarregados de encontrar uma solução para prevenir os enjoos sofridos pelo

Soldados americanos lutando nas Ardenas em pleno inverno. Nessa batalha, ocorreu um grande número de casos de "pé de trincheira" por causa do frio e da umidade, em uma proporção ainda maior que na Primeira Guerra Mundial.

pilotos dos Stukas quando realizavam os bombardeios praticamente verticais, em que tinham de subir bruscamente depois de atacar um alvo em terra.

Louvor à sesta

Winston Churchill foi um defensor entusiasmado do costume espanhol da sesta [*siesta*]. O primeiro-ministro britânico recorria a esse exercício simples de relaxamento precisamente quando as circunstâncias o obrigavam a aumentar seu rendimento.

Isso foi o que ocorreu a partir de maio de 1940, quando ele ficou à frente do governo e era responsável por todos os atos relativos à guerra. Churchill estava consciente de que, a partir desse momento, deveria trabalhar muitas horas diárias, e, por isso, adotou o costume que já havia seguido durante outro período de intensos afazeres, enquanto esteve no comando do Almirantado em 1914 e 1915, na Primeira Guerra Mundial.

Para ele, a sesta aumentava consideravelmente a capacidade de trabalho diária, afirmação essa que estudos científicos posteriores se encarregaram de corroborar. Ele devia deitar durante uma hora depois do almoço, e emitia ordens precisas para que ninguém o despertasse; segundo deixou dito, somente poderiam interromper sua sesta no caso em que os alemães iniciassem a invasão das Ilhas Britânicas.

Normalmente, cerca de 20 minutos podiam ser suficientes para ele retomar as atividades, pois conseguia dormir com facilidade, embora a sesta pudesse se prolongar se se encontrasse especialmente cansado. Segundo Churchill, esse período de sono permitia que ele logo seguisse trabalhando até as 2h ou mais, caso a situação requeresse. A jornada seguinte começaria entre as 8h e 9h, e por isso, do mesmo modo que Hitler, que se levantava ao meio-dia, ele não era lá amigo de acordar muito cedo.

A recomendação de Churchill a respeito não deixa lugar a dúvidas: "Mantive o hábito de tirar uma sesta durante toda a guerra, o que recomendo às demais pessoas, se tiverem a necessidade de aproveitar ao máximo a capacidade de trabalho durante um período de tempo prolongado". O premiê britânico assegurava que, graças a esse sono no meio da tarde, conseguia fazer em um dia o trabalho de um dia e meio.[40]

---

40. Churchill não é a única figura histórica que se beneficiou dos efeitos da sesta. Gênios do quilate de Leonardo da Vinci, Albert Einstein, Salvador Dalí, Thomas A. Edison e o músico Johannes Brahms dormiam sempre depois de comer, da mesma forma que outras personalidades, como Napoleão, Simon Bolívar ou John F. Kennedy.

As causas de sua devoção por um hábito tão hispânico talvez tenham como fundo sua breve estadia em Cuba, quando esse país ainda era colônia espanhola. Em 1895, graças à influência de seu pai, que era amigo do embaixador britânico em Madri, ele partiu rumo a Cuba para vivenciar de perto a guerra que as tropas espanholas estavam realizando contra os rebeldes cubanos.

É possível que na ilha caribenha, onde celebrou a passagem de seu 21º aniversário, ele tinha desfrutado pela primeira vez do prazer da sesta, um costume que iria conservar durante o restante de sua vida. Ademais, conforme indicado anteriormente, é muito provável que seu gosto por rum e por seus inseparáveis charutos cubanos também tenha nascido em Cuba.

Mas seu apego em tirar a sesta chegou a alguns extremos que beiravam a irresponsabilidade. No domingo de 15 de setembro de 1940, a *Luftwaffe* realizou um de seus ataques mais devastadores sobre Londres. Depois de dois bombardeios intensos efetuados no sábado, naquele domingo os aviões alemães concentraram toda a sua fúria destrutiva sobre a capital britânica.

Churchill se encontrava em Chequers, um lugar perto do quartel-general do Grupo de Caças nº 11, localizado em Uxbridge. Desde as primeiras horas da manhã, ele e sua esposa visitaram a sala de operações, onde tiveram acesso às informações que avisavam da chegada da onda de bombardeios germânicos e o posterior desenvolvimento da batalha aérea.

Sem conhecer ainda o desfecho do duelo, Churchill e a esposa regressaram a Chequers por volta das 16h30. Quando chegaram, o político britânico tirou sua habitual sesta. Em razão talvez da tensão e do cansaço acumulados, e como ninguém se atreveu a interromper seu sono, ele só foi despertar após as 20h.

Ainda assim, seu despertar não poderia ser mais feliz. Seu secretário particular, John Martin, lhe entregou um relatório em que figurava o balanço da batalha aérea que acabara de ser travada. Apesar da magnitude do ataque, a RAF tinha perdido menos de 40 aeronaves, enquanto 183 aviões inimigos haviam sido derrubados, embora esse número se visse posteriormente reduzido a apenas 56.

Sem dúvida, surpreende que ele tenha tirado a sesta antes do seguimento de um combate tão essencial para a sorte de seu país, embora se deva reconhecer que esse foi um fato isolado e que Churchill se encontrava sempre no lugar mais apropriado para dirigir a luta, muitas vezes arriscando sua própria segurança pessoal.

Como se manter acordado

Se há algum leitor que, independentemente do motivo, precisa passar uma ou várias noites acordado, pode lhe ser útil o remédio utilizado pelo marechal soviético Georghi Zhukov para não pegar no sono.

Durante o ataque final do Exército Vermelho contra Berlim,[41] iniciado com uma aterrorizadora salva de artilharia em 16 de abril das margens do Rio Oder, os soviéticos tiveram de permanecer continuamente atentos para responder aos desesperados contra-ataques alemães.

A feroz resistência das tropas germânicas, que haviam se retirado pouco antes do ataque da artilharia para retomar pouco depois suas posições no *front*, frustrou as previsões de Zhukov de esmagá-las rapidamente. O famoso marechal lançava ondas de combatentes, uma após a outra, contra as linhas alemãs, porém somente ocorriam pequenos avanços.

Stálin, impacientando-se cada vez mais com as más notícias que lhe iam chegando, não podia acreditar que seu marechal mais competente fosse incapaz de avançar até Berlim, dispondo de uma superioridade tão avassaladora. As pressões do ditador soviético forçaram o marechal e seus oficiais a dirigir a batalha sem perder de vista nem um único detalhe, se não quisessem passar o resto de suas vidas na Sibéria, razão pela qual se viram obrigados a não "pregar o olho" durante seis dias seguidos.

Como conseguiram permanecer despertos? Zhukov, em suas memórias, assegura que conseguiram o feito mediante a ingestão continuada de conhaque. Ao que parece, a bebida tradicional russa, a vodca, servia de estimulante durante umas horas, mas depois provocava um efeito sonífero, enquanto o conhaque lhes permitia manter-se em guarda indefinidamente.

O melhor xarope contra a tosse

Os soldados britânicos que lutavam contra os japoneses na selva da Birmânia aumentavam as precauções para não ser descobertos. A emaranhada vegetação favorecia ocultar-se do inimigo, porém, em

---

41. Para dar uma ideia do custo que a batalha de Berlim gerou para os soviéticos, é preciso destacar as mais de 300 mil baixas, entre mortos, feridos e desaparecidos, que eles sofreram na tomada da capital. Apenas o assalto a Reichstag provocou mais de mil baixas. A esses dados é preciso somar a perda de 2 mil tanques, mil canhões e mais de 500 aviões caça. Como comparação, em todos os combates liderados pelos aliados ocidentais desde janeiro de 1945 tombaram 260 mil homens. Apesar disso, quando a guerra terminou, Zhukov se empenhava em qualificar a tomada de Berlim como uma "simples operação de limpeza".

compensação, permitia que, caso fossem localizados, pudessem sofrer uma emboscada letal. Portanto, era imprescindível que passassem despercebidos na selva. Os japoneses enviavam exploradores atentos a qualquer reflexo luminoso ou ruído que pudessem delatar os ingleses.

Embora fossem emitidas ordens expressas para manter-se em silêncio, os soldados hindus que serviam no Exército britânico[42] tinham como costume tossir ruidosamente ao levantar pela manhã para limpar a garganta, tudo isso acompanhado de ruidosas cusparadas. Como não se podia proibir que um soldado tossisse, o oficial de comando de um acampamento na selva decidiu que os homens que tivessem de fazê-lo fossem a um ponto concreto, situado a cerca de 500 metros do acampamento, para que ali pudessem tossir o quanto quisessem.

Na primeira manhã em que a nova ordem estava em vigor, os hindus caminharam até o local para realizar suas expectorações sonoras. Porém, logo comprovaram que haviam atraído todo o fogo japonês, e, portanto, fugiram em polvorosa até o acampamento, perseguidos por atiradores nipônicos. Na manhã seguinte, ninguém se atreveu a ir àquele lugar; todos disseram que, casualmente, haviam despertado com a garganta bem desobstruída...

Sem dúvida, a ordem expedida pelo oficial havia se revelado como o melhor xarope contra a tosse.

"Proibido tossir!"

O marechal Montgomery, durante a campanha do norte da África, estava cansado de ser interrompido por seus oficiais quando, por conta da poeira do deserto que flutuava no ar, eles tossiam durante as reuniões.

O futuro visconde de El Alamein acabou concedendo um minuto antes de a conferência começar para que os presentes tossissem, mas, uma vez iniciada, não se permitia a ninguém descongestionar a garganta. Se alguém sentisse uma necessidade incontrolável de tossir, teria de sair da sala de reuniões, se não quisesse enfrentar uma bronca do sempre suscetível *Monty*.

---

42. Um total de 2 milhões de soldados hindus participaram junto das tropas britânicas na Segunda Guerra Mundial, com a maior parte deles permanecendo na Índia, sob a previsão de uma tentativa de invasão japonesa. Várias divisões formadas por indianos lutaram nas campanhas da África Oriental e do Norte, Itália e Birmânia. Curiosamente, as SS formaram uma divisão integrada por voluntários indianos que haviam sido capturados, mas eles nunca chegaram a entrar em combate.

A temida onda de calor

Nas áreas tropicais, o intenso calor provocaria um grave inconveniente para as tropas que deviam combater nessas tórridas regiões. Mas esse problema se agravava ainda mais se o soldado não se protegesse adequadamente nas horas mais quentes ou se realizava trabalhos forçados em pleno sol sem ingerir uma quantidade apropriada de líquido.

Os que mais sofreram com os efeitos do calor foram os soldados enviados ao norte da África. Nessa região, ao meio-dia, as temperaturas oscilavam entre 40ºC e 45ºC. A impossibilidade de encontrar uma sombra levava os homens a buscar soluções desesperadas; alguns cavavam um pequeno poço e se refugiavam nele, encobrindo-o com uma lona. Porém, essa solução apenas proporcionava alívio durante alguns minutos, visto que o solo irradiava também calor e o soldado acabava tendo a sensação de que se encontrava em uma sauna. A maioria optava por, vestindo calças curtas, sentar-se com a cabeça coberta e aproveitar alguma brisa ligeira, esperando pacientemente a chegada da noite, quando a temperatura caía até uns confortáveis 20ºC, o que possibilitava um sono tranquilo.

A consequência mais temida desse excesso de calor era a insolação ou onda de calor. Quando isso ocorre, a temperatura corporal se eleva acima do normal, chegando inclusive aos 41ºC durante períodos de dez a 15 minutos. Os sinais indicativos são enjoos, confusão e transpiração excessiva no início, com posterior falta de suor. Em uma segunda fase já se dá uma desorientação grave, comportamento estranho e aceleração do ritmo cardíaco, com batimentos fracos. O que no início é uma leve dor de cabeça pode passar à inconsciência, chegando finalmente ao coma.

Entre 1942 e 1943, cerca de 15% a 20% dos soldados destinados a esses cenários sofreram, em alguma ocasião, um transtorno desse tipo. Na grande maioria de casos, os soldados superavam a crise tomando bastante líquido e permanecendo em lugares frescos, porém cerca de 2% deles morreram em um desses episódios.

Amores perigosos

Ao longo da história militar, as doenças venéreas têm sido, invariavelmente, a causa principal das baixas não relacionadas diretamente com os combates. Na Segunda Guerra Mundial, a porcentagem de baixas provocadas por essa causa no Exército americano foi de 56 casos anuais para cada mil homens.

Em relação à Primeira Guerra Mundial, as cifras haviam caído, já que, entre os soldados americanos, deu-se uma proporção de 87 por mil. Essa redução dos casos ocorreu em razão, em primeiro lugar, das campanhas de informação realizadas entre os soldados, assim como da introdução da penicilina, embora também não se possa perder de vista o fato de que

Não havia possibilidade de escapar às altas temperaturas do deserto, que podiam chegar a provocar a temida insolação. A única solução era sentar com a cabeça coberta e esperar pacientemente que chegasse a noite, como fazem estes soldados do Afrika Korps.

muitos soldados americanos serviram em regiões em que não abundavam as ofertas desse tipo, como o deserto do norte da África ou os remotos atóis do Pacífico.

Em compensação, o sul da Itália era onde existiam mais problemas para o controle dessas enfermidades. A fome terrível sofrida pela população dessas regiões nos últimos meses da ocupação alemã – conforme vimos na história do peixe-boi preparado para o general Clark – levou muitas mulheres a se oferecerem aos soldados em troca de comida. Segundo um relatório dos Aliados, das 150 mil mulheres que residiam em Nápoles, cerca de 42 mil se dedicavam à prostituição; em muitos casos, era a alternativa para não morrerem de fome.

Por toda a cidade do Vesúvio proliferavam os bordéis improvisados, que em muitos casos não passavam de grandes salões em que as trocas de favores se realizavam sem nenhum tipo de intimidade. No entanto, os soldados aliados que recorriam a eles, e que aguardavam pacientemente sua vez em longas filas que chegavam até a rua, não encontravam precisamente um ambiente alegre e descontraído; as mulheres ali presentes podiam ser donas de casa que esperavam juntar um número suficiente de latas de comida – a *moeda de troca* nesses momentos – para regressar o mais rapidamente possível ao lar e poder alimentar sua família. Diante de similar panorama, muitos soldados optavam por retirar-se discretamente em busca de outro tipo de diversão.

A prostituição estava muito disseminada pelas ruas da cidade, e era frequente encontrar algum rapaz disposto a oferecer sua irmã por um pouco de comida. A consequência disso tudo foi uma violenta epidemia de gonorreia que se disseminaria entre as tropas aliadas no Natal de 1943.

As autoridades aliadas reagiram com uma campanha de conscientização, porém os filmes que foram projetados para as tropas em que se viam os terríveis efeitos das enfermidades venéreas não foram argumento suficiente para desanimar os soldados ou, ao menos, para que tomassem as precauções necessárias.

Em meio a essa campanha, um elemento se revelou como especialmente prejudicial para o soldado que a poria em prática. Tratava-se de um pequeno folheto impresso em italiano em que era possível ler em letras maiúsculas: "Não estou interessado em sua irmã sifilítica".

Na teoria, esse papel deveria servir para que os soldados se livrassem facilmente da tentação que diariamente lhes era oferecida no meio da rua, porém, na realidade, se converteu em um motivo de violentas discussões. Os soldados, por não dominarem suficientemente o italiano, às vezes mostravam o papel a algum civil que os havia abordado por

Um soldado americano confraterniza com uma jovem italiana, oferecendo-lhe água de seu cantil. Muitas vezes, a amizade chegava a algo mais, o que provocava muitos casos de doenças venéreas que as autoridades militares não conseguiam controlar.

outra razão ou que, simplesmente, estava cumprimentando-os. Evidentemente, ao ler a referência pouco considerada em relação à sua irmã – o insulto mais ultrajante para um italiano meridional –, a ofensa somente poderia ser retribuída com uma vingança imediata...

Um pequeno grande inimigo

Embora se tenda a crer que quase a totalidade das mortes ocorridas durante a Segunda Guerra Mundial foi provocada pelos combates e bombardeios, as enfermidades tiveram um papel determinante, tanto entre os civis como entre os militares, na grande quantidade de vítimas que o conflito acarretou.

Na parte oriental da Europa, a principal *causa mortis* foi o tifo. Esse termo procede do latim *tifus*, que literalmente significa estupor, descrevendo assim a diminuição das funções mentais e físicas de seus pacientes.

Essa infecção, produzida por certos micro-organismos que paralisam as células, é transmitida pelos piolhos. Após um período de incubação de uma semana, o paciente sofre uma forte dor de cabeça, sente calafrios, experimenta febres altas e apresenta erupções, chegando finalmente – se o enfermo não for tratado – ao coma e à morte.

Os piolhos, depois de residir no corpo de um enfermo, passam com facilidade a outro, transmitindo, dessa forma, a enfermidade. Em tempos de paz é simples manter esses pequenos insetos dentro de limites, mas durante a guerra, em que não é possível fazer uma higiene pessoal básica nem, tampouco, uma troca regular de roupa, os piolhos proliferavam com enorme rapidez, carregando o tifo com eles.

Uns dos mais afetados pela presença de piolhos eram os soldados russos. Os alemães costumavam comentar jocosamente que era mais perigoso dar a mão a um soldado soviético do que receber um tiro dele. No final, as tropas alemãs que combatiam no Leste também se viram afetadas por uma epidemia de tifo no último inverno da guerra.

Porém, os que sofriam mais de piolhos em sua pele e, portanto, de tifo, eram os prisioneiros que estavam nas mãos dos alemães, tanto os soldados russos capturados como os presos dos campos de concentração. Por exemplo, no campo de Bergen Belsen ocorreram 80 mil mortes por tifo em 1945. A própria Anne Frank faleceria de tifo a algumas semanas antes do final da guerra.

Os Aliados ocidentais também comprovaram as consequências de alojar em seus uniformes um tão pequeno porém poderoso inimigo. Tanto no norte da África como, mais tarde, na Itália, ocorreram casos de tifo entre as tropas americanas e britânicas. No entanto, nessa situação, as medidas de prevenção funcionaram corretamente; um envio gigantesco dos Estados Unidos de 3 milhões de doses de uma vacina contra o tifo, assim como a utilização do potente DDT para desinfetar a roupa, conseguiram manter os aliados protegidos dessa doença.

Golpe no fígado

A hepatite não foi uma causa generalizada de mortes durante a Segunda Guerra Mundial, como foi o tifo. Ainda assim, essa enfermidade contagiosa acarretou um número contínuo de baixas nos exércitos combatentes, sobretudo no alemão.

Unicamente dois em cada mil enfermos de hepatite morriam, mas o longo período de recuperação provocava a falta de efetivos disponíveis para o *front*. Apenas no *front* russo registrou-se 1 milhão de casos de hepatite entre as fileiras do exército alemão.

Considerando-se que a cura dessa enfermidade exigia o repouso absoluto dos soldados entre dois meses e um ano, é evidente que a hepatite desferiu um autêntico *"golpe no fígado"* do titânico esforço das tropas de Hitler no Leste. Houve casos em que até a metade de um batalhão se encontrava fora de combate em decorrência da enfermidade. O pior mês para a *Wehrmacht* foi em setembro de 1943, em que se diagnosticaram 180 mil casos.

Em compensação, os Aliados, apesar de padecerem também com os efeitos dessa enfermidade, conseguiram reduzir os casos de contágio; foram contabilizados 250 mil pacientes ao longo de todo o conflito.

Um estimulante perigoso

Para qualquer soldado, permanecer acordado e atento era vital em alguns momentos. Se se quisesse manter a vida no *front*, às vezes era necessário vencer o sono, a fome e o cansaço para responder a algum ataque.

As autoridades militares americanas estudaram as ajudas que poderiam oferecer aos soldados para aumentar suas resistências. Encontraram-na em uma substância sintética que havia sido descoberta em 1887, mas que até 1920 não tinha indicado seus efeitos estimuladores do sistema nervoso central. Ela entrou na prática médica sob o nome comercial de Benzedrina, mas quase imediatamente começou a ser vendida no mercado negro.

Durante a Segunda Guerra Mundial, decidiu-se proporcionar essa substância em massa às tropas americanas. Desse modo, os soldados podiam aumentar instantaneamente o grau de alerta e sua iniciativa, conseguiam diminuir a sensação de fadiga, melhoravam o ânimo, a confiança e a habilidade para a concentração. As sensações físicas eram completadas com a perda de apetite, aceleração do ritmo cardíaco, elevação da pressão arterial e dilatação das pupilas. Surpreendentemente, a partir de testes psicométricos, foi demonstrado que o coeficiente de inteligência aumentava uma média de oito pontos.

No entanto, esses efeitos que poderiam ser bem-vindos em alguns instantes em que o grau de atenção devia ser máximo, eram contrabalançados pelos numerosos efeitos secundários. As doses altas de Benzedrina provocavam depressão mental e fadiga, bem como náuseas, transpiração excessiva, dores de cabeça e visão nebulosa. O uso prolongado poderia provocar desnutrição, problemas cardíacos e pulmonares, bem como insuficiência renal e hepática. Também se corria o risco de sofrer a denominada psicose anfetamínica, que conduz à execução de atos irracionais e ter episódios de violência repentina, acompanhados de paranoia e delírios.

Ao que parece, os riscos associados ao consumo de anfetaminas não eram divulgados às tropas, que recorriam assiduamente a essas substâncias. Calcula-se que a quantidade de Benzedrina que se administrou aos soldados americanos destacados na Grã-Bretanha durante a Segunda Guerra Mundial ascendeu à incrível quantidade de 180 milhões de pílulas.

Em compensação, os alemães também recorreram a esses tipos de substâncias para amenizar os efeitos provocados pela tensão e pelo cansaço. Nesse caso, tratava-se do Pervitin, composto de anfetamina pura, que havia sido criado pela empresa farmacêutica Temmler em 1938. O médico militar Otto Ranke, da Academia de Medicina do Exército, testou essa substância em uma centena de estudantes universitários; suas conclusões fizeram-no decidir pela recomendação de seu uso no exército.

Durante a invasão da Polônia, os soldados condutores de motocicletas começaram a receber as pastilhas. Após comprovar os resultados, decidiu-se pela distribuição indiscriminada entre as tropas. Ao tomar as pastilhas, os soldados germânicos, do mesmo modo que os americanos, se liberavam da paralisante sensação de cansaço e podiam manter-se despertos durante mais tempo, possibilitando, dessa forma, os rápidos e constantes avanços típicos da *guerra-relâmpago*.

Durante o breve período entre abril e julho de 1940, mais de 35 milhões de tabletes de Pervitin e Isophan (uma versão ligeiramente modificada, produzida pela empresa farmacêutica Knoll) foram enviados à

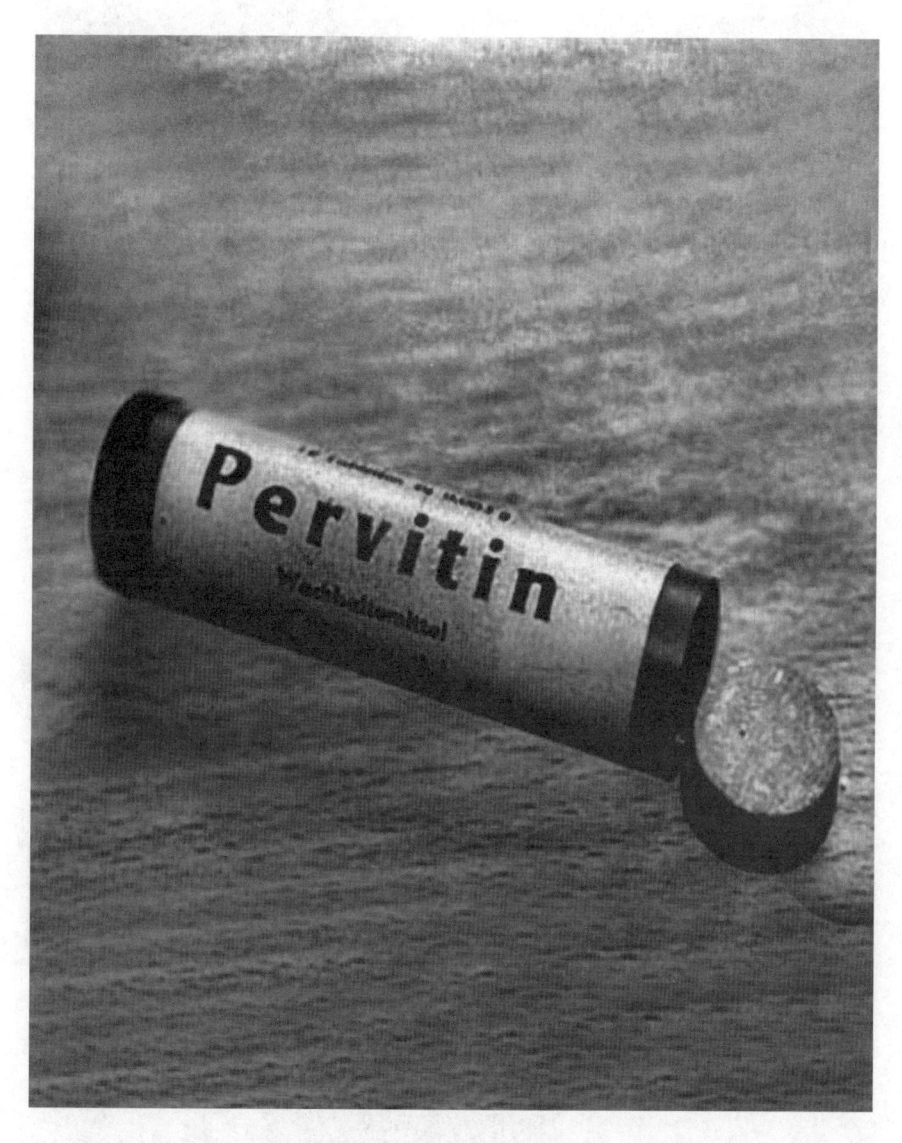

Os soldados alemães que participaram na guerra-relâmpago contavam com esse pequeno aliado, o Pervitin. Eram comprimidos de anfetaminas que lhes davam maior resistência ao sono e ao cansaço. Seu uso foi limitado quando se comprovou que provocavam vício.

Os condutores alemães que participaram na campanha da Polônia foram os primeiros que receberam comprimidos de Pervitin. Pouco depois, o restante das tropas alemãs teve acesso ao estimulante.

Wehrmacht e à *Luftwaffe*. Cada um desses comprimidos, cujo envoltório unicamente indicava "Estimulante", continha três miligramas de substância ativa.

Após alguns meses de consumo sem restrições, os médicos militares comprovaram que os efeitos do Pervitin diminuíam com o tempo e que era necessário aumentar as doses, provocando os consequentes problemas de saúde. Em julho de 1941, o Pervitin foi declarado "substância de uso restrito", mas ainda assim 10 milhões de tabletes foram enviados ao *front*.

O comprimido foi especialmente apreciado pelas tropas que tiveram de enfrentar o temível inverno russo; em janeiro de 1942, meia centena de soldados salvou suas vidas graças a ele, ao conseguir terminar uma longa marcha a -30ºC em busca de um refúgio. Sem esse estimulante, esses soldados teriam morrido congelados ao desfalecer sobre a neve.

Os soldados viciados em Pervitin viam como um pesadelo o fato de que se cortasse o fornecimento dessas pílulas à sua unidade, e, por isso, às vezes imploravam em suas cartas a familiares que conseguissem os tabletes e os enviassem a eles.

Paradoxalmente, as autoridades militares castigavam o consumo de cocaína ou de ópio pelos soldados com a prisão.

Música dos gases

A navegação aérea a grandes alturas na Segunda Guerra Mundial evitava que a tripulação sofresse o fustigamento da artilharia antiaérea ou algum encontro com os caças inimigos, porém, em certos casos, provocava alguns incômodos inesperados.

Pelo fato de a maioria das aeronaves não ser pressurizada, ao voar a alturas superiores a 7 mil metros se experimentavam as consequências da falta de pressão do ar. A mais surpreendente – e também a mais desagradável – era que os tripulantes dos aviões começavam a sofrer de expansão dos gases intestinais.

Na metade do trajeto, alguns aviadores padeciam de fortes dores no ventre, que, na melhor das hipóteses, se resolviam com a expulsão dos gases por sua via natural, embora isso causasse outro tipo de incômodo no resto da viagem.

Esse problema foi solucionado modificando-se a dieta dos tripulantes, com a eliminação, na mesma, de alimentos que causavam aerofagia, como legumes, milho ou cebolas.

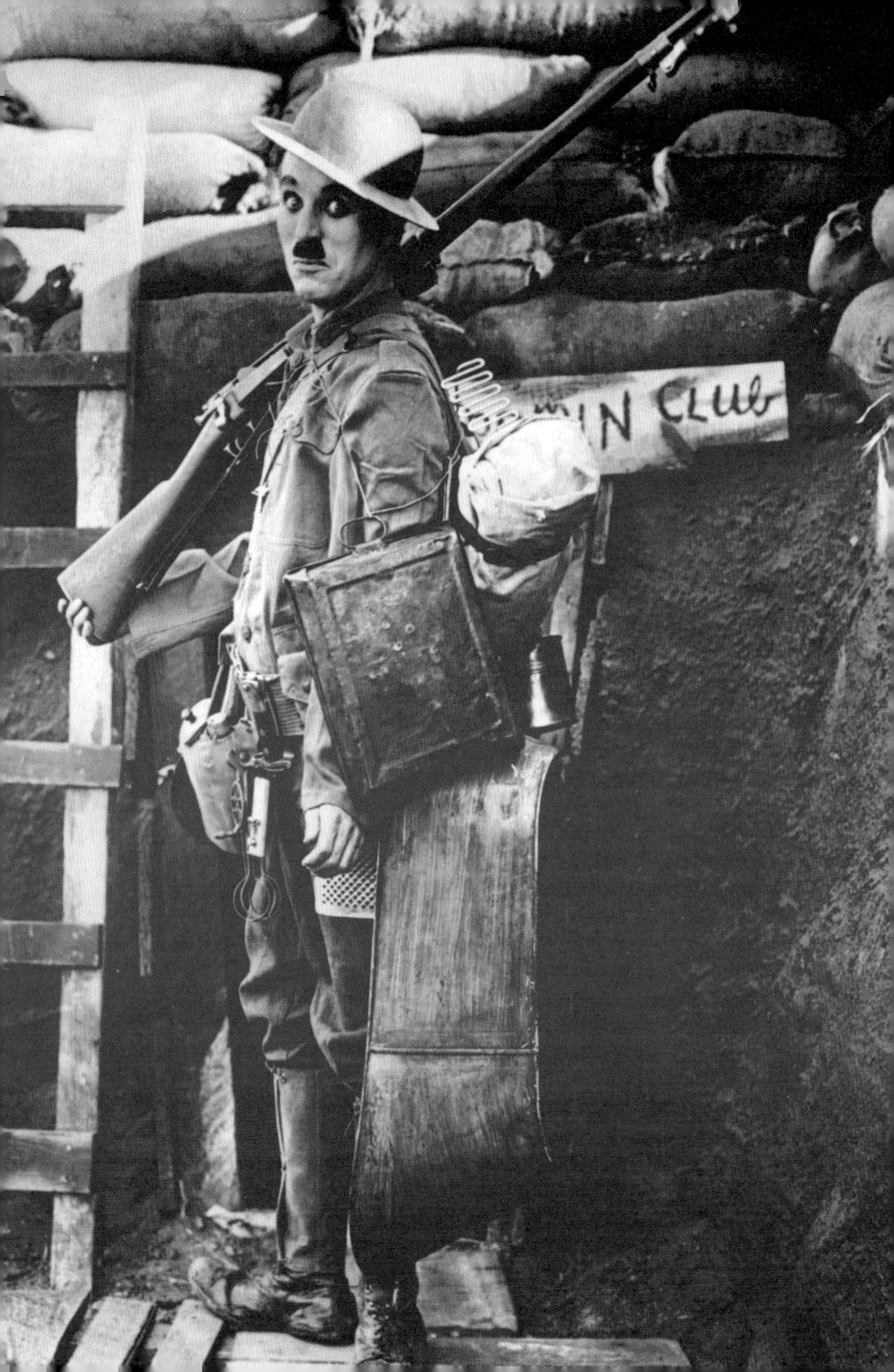
CLUB

Capítulo X
A Batalha da Sétima Arte

A história do século XX está intimamente associada à história do cinema. O que começou como uma curiosidade trivial das pessoas acabou se convertendo em um fenômeno cultural com uma influência sem precedentes. Na década de 1930, nos Estados Unidos, as pessoas estavam conscientes de que os filmes cinematográficos, além de servir aos próprios americanos para que se distraíssem dos rigores da Grande Depressão, eram também um instrumento para transmitir os valores de sua sociedade aos demais países. A Alemanha hitlerista tentou seguir pelo mesmo caminho, porém topou com a avassaladora preeminência de Hollywood. O próprio Hitler se sentiria cativado pelos filmes que chegavam do outro lado do Atlântico.

Durante a guerra, tanto um lado como o outro utilizaram o cinema como veículo para sua propaganda, com melhor ou pior resultado. Os atores mais famosos da época se prestaram, sem hesitar um instante, a participar nesses filmes que deviam ganhar os espectadores para a causa que, naquele momento, estavam defendendo nos campos de batalha. Nesses anos, o cinema esteve completamente a serviço da guerra, convertendo-se em uma arma adicional.

O *Führer* diante da tela

Hitler gostava de se distrair assistindo a filmes em sessões particulares, prazer esse que compartilhava com outros estadistas como Churchill ou Stálin. O encarregado de proporcioná-los era o ministro da Propaganda, Joseph Goebbels, outro amante do cinema, que tinha seu ministério localizado em frente à Chancelaria, na Vosstrasse. A pessoa que tinha a missão de localizar e transportar as latas que continham os rolos das películas de um lado ao outro da rua – ou enviá-las ao *Berghof*, nos Alpes bávaros – era um técnico chamado Erick Stein, embora, certas vezes, precisasse deslocar-se para buscá-las em um depósito situado a noroeste de Berlim.

Goebbels executava pessoalmente as gestões necessárias para obter os últimos sucessos de Hollywood. Em um dos aniversários de Hitler, Goebbels – sempre atento aos gostos do ditador – lhe deu um lote completo de filmes do *Mickey Mouse*.

Curiosamente, Hitler não demonstrava uma devoção especial pelo filmes alemães e preferia os produtos mais comerciais de Hollywood. Essa afeição é surpreendente ao sabermos que o *Führer* não sentia precisamente admiração pelos americanos; desprezava "sua mistura racial e suas desigualdades sociais", e estava convencido de que viviam em um "país arruinado". Para ele, os Estados Unidos eram uma democracia burguesa decadente, incapaz de manter um exército sustentável, o que explica sua despreocupação quando o inimigo entrou no conflito após o ataque a Pearl Harbor.

Havia apenas uma época da história americana que admirava, a da Lei Seca, como era previsível em uma personalidade como a dele, contrária ao consumo de álcool. Ele afirmou certa vez que "somente um povo jovem poderia adotar uma medida tão drástica porém necessária". O que despertava o interesse de Hitler era o método de produção em série, em que a indústria americana era pioneira; porém, ainda assim, acreditava que as cadeias de montagem somente serviam para fabricar bens de consumo baratos.

"O que são os Estados Unidos, exceto milionários, rainhas da beleza, discos estúpidos e Hollywood?", Hitler se perguntou em voz alta diante de seus conterrâneos. Com afirmações como essa, não se compreende que o ditador depreciasse o que era procedente do outro lado do Atlântico e, ao mesmo tempo, sentisse atração pelo cinema que ali era produzido. Porém, a realidade é que, para suas veladas sessões cinematográficas, preferia o que chegava daquele "país arruinado", confirmando mais uma vez sua contraditória personalidade.

Assim, o filme favorito de Hitler era o *Lanceiros da Índia* (1935), dirigido por Henry Hathaway e protagonizado por Gary Cooper, título ao qual assistiu diversas vezes. Ambientado na fronteira do noroeste da Índia nos tempos da dominação inglesa, o filme narra as lutas do 41º Regimento de Bengala contra as tribos de Mohammed Khan. Embora seja arriscado apostar em uma relação entre ambos os fatos, não deixa de surpreender que Hitler se referisse eventualmente ao exemplo do colonialismo inglês na Índia para explicar os projetos que teria para os imensos territórios russos, uma vez que suas tropas os tinham conquistado.

Outro de seus filmes favoritos era *O Cão de Baskerville* (1939), dirigido por Sidney Lanfield e interpretado por Richard Greene e Basil Rathbone nos papéis de *sir* Henry Baskerville e Sherlock Holmes. Esse suspense, baseado em um romance de Arthur Conan Doyle, cativou a atenção do déspota teutônico, do mesmo modo que o famoso *King Kong* (1933) dirigido por Merian Cooper.

Sua predileção pelo cinema hollywoodiano era compartilhada majoritariamente pelos demais burocratas nazistas, para desgosto de Goebbels, que havia proibido a projeção de filmes americanos nas salas de cinema alemãs. Nos períodos em que Hitler passava no *Berghof*, havia projeções de um ou dois filmes no salão todas as noites. O *Führer* sentava-se na primeira fila ao lado de Eva Braun – que era quem escolhia o programa – e os demais espectadores sentavam nas fileiras de trás. Todos os empregados eram convidados a essas sessões particulares de cinema, inclusive os criados e o pessoal das cozinhas. Quando se projetava uma película americana, o recinto ficava praticamente lotado, porém nos filmes alemães muitos buscavam uma desculpa para não assistir.

Essas sessões também foram realizadas na Chancelaria, em Berlim. Quando não havia convidados importantes nem recepção oficial alguma, o jantar começava às 20h e, ao longo dele, um dos empregados apresentava a lista das películas que poderiam ser exibidas em seu término. O *Führer* decidia o programa, embora pudesse atender ao pedido dos presentes. Quando acabava o jantar, todos passavam ao recinto conhecido como salão de música, onde era feita a projeção.

Hitler e Eva Braun gostavam muito de *E o Vento Levou* (1939), a primeira película colorida que pôde ser vista nessas sessões particulares. Logo após terminar o filme, Hitler exibiu seu entusiasmo a todos os presentes, elogiando em voz alta essa superprodução. Pediu imediatamente para chamar Goebbels, a quem disse que era necessário, custasse o que custasse, que os técnicos alemães conseguissem criar uma obra cinematográfica que rivalizasse como espetáculo com ela. Provavelmente, foi nessa noite que nasceu a ideia do filme *Kolberg*, cuja épica gestação conheceremos mais adiante.

Hitler ficou impressionado com as cenas da guerra civil, mas o que mais lhe agradou foi a suposta mensagem racista mostrada na fita, razão pela qual, inesperadamente, deu permissão a Goebbels para que a película fosse projetada nas salas de cinema alemãs.

Por sua parte, Eva Braun acabaria identificando-se com a personagem feminina de Scarlet O'Hara, interpretada pela atriz britânica Vivien Leigh; supostamente, ela via no personagem de Rhett Butler, interpretado por Clark Gable, uma cópia de seu amado *Führer*. Inclusive, ela se vestiu um dia de dama sulista e representou diante de seus amigos mais próximos uma breve cena do filme.

No entanto, foi precisamente o entusiasmo de Eva Braun por essa película que, no fim, provocaria sua retirada da programação. A amante de Hitler exigia que ela fosse projetada ao menos uma vez por mês e não parava mais de falar de Clark Gable, de sua postura e de seu ar majestoso; tinha fotos do ator em sua casa e imitava sua voz, chegando às vezes a falar inglês à mesa. Aparentemente, esses exageros acabaram incomodando Hitler, que decidiu devolver todas as fitas para a Metro Goldwin Mayer, com a desculpa de que era necessário economizar divisas. Desse modo, nem Eva Braun ou tampouco os demais alemães puderam rever *E o Vento Levou*.

De todo modo, Hitler reconhecia que Clark Gable era um de seus atores favoritos. Durante a guerra, chegou a oferecer uma recompensa a quem fosse capaz de capturá-lo vivo, ao ter conhecimento de que o ator americano participava em missões aéreas de bombardeios atacando a Alemanha.

Além do cinema americano, Hitler mostrou, durante uma época, certo interesse pelo cinema espanhol. Assistiu em três ocasiões a

Cartaz do filme Lanceiros da Índia. *Era o favorito de Hitler, talvez porque retratasse a dominação britânica na Índia, um modelo colonial que ele aspirava reeditar em terras russas sob o poder alemão.*

película *Nobleza baturra* (*Nobreza aragonesa*, 1935) e duas vezes *Morena Clara* (1935). O *Führer* ficou encantado com a protagonista das duas fitas, a atriz Imperio Argentina (1910-2002), a quem teria oportunidade de conhecer pessoalmente em 1938, quando uma delegação espanhola viajou até a Alemanha para rodar ali os filmes que não podiam produzir-se na Espanha por causa da Guerra Civil.

O ditador alemão desejava que ela fosse a protagonista de uma superprodução que ia ser rodada na Alemanha sobre a vida de Lola Montes (1818-1861), a bailarina e aventureira escocesa amante do rei Ludwig I da Baviera. O autor do roteiro era o mesmíssimo Joseph Goebbels; ele entregou o roteiro à atriz para que ela o lesse, enquanto lhe preparava uma entrevista pessoal com o *Führer*. A reunião entre os dois discorreu por três horas e meia, porém Hitler não conseguiu convencê-la a protagonizar a fita. Ainda assim, conseguiu que a atriz prolongasse sua visita ao Reich por uns dias, com a finalidade de conhecer as melhorias obtidas por seu regime, até que uma inoportuna alergia forçou o regresso dela para a Espanha.

Outra de suas atrizes preferidas era Greta Garbo (1905-1990), a qual, segundo confessou, quisera ter recebido com honras de Estado. Porém, sua grande frustração teria nome próprio: Marlene Dietrich (1901-1992). A atriz estreara nos cabarés de Berlim, porém, nos anos de 1930, já se havia consagrado como estrela cinematográfica em Hollywood em filmes como *O Anjo Azul* (1931) ou *O Expresso de Shangai* (1932). Goebbels a convidou formalmente a regressar à Alemanha, onde pretendia fazer dela a atriz emblemática do Terceiro Reich, mas a atriz recusou a proposta.

Marlene Dietrich, ao contrário da maioria de seus companheiros, conseguiu prever a tempo os graves perigos personalizados pelo totalitarismo nazista:

"Quando abandonei a Alemanha, ouvi um discurso de Hitler pelo rádio e fui presa de um terrível mal-estar. Não, jamais poderia regressar a meu país enquanto semelhante homem fanatizava as massas."

Edward G. Robinson, ameaçado

Em 1939, foi rodado nos Estados Unidos *Confissões de um Espião Nazista*, dirigido por Anatole Litvak. Embora seu valor cinematográfico seja discutível, o fato de que a fita refletia pela primeira vez a essência criminosa do regime de Hitler já é suficiente para destacar sua importância.

A película, protagonizada por Edward G. Robinson (1893-1973), atingiu um êxito moderado nos cinemas americanos.

O Ministério da Propaganda nazista, encabeçado por Goebbels, compreendeu de imediato o dano que a fita poderia causar à imagem do Terceiro Reich que Berlim pretendia transmitir aos países neutros. Como era impossível impedir a distribuição do filme nas telas de todo o mundo, as autoridades germânicas tentaram fazer isso de uma maneira desesperada; por meio das respectivas embaixadas localizadas na Suíça, os alemães fizeram chegar a Washington sua irritação com o filme, e ameaçaram fazer represálias contra todos os que haviam participado da produção, incluindo os atores, assim que a Alemanha ganhasse a guerra.

Naturalmente, Hollywood ignorou essas ameaças e continuou com a produção de películas em que se refletia a tirania que os nazistas estavam implantando no continente europeu, e que pretendiam disseminar mundo afora.

Pantomima em Varsóvia

Após a queda de Varsóvia, diante do avanço incontestável dos *panzers*, em 27 de setembro de 1939, a população polonesa temia uma repressão brutal por parte dos soldados alemães. Os incessantes bombardeios a que fora submetida a capital faziam prever que o domínio alemão sobre a cidade acarretaria muito sofrimento a seus indefesos habitantes.

Por esse motivo, os poloneses ficaram muito surpreendidos quando, em 2 de outubro, assistiram a uma cena inesperada. Os alemães instalaram algumas cozinhas de campanha em uma rua central da capital, e os soldados alemães convidavam os assustados habitantes a que se aproximassem para que pudessem receber pão e sopa quente.

Os esfomeados poloneses duvidaram em um primeiro momento antes de aproximarem-se das cozinhas móveis, temendo uma emboscada, porém o apetitoso cheiro da sopa derrubou suas últimas reservas. Em poucos minutos, milhares de pessoas se agruparam em torno dos soldados alemães, recebendo, incrédulas, um pedaço de pão e um prato de sopa.

Enquanto eles continuavam recebendo essa ajuda, não repararam que, ao redor, eram instaladas rapidamente câmeras cinematográficas para imortalizar a cena. Vários documentaristas se dispuseram a tomar imagens da distribuição de comida para que fossem incluídas nos noticiários alemães, que, logo após, poderiam ser vistas em todas as salas cinematográficas do país.

O ator Edward G. Robinson em uma cena da película Little Caesar. *O artista foi ameaçado de morte após sua participação no filme* Confissões de um Espião Nazista, *em que se denunciavam os excessos do Terceiro Reich.*

Após uns breves minutos em que os cineastas puderam trabalhar com prazer, filmando especialmente os momentos nos quais a população polonesa agradecia efusivamente à generosidade dos invasores, os técnicos fizeram indicações de que já haviam sido tomadas as imagens que desejavam.

Imediatamente, os soldados alemães começaram a recolher as cozinhas de campanha diante dos estupefatos poloneses, que viam, todavia, como restava ainda muito alimento por repartir. Suas súplicas não adiantaram e, em seguida, se deram conta de que tinham sido objeto de uma farsa cruel; a distribuição de comida não passara de uma cínica pantomima idealizada pela descarada propaganda nazista.

Outro exemplo da utilização espúria da linguagem cinematográfica se daria no verão de 1944. No campo de concentração de Theresienstadt, localizado em uma fortaleza do século XVIII nas cercanias de Praga, foi rodado um falso documentário intitulado "O *Führer* doa uma cidade aos judeus".

O filme contou com a colaboração de um diretor e roteirista judeu, Kurt Gerron, que seguramente esperava salvar sua vida desse modo. Apesar de, certamente, Theresienstadt não ser um dos piores campos de concentração nazistas, o filme oferecia uma idílica imagem desse lugar, que devia ser mostrada aos inspetores da Cruz Vermelha.

O espectador podia ver os internos do campo na biblioteca, em uma piscina ou dançando ao som de uma pequena orquestra. O filme também exibia a suposta vida diária dos judeus, trabalhando como alfaiates, curtidores ou sapateiros. As crianças brincavam alegremente em um campo de futebol. Na copa, podiam ser vistos pão branco, queijo ou tomates em abundância.

Seguidamente, na tela, surgiam imagens de soldados alemães no *front* com o seguinte comentário de fundo: *"Enquanto os judeus de Theresienstadt desfrutam de café, pastéis e bailes, nossos soldados suportam o pior dessa guerra terrível, sofrem privações e a morte para defender a pátria".*

Não é preciso dizer que o objetivo desse insidioso trabalho, aumentar o ódio aos judeus, se alcançava com maquiavélica eficácia. No entanto, o que o povo alemão não sabia, ou preferia não saber, era que os judeus forçados a participar dessa montagem haviam sido enviados, em 20 de setembro de 1944, ao campo de extermínio de Auschwitz, sendo mortos a gás em sua chegada.

O próprio diretor morreu em Auschwitz em novembro daquele ano, sem que lhe servisse alguma coisa colaborar com os que acabariam sendo seus algozes.

A favor e contra

O ator francês Jean Gabin (1904-1976) gozava de uma grande reputação em seu país. Suas interpretações em películas de sucesso como *Pepe, o Moco* (1937) ou *A Grande Ilusão* (1937) lhe proporcionaram também fama mundial. Ele dava vida a personagens duros e românticos ao mesmo tempo, que o consagrariam como um dos grandes atores do cinema francês.

Gabin compartilhava com seus compatriotas sua atitude ambígua em relação aos britânicos. Embora eles tivessem acudido para socorrer os franceses quando as colunas motorizadas alemãs rumaram para Paris, os ataques sofridos pela marinha gaulesa após o armistício por parte da Royal Navy para que os navios com bandeira francesa não caíssem em mãos alemãs colocaram em xeque essa relação de amizade entre os dois povos, que esteve, em mais de um momento, a ponto de romper-se para sempre.

Refletindo essa confusão de interesses e lealdades, Gabin fez eco dessa estranha situação, declarando certa vez:

"Os franceses estão, ao mesmo tempo, a favor e contra os britânicos; alguns dizem 'espero que esses adoráveis ingleses derrotem os bolcheviques', e outros, 'espero que esses asquerosos ingleses derrotem os bolcheviques'."

O pai do Tarzan em Pearl Harbor

O escritor Edgard Rice Borroughs (1875-1950), autor e criador do imortal personagem do Tarzan, encontrava-se nas cercanias de Pearl Harbor em 7 de dezembro de 1941, no momento em que os aviões japoneses atacaram a base naval americana.

O *pai* do Tarzan estava na ilha descansando com sua família, alojado no Hotel Niumalu. Quando tomou conhecimento do ataque, ele se dirigiu até a base para prestar sua colaboração. Ali, uniu-se a um grupo de civis dispostos a cavar fossos nas praias da ilha, para dificultar um hipotético desembarque dos japoneses, que nesse momento era tido como iminente, embora finalmente essas precauções não fossem necessárias.

O autor, apesar de ter à época 66 anos, decidiu, a partir de então e até o fim do conflito, percorrer todo o Pacífico como correspondente de guerra. Aonde quer que ele fosse, sempre era acolhido com entusiasmo, embora a fama do personagem por ele criado o superasse amplamente.

Curiosamente, Adolf Hitler não gostava nada do Tarzan. O ditador nazista, por razões desconhecidas, odiava esse personagem e, na realidade, proibiu expressamente a exibição de suas películas nos cinemas alemães.

Jack Warner mostra o caminho

Quando os Estados Unidos entraram com força total na Segunda Guerra Mundial, os californianos estavam convencidos de que se encontravam na primeira linha de fogo. Desconhecedores do potencial real do inimigo, acreditavam que era possível um desembarque japonês na costa oeste ou, ao menos, uma intensa campanha de bombardeios.

Jack Warner (1892-1978), o proprietário e cofundador da produtora Warner Bros., temia que seus estúdios de Hollywood fossem confundidos com a fábrica vizinha, a Lockheed, em Burbank, de grande valor estratégico, por ser prudutora de aviões militares.

Dessa forma, recorreu à seção de decoração de cenários e ordenou a seus operários que pintassem no enorme teto de seus estúdios uma grande seta assinalando a direção de Burbank e a frase *"Lockheed, that way"* (por ali), dirigida aos japoneses.

De todo modo, por existirem várias versões sobre esse fato – alguns asseguram que a frase foi pintada em caracteres japoneses, pois os aviadores não sabiam inglês – e ausência de fotografias, faz-se pensar que, talvez, tudo tenha se tratado de uma mentira que acabou virando verdade.

Em compensação, há mais verossimilhança na iniciativa de uma tripulação de um destróier da USS Navy no Pacífico em plena ofensiva dos *kamikazes*, nos meses finais da guerra. Sabedores das preferências desses pilotos suicidas por porta-aviões, os marinheiros decidiram pintar uma grande seta na cobertura do navio com a seguinte inscrição: *"Carriers, this way"* (*Porta-aviões, por ali*). Essa tática não deu resultado, visto que os *kamikazes* se lançaram também contra o destróier.

Um Oscar muito austero

Desde que, em 16 de maio de 1929, foram entregues pela primeira vez os Prêmios ao Mérito da Academia de Artes e Ciências Cinematográficas no Hotel Roosevelt de Hollywood, todos os amantes da sétima arte têm um encontro anual com esses galardões, conhecidos popularmente como os Oscars.

O Oscar de Hollywood, o mítico troféu que premia anualmente os melhores no mundo do cinema. Antes da Segunda Guerra Mundial, as estatuetas eram fabricadas com materiais nobres, mas a escassez de metais provocada pelo conflito obrigou a mudança drástica de sua composição.

O superconhecido troféu que premia as personalidades mais destacadas do mundo do cinema representa um guerreiro que sustenta uma espada, apoiada sobre um rolo de filme. Inicialmente, as estatuetas eram de bronze banhado a ouro, embora contivessem pequenas quantidades de cobre, antimônio e níquel.

A tradição se manteve até que, em 1942, uma vez que os Estados Unidos já haviam entrado na guerra, decidiu-se trocar o material com que os prêmios eram fabricados. Considerando a escassez de metais, já que eles deviam ser empregados quase totalmente na indústria bélica, Hollywood quis dar um exemplo de austeridade e decidiu que os troféus fossem feitos de gesso recoberto com uma camada de pintura dourada.

De todo modo, os afortunados com essas modestas premiações não deviam se preocupar, já que com as suas estatuetas de gesso receberam o firme compromisso de que, quando a guerra terminasse, poderiam trocá-las por um Oscar autêntico,[43] promessa essa que a Academia cumpriu em 1945.

O humor incompreendido de Peter Ustinov

O ator, diretor e dramaturgo inglês Peter Ustinov (1921-2004) demonstrou, ao longo de sua vida, o típico senso de humor britânico.

Esse artista, cuja família era de origem russa, estreou nos palcos em 1939. Em 1940, começou sua extensa carreira cinematográfica, que culminaria anos mais tarde com suas inesquecíveis aparições em *Quo Vadis* (1951), *Spartacus* (1960) e *Morte sobre o Nilo* (1978).

Quando recebeu a ordem para se alistar, ao eclodir a Segunda Guerra Mundial, Ustinov compareceu a uma unidade de recrutamento. Seu sonho era servir em uma divisão blindada, para fazer parte da tripulação de um tanque. Assim, quando lhe perguntaram sobre suas preferências, Ustinov escolheu essa opção.

O oficial encarregado da unidade de recrutamento lhe perguntou de forma rotineira o motivo de sua escolha, diante do que o ator respondeu: "O motivo?! Porque quero servir na guerra sentado". Essa tirada humorística não deve ter agradado muito o oficial, porque ele de imediato lhe comunicou que o ator seria destinado à infantaria.

---

43. Na atualidade, os Oscars são fabricados com *britanium*, uma liga de cobre e estanho, e são banhados em ouro. Seu peso é de 3,8 quilogramas e seu custo de produção não supera os 130 dólares. Sua venda está proibida; somente a Academia pode recomprá-los, mas ela não paga mais de dez dólares por eles.

O peculiar senso de humor de Peter Ustinov, retratado aqui em seu inesquecível papel de Nero em Quo Vadis, *o impediria de se alistar em uma divisão de tanques, tal como desejava.*

Peter Falk, o ator que encarnou o célebre tenente Columbo, empregou um truque genial para passar no exame médico do alistamento na Marinha, que acabou não dando certo.

As trapaças de Peter Falk

O ator americano Peter Falk (1927-2011) alcançou a fama mundial em sua maturidade artística, com sua inesquecível interpretação do tenente Columbo em uma popular série televisiva, exibida nos Estados Unidos entre 1978 e 1981. Nela, ele dava vida a um peculiar detetive de homicídios do Departamento de Polícia de Los Angeles, com aspecto descuidado, porém muito certeiro em suas investigações para descobrir os criminosos.

De origem ítalo-hungara, Falk nasceu em Nova York e foi educado no Hamilton College. Ao eclodir a Segunda Guerra Mundial, o sonho do então jovem Falk era alistar-se no Corpo dos *Marines*, mas deveria enfrentar um obstáculo que lhe era insuperável: o fato de ter perdido uma vista aos 3 anos.

Esse impedimento não desanimou o ator; para passar no exame médico, memorizou os painéis que iam ser mostrados pelos oculistas do exército. O truque estava a ponto de dar certo, graças à celeridade com que eram examinados os recrutas, mas, durante o exame, o médico não ignorou que o olho direito de Falk não se mexia ao ler as diferentes linhas do painel.

Peter Falk, encarnando o lendário personagem Columbo, durante a primeira temporada da famosa série televisiva.

Ao ser descoberto, Falk viu seu desejo de converter-se em um *marine* ser frustrado. Finalmente, o futuro tenente Columbo teve de conformar-se em ser cozinheiro em um navio mercante durante um ano.

A guerra tranquila de Charles Bronson

Segundo consta em muitas biografias, o rude ator Charles Bronson (1921-2003) participou na Segunda Guerra Mundial como operador de metralhadora em um bombardeiro; serviu como artilheiro de turno em bombardeiros B-29 da força aérea americana, lutando em Guam, Tinian e Saipan.

Na realidade, a particular guerra de Bronson foi menos emocionante, visto que ela se desenrolou no aprazível Arizona. Ali, ele se limitava a dirigir o caminhão de distribuição que abastecia as cantinas da base de Kingman com provisões.

O rude Charles Bronson passou a guerra de uma maneira muito mais tranquila do que relatam suas biografias.

Partida de xadrez com Bogart

Em uma das primeiras cenas do filme *Casablanca* (1942), seu protagonista, o ator americano Humphrey Bogart (1899-1957), aparece jogando xadrez contra ele mesmo. A imagem não era um simples recurso do roteirista, mas sim atendia a um pedido do ator, refletindo, dessa forma, a autêntica paixão que ele sentia por esse jogo intelectual.

Bogart aprendeu a jogar aos 3 anos, tendo seu pai como mestre. Ele se inscreveu em vários clubes de xadrez de Nova York. Fracassou na escola de preparação para entrar em Medicina (seu pai era cirurgião), em parte porque dedicava muito tempo ao xadrez, subtraindo horas de estudo para dedicá-las incansavelmente ao tabuleiro.

O xadrez serviria para que Bogart sobrevivesse na década de 1930. O então jovem e desconhecido ator pretendia abrir caminho nos palcos da Broadway, entretanto, se via forçado a jogar partidas por dinheiro nos cafés centrais de Nova York, a 50 centavos cada uma. Em 1933, jogava em uma mesa instalada ao ar livre em Times Square. Animado por um companheiro de quarto, nessa época também fez apostas combinadas, como *gancho* para que os adversários ganhassem confiança, com a intenção de *depená-los* quando as apostas fossem suficientemente altas.

Sua paixão pelo xadrez continuaria em Hollywood, já consagrado como ator. Ali também faria apostas, mais por diversão que por necessidade econômica. Embora nunca alcançasse um grande nível, chegou a ser diretor da Federação de Xadrez dos Estados Unidos.

Durante a Segunda Guerra Mundial, encontrou uma forma original de aumentar o ânimo dos soldados americanos. Concedeu a possibilidade de que as partidas de xadrez fossem jogadas por correspondência. Inúmeros soldados lhe enviavam suas jogadas pelo Correio, às quais Bogart ia respondendo com as suas. Sem dúvida, as partidas se alongavam muito, considerando-se o tempo que as cartas demoravam a chegar, alternativamente, a cada um dos jogadores, porém, para os soldados, era motivo de orgulho poder afirmar a seus amigos e familiares que estavam enfrentando o próprio Humphrey Bogart. Ele também se deslocava aos hospitais de veteranos, onde sempre estava disposto a jogar partidas rápidas com todos eles.

No entanto, essa lúdica atividade provocou um contratempo para o ator. Os agentes do FBI interceptaram algumas dessas cartas e, rapidamente, lhes chamou a atenção as chaves com as quais se comunicavam os movimentos das peças. Os peritos mostraram sua desconfiança e advertiram-no da possibilidade de que algumas daquelas combinações

Humphrey Bogart, grande apaixonado pelo xadrez, jogando contra si mesmo na primeira cena em que aparece em Casablanca. *Significativamente, a posição das peças no tabuleiro é a correspondente à Defesa Francesa.*

de letras e números contivessem na realidade alguma mensagem secreta que pudesse acabar nas mãos de algum espião do Eixo.

Em 1943, Bogart recebeu uma incômoda visita de agentes do FBI, em que lhe pediram que terminasse com aquela atividade para que não continuasse pondo em risco a segurança nacional. A partir de então, e até o final da *caça às bruxas* instaurada pelo senador Joseph McCarthy, Bogart ficaria sob a minuciosa lupa do FBI, que durante a Guerra Fria o consideraria como um perigoso esquerdista.

Filme colorido para Eisenstein

Os leitores mais cinéfilos concordarão em destacar o russo Sergei Eisenstein (1898-1948) como um dos diretores mais relevantes da história do cinema. Sua inovadora utilização da montagem cinematográfica em *O Encouraçado Potemkin* (1925) abriu novos horizontes para a sétima arte.

O diretor russo Sergei Eisenstein, concentrado aqui no exame de alguns negativos, contaria com a inesperada e involuntária colaboração do Ministério de Propaganda nazista para a rodagem de sua monumental trilogia sobre Ivan, o Terrível.

Precedido por sua fama, Eisenstein emigrou para os Estados Unidos em 1929, porém decidiu regressar à União Soviética em 1935, ao não se adaptar ao ritmo imposto pela indústria cinematográfica americana.

O cineasta conseguiria superar os obstáculos da repressiva política cultural de Stálin até que, em 1943, enfrentou o grande desafio de sua vida: filmar uma épica trilogia sobre o czar Ivan IV, conhecido como "O Terrível". A peculiaridade dessa filmagem era que ela teria de ser realizada enquanto as tropas alemãs haviam ocupado parte de seu país e o esforço de guerra para expulsá-las era máximo.

Ainda assim, Stálin considerou essa película de vital importância para levantar o moral da população, razão pela qual ordenou a transferência de toda a indústria cinematográfica para a remota cidade de Alma-Ata, no Cazaquistão. Foram colocados à disposição do diretor recursos ilimitados; construíram-se imensos cenários, foram utilizadas custosas roupas da época e se empregaram centenas de extras.

Cena da trilogia Ivan, o Terrível, *de Eisenstein. Sua magistral utilização de luzes e sombras é admirada ainda hoje pelos cinéfilos.*

A primeira parte da trilogia, *Ivan, o Terrível* (*Ivan Groznij*), estreou em Moscou em 1944 com grande êxito. A segunda parte estaria pronta para sua exibição em 1946, porém essa película escondia uma surpresa: a inclusão de várias sequências coloridas. Até então, todos os filmes rodados na União Soviética tinham sido em preto e branco. Sua rudimentar tecnologia não permitia empregar cores no cinema, mas inesperadamente o destino colocou essa possibilidade nas mãos de Eisenstein.

No decorrer de um dos combates, os russos haviam capturado uma equipe pertencente ao Ministério de Propaganda de Goebbels encarregada de filmar cenas do *front*. Esses técnicos contavam com o filme colorido *Agfa*, de uma qualidade extraordinária, assim como um laboratório móvel para sua revelação. Todo esse material foi enviado a Eisenstein, que não hesitou em utilizá-lo.

Desse modo, o cineasta soviético pôde contar com o filme colorido mais avançado da época. O princípio desse revolucionário tipo de filme tinha sido desenvolvido em 1936 pela empresa Agfa; ele exigia somente um negativo com três camadas de emulsão, em lugar dos três negativos de que necessitava o método Technicolor utilizado nos Estados Unidos.

No entanto, o público russo ficou sem poder ver certas imagens. A segunda parte da trilogia foi proibida por Stálin; sua mente paranoica suspeitou de que a descrição de Ivan, o Terrível, poderia aplicar-se a ele mesmo, e, por isso, proibiu sua estreia. Eisenstein passou de ser o "filho mimado" de Stálin a ser acusado de "manipular os fatos históricos".

O genial diretor morreu posteriormente de um ataque cardíaco, deixando sem conclusão a terceira parte, da qual já teria rodado uma boa parte, toda ela colorida, graças à paradoxal contribuição do Ministério de Propaganda nazista.

A primeira vez em que os russos puderam comprovar a excelente qualidade do filme *Agfacolour* foi com a projeção da fita propagandística *Saudações, Moscou,* quando o conflito terminou. O filme foi rodado integralmente com material e equipamentos alemães procedentes da unidade de produção que a *Agfa* tinha em Berlim.[44] Os espectadores ficaram assombrados com a cor e a luminosidade das imagens, jamais vistas antes em uma fita soviética.

---

44. Por sua parte, os americanos também aproveitaram o curto período em que ocuparam as fábricas de filmes *Agfa* para tomar nota dos métodos de fabricação e de todos os segredos industriais ocultos nos laboratórios da empresa. De fato, o governo americano acabaria por apoderar-se das patentes da *Agfa* na Alemanha, do mesmo modo que faria com outras empresas de material fotográfico na Itália (*Ferrania*) ou Japão (*Fuji* e *Konishikoru*). O resultado do material recolhido na Alemanha seria o filme *Eastman Color*, exibido em 1950 e em que se utilizava um processo desenvolvido a partir do que a *Agfa* havia descoberto em 1936.

Os deboches de Mel Brooks

O nome do ator, diretor e produtor americano Mel Brooks (1926-) é, sem dúvida, sinônimo de comédia bagunçada, tal como atestam seus filmes mais conhecidos, como *O Jovem Frankstein* (1974) ou *Banzé no Oeste* (1974).

Brooks, cujo verdadeiro nome era Melvin Kaminsky (sua família era de origem russa), participou, apesar de sua juventude, da Segunda Guerra Mundial. Seu destino foi o Corpo de Engenheiros do Exército americano, onde exibiu imediatamente mostras de sua comicidade; costumava correr até a rádio do exército para parodiar as mensagens da propaganda alemã, conseguindo grande êxito entre os ouvintes.

Porém, o episódio mais exultante entre os protagonizados por esse artista ocorreu na França, enquanto as forças aliadas tratavam de abrir caminho entre as divisões blindadas alemãs, após o desembarque na Normandia.

Em companhia de outros soldados, Brooks encontrou um depósito de armas alemão. Para se divertir, começaram a testar as armas inimigas fazendo pontaria contra os isolantes de cerâmica de alguns postes telefônicos.

Uma hora mais tarde, receberam uma mensagem urgente por rádio comunicando que as linhas telefônicas haviam sido supostamente cortadas por alguns alemães que tinham ficado atrás das linhas de avanço aliadas, e que eles deveriam iniciar a busca e captura dos sabotadores. O comediante e seus companheiros compreenderam imediatamente que a *sabotagem* não passava da consequência de seu particular exercício de tiro ao alvo...

Após algumas horas de descanso, apresentaram-se no quartel-general anunciando que, depois de uma intensa batida, não puderam encontrar os alemães responsáveis pela sabotagem. A duras penas, Brooks e os demais conseguiram manter a seriedade enquanto informavam o ocorrido a seus superiores.

Bob Hope e as bombas voadoras

Que relação pode ter o cômico Bob Hope e as bombas voadoras alemãs V-2?

O célebre ator, nascido na Grã-Bretanha em 1903, mudou-se com a família para a cidade americana de Cleveland em 1907. Obteve a cidadania americana em 1920; ao longo de sua vida, destacou-se por

Bob Hope era o ator mais querido pelos soldados americanos, pois era capaz de comparecer a qualquer lugar para lhes elevar o ânimo com um de seus divertidos espetáculos. Nessa imagem, o artista está conversando com o pessoal de uma base aérea da Califórnia após uma de suas atuações.

seu incansável trabalho de entretenimento das tropas americanas, independentemente de qual fosse o ponto do globo em que se encontrassem.

Porém, apesar da dedicação praticamente exclusiva ao seu país adotivo, seus autênticos compatriotas também o teriam muito presente. Durante o ataque com bombas V-2 em 1944, os ingleses apelidaram esses revolucionários artefatos, cuja interceptação era totalmente impossível, de *Bob Hopes*. O motivo era um jogo inventivo de palavras, visto que diante de um ataque de foguetes V-2 a única coisa que uma pessoa podia fazer era atirar-se ao solo (*bob down*) e esperar o melhor (*hope the best*).

Bob Hope daria, muitos anos depois, um presente especial para seu país de origem, após ser merecedor das maiores honrarias militares nos Estados Unidos; em 1995, para comemorar o cinquentenário do fim da Segunda Guerra Mundial, o comediante realizou uma viagem triunfal pela Grã-Bretanha, recebendo todo o afeto de seus compatriotas.

Hope desfrutou até a morte do calor do público e, especialmente, dos soldados cujo ânimo ajudou a manter elevado, falecendo precisamente no dia em que completaria 99 anos, em 29 de maio de 2002.

Os dotes de comediante de Mel Brooks, que combateu na Europa, também ficaram evidentes durante o conflito. O cineasta, supostamente, via a contenda com bom humor.

O ator e cantor Bing Crosby (na foto, em uma sequência da fita O Nascimento do Blues, *de 1941), esteve a ponto de ser capturado pelas tropas alemãs, ao invadir o território alemão em um jipe.*

Susto para Bing Crosby

Bing Crosby (1904-1977), o popular cantor e ator americano, levou um grande susto em fevereiro de 1945, quando percorria o *front* europeu visitando as tropas para animá-las.

Em um desses trajetos pelas regiões alemãs que já haviam sido tomadas pelo exército americano, ele viajava em um jipe junto com o motorista. Seguindo o mapa de que dispunham, esperavam ter chegado a um povoado em que iam se encontrar com um grupo de soldados. No entanto, qual seria sua surpresa ao descobrir que a localidade não havia sido conquistada, mas seguia sob o comando alemão; eles estavam atrás das linhas inimigas!

Sem dar tempo à reação dos soldados alemães que se encontravam no povoado, deram meia-volta e aceleraram o jipe ao máximo para regressar às suas próprias linhas. No final, conseguiram chegar sãos e salvos, mas Crosby jamais esqueceria que esteve a ponto de ser feito prisioneiro pelos nazistas ou, inclusive, algo pior.

O nascimento dos *gremlins*

Os *gremlins*, esses seres fantásticos que alcançaram a fama graças ao filme dirigido em 1984 por Joe Dante e que gozam de grande aceitação entre o público infantil, *nasceram* durante a Segunda Guerra Mundial.

No começo do conflito, a entrada em ação dos aviões britânicos apresentava em muitas ocasiões falhas mecânicas de difícil explicação. Nos casos em que ninguém conseguia averiguar a origem da avaria, o pessoal da RAF começou a atribuí-los a alguma criatura estranha que supostamente vivia dentro dos motores dos aviões. Essas espécies de duendes, que eram imaginariamente descritos como seres de pequenas estaturas, um tanto feios e que calçavam botas pontiagudas, foram batizadas com o nome de *gremlins*.

O termo fez sucesso. Posteriormente, houve *encontros* de gremlins fêmeas, que foram chamadas de *finellas*, e, inclusive, pequenas crias de *gremlin*, que ficaram conhecidas como *widgets*.

O êxito dos *gremlins* foi inquestionável. O avião americano B-17 com que o general Eisenhower voou desde a Inglaterra até Gibraltar, em 6 de novembro de 1942, para comandar o desembarque aliado no norte da África rendia uma pequena homenagem a esses repulsivos porém queridos seres: ele se chamava *Gremlin Vermelho (Red Gremlin)*. Curiosamente, o aviador que pilotava essa aeronave, Paul Tibbets, era o mesmo que a bordo de outro avião, o *Enola Gay*, se encarregaria de lançar a bomba atômica sobre Hiroshima.

Kolberg, a grande superprodução nazista

O filme *E o Vento Levou* foi a primeira superprodução de Hollywood, um gênero que viveria sua época dourada na década de 1950. Um longa-metragem, um argumento épico, imagens espetaculares ou quantidades enormes de extras eram os ingredientes que convertiam uma película em um genuíno monumento cinematográfico, destinado a impressionar o espectador.

Conforme visto no início do capítulo, Hitler ficara muito impressionado com a película, e instigou Goebbels para que o cinema alemão demonstrasse que era capaz de competir com o americano. Em 1941, Joseph Goebbels decidiu dar a resposta ao filme protagonizado por Clark Gable com outra superprodução, ambientada também no século XIX, mas, nesse caso, no período das guerras napoleônicas. Seu título seria *Kolberg*, e relataria a resistência dos habitantes dessa cidade da Pomerânia ao cerco submetido por Napoleão em 1807.

Para iniciar o ambicioso projeto, Goebbels mobilizou os melhores profissionais com que contava: o diretor Veit Harlan e o roteirista Artur Braun. Segundo o ministro da Propaganda, Kolberg "devia constituir um grande espetáculo, uma ode à resistência cidadã, belo e eloquente como *E o Vento Levou*".

Paradoxalmente, a ideia de rodar essa película sobre a resistência diante da adversidade surgira em um momento em que a *Wehrmacht* contava suas campanhas vitoriozas e a população civil se achava segura e confiante com o resultado da guerra. No entanto, os trabalhos preliminares – que incluíam estudos históricos detalhados – se alongaram tanto que, quando se fez a encomenda oficial do projeto, em 1º de junho de 1943, o destino da guerra já havia mudado.

No momento em que Goebbels deu luz verde definitiva ao projeto, a chamada à resistência dos cidadãos começava a adquirir sentido; o exército alemão se lamentava com as feridas da derrota em Stalingrado e as forças de Rommel haviam sido evacuadas do norte da África, ao passo que as cidades e os centros industriais do Reich já haviam suportado o impacto de 16 milhões de toneladas de bombas.

As filmagens, para as quais se utilizou película colorida, começaram em novembro de 1943 e os planos da produção previam que durariam um ano. O diretor contou com um orçamento inicial de cerca de 9 milhões de marcos e com todos os recursos que o setor cinematográfico alemão era capaz de alocar para a execução do gigantesco projeto. A cidade de Kolberg foi recriada nos mesmos moldes dos primórdios do século XIX com toneladas de madeira e de papel machê; foram confeccionados cerca de mil uniformes militares da época e mobilizados mais de 6 mil cavalos. O encarregado de compor a trilha sonora seria Norbert Schultze, o criador da famosíssima canção "Lili Marleen". Chegou-se, também, a desviar um rio para simular uma inundação.

No entanto, o dado mais incrível é que, em um momento em que a *Wehrmacht* perdia combates em todos os *fronts*, e a arregimentação de soldados era mais necessária do que nunca, um total de 187 mil

Cartaz da película alemã Kolberg, *estreada em 30 de janeiro de 1945. Essa superprodução colorida, um empenho pessoal de Goebbels, contou com todos os recursos disponíveis da indústria cinematográfica alemã, com o fim de rivalizar com o filme* E o Vento Levou.

homens foram retirados da linha de frente para participarem como figurantes no projeto.

Se o filme impulsionado por Goebbels pretendia ser o reflexo de uma epopeia, o processo de rodagem é que foi realmente épico. Embora no *front* faltassem armas e munição, as fábricas de armamentos tinham ordens de dar prioridade à fabricação das armas que deviam aparecer na fita. Também tinham prioridade os vagões ferroviários que deviam transportar milhares de toneladas de sal necessárias para simular as paisagens nevadas da película, posto que essas cenas de inverno foram rodadas no verão de 1944.

Porém, as cenas que retratavam as batalhas sofriam atrasos contínuos, pela falta dos trajes necessários para vestir os milhares de figurantes. Goebbels, que falava por telefone diariamente com o diretor, ficava sem paciência, e, por isso, Harlan ordenou que se tirassem os uniformes dos soldados e que cada um deles improvisasse o restante dos elementos com papel higiênico.

Apesar das pressões impostas por Goebbels, ele apenas interferia no desenvolvimento da rodagem da fita. Impunha mudanças no roteiro para adaptá-lo à situação política e militar do momento, incorporando instruções dirigidas aos espectadores como "Melhor morrer entre os escombros da cidade que nos entregarmos ao inimigo". Inclusive chegou a redigir vários diálogos, incluindo frases repletas de um tom claramente nacional-socialista que punha na boca dos personagens.

Quando a película terminou, Goebbels não gostou de algumas sequências que mostravam a cidade de Kolberg reduzida a escombros. Para que essa visão não afetasse o espírito dos espectadores, o ministro decidiu suprimir essas cenas, que haviam custado 2 milhões de marcos.

Finalmente, a data da estreia foi fixada em 30 de janeiro de 1945, em um momento em que as tropas aliadas já haviam penetrado nas fronteiras do Reich, tanto no Leste como no Oeste, e a derrota alemã parecia inevitável. Provavelmente, nem sequer Goebbels confiava em poder dar a volta por cima na guerra, e, portanto, a estreia de *Kolberg*, mais do que estimular a resistência do povo alemão, devia conter sua mensagem à posteridade.

Mas, similarmente ao que aconteceu ao Terceiro Reich como um todo, o que estava destinado a ser uma grandiosa ópera wagneriana acabou convertendo-se em uma ópera-bufa, que comoveria pela hilaridade ou compaixão se não fosse pelo rastro trágico de sangue que deixou para trás. E, portanto, como corolário final a seu colossal projeto, Goebbels decidiu que a película estrearia no forte sitiado de La Rochelle, um enclave francês na costa atlântica, onde resistia ainda uma guarnição alemã, apesar de ela se encontrar totalmente rodeada por tropas aliadas.

Em uma sala de cinema média destruída da cidade, os soldados alemães assistiram à estreia de *Kolberg*. O mais surpreendente foi o modo como os rolos da película haviam chegado até essa isolada posição; tinham sido lançados por paraquedas. Embora desconheçamos a verdadeira reação dos soldados diante do filme, a avaliação oficial indicou que "após vê-la, prometeram imitar ali a luta histórica e igualá-los em sua perseverança e iniciativa".

O custoso testamento cinematográfico de Goebbels só pôde ser visto pelos soldados de algumas outras guarnições a quem também se conseguiu fazer chegar a fita pelos funcionários de seu Ministério e pelos valentes cidadãos, que saíram durante algumas horas de seus abrigos antiaéreos para comparecer aos raros cinemas onde ela foi projetada, porque a maioria deles estava em ruínas. No entanto, o público alemão não receberia a notícia que a cidade de Kolberg havia caído em poder dos soviéticos, que haviam procedido à sua completa destruição, fato esse que coincidiu com a breve permanência do filme na programação.

A superprodução, que deveria competir com *E o Vento Levou*, teve de se conformar em ser projetada com o ruído de fundo das bombas que caíam incessantemente sobre a Alemanha. A história de *Kolberg* se converteria, desse modo, em uma patética metáfora do Terceiro Reich; um faraônico projeto mergulhado nas trágicas ruínas de sua própria irracionalidade.

Hitler e *O Grande Ditador*

A história quis que entre dois personagens tão diferentes e contrapostos, como o ator britânico Charles Chaplin e o ditador alemão Adolf Hitler, fosse estabelecido um estranho, e até certo ponto complementar, paralelismo. Os dois nasceram com apenas quatro dias de diferença – Chaplin em 16 de abril e Hitler em 20 de abril de 1889 – e ambos cresceram no conturbado século XX, convertendo-se em ícones inesquecíveis desse período.

O artista inglês alcançou a fama mundial com seu papel do vagabundo Carlitos, depois de sofrer todos os tipos de privações em sua Londres natal. Hitler também viveu na mais absoluta miséria, que o obrigaria, inclusive, a dormir na rua. É possível que essa circunstância vital – partir totalmente do zero – os marcasse para sempre, fazendo deles personagens singulares, diferentes completamente das modas e das correntes em voga, o que lhes proporcionaria essa aura que tanta atração exercia nas massas.

Não deixa de ser curioso contemplar Hitler nos noticiários do cinema mudo que foram preservados. Seu pequeno bigode e seus gestos eloquentes faziam com que ele parecesse mais um personagem das películas protagonizadas por Chaplin. Todavia, com o advento do cinema falado, a figura de Hitler na tela ganhou em credibilidade, mas ainda assim suas atitudes teatrais – que ele se encarregava de ensaiar diante da câmera para comprovar sua eficácia – se aproximavam mais de um filme cômico do que de um noticiário.

Na década de 1920, Chaplin era um ídolo das massas nos Estados Unidos e na Grã-Bretanha, assim como na Alemanha, onde contava com o respeito e a admiração do público. No entanto, os nazistas tinham colocado o comediante em sua *lista negra*; o motivo era, ao que parece, que seu pai tinha origem judaica, apesar de Chaplin jamais ter dado alguma relevância a essa citação bibliográfica. Dessa forma, os camisas pardas tentaram boicotar a visita que o inglês realizou a Berlim em 1931, porém sem êxito, já que o ator foi recebido por uma multidão entusiasta, que ignorou as ordens nazistas. Posteriormente, quando Hitler conquistou o poder absoluto na Alemanha, as películas de Chaplin foram proibidas. O mesmo ocorreria na Itália de Mussolini.

Em outubro de 1938, a figura de Hitler gozava de um inexplicável reconhecimento internacional, prestígio esse que se estendia ao Terceiro Reich como um todo, especialmente após o grande sucesso dos Jogos Olímpicos de Berlim de 1936, que ofereceram ao mundo a melhor faceta da utopia nacional-socialista. Apesar do regime ditatorial imposto pelo ditador nazista, de sua agressiva política expansionista, da existência de campos de concentração e da perseguição institucional de que eram objeto os judeus, as democracias ocidentais seguiam confiando em Hitler. O Pacto de Munique, pelo qual se entregava parte da Checoslováquia, homologava que as palavras de paz que ele emitia eram consideradas sinceras e que se afastava o perigo de uma nova conflagração mundial.

Possivelmente, nessa época, apenas duas pessoas acreditavam que, em lugar de avançar até a paz, tinha-se dado um passo na direção da guerra. Uma delas era Winston Churchill, que denunciou publicamente o entreguismo do governo, recebendo esmagadoras críticas por isso, tanto no parlamento como na imprensa. A outra voz discordante seria Chaplin, que anunciou sua intenção de rodar uma paródia em que Hitler apareceria como personagem principal. Seu título seria *O Grande Ditador*.

O projeto de Chaplin não foi bem recebido pelos poderes públicos americanos, que não desejavam que seu país se visse envolvido em um conflito diplomático com um país que nesse momento parecia estar caminhando pela vereda da paz. O britânico também não obteve o apoio da comunidade judaica; eles acreditavam que a exibição do filme poderia enfurecer Hitler e provocar a piora da situação dos judeus residentes na Alemanha. A resposta de Chaplin foi que a situação deles já não poderia piorar mais; a história demonstraria que, infelizmente, o bem-intencionado ator se equivocava em sua afirmação.

Chaplin seguiu adiante com seu projeto, ignorando não somente as pressões que chegavam do corpo diplomático alemão em Washington, mas também dos exibidores, que o advertiram que não permitiriam que o filme estreasse em suas salas. "Irei projetá-lo diante do público, ainda que tenha de comprar ou mandar construir uma sala de exibição para mim, e ainda que o único espectador da sala seja eu", respondeu Chaplin, demonstrando, dessa forma, que estava firmemente decidido a tocar seu projeto até o fim, enfrentando todas as consequências.

A ação da já polêmica fita se desenrolava no período entreguerras (1918-1939). Durante a Primeira Guerra Mundial, um barbeiro judeu (Chaplin) serve no Exército da Tomânia, porém quando esta acaba, ele sofre de amnésia e é enviado a um hospital. Vinte anos depois recupera a memória, mas se dá conta de que seu país havia mudado muito; a Tomânia é regida pelo ditador Adenoid Hynkel (também interpretado por Chaplin), que esmaga todas as liberdades e persegue os judeus. Junto à caricatura de Hitler figuram outros personagens claramente reconhecíveis, como o intrigante Garbitsch (Goebbels), o presunçoso Herring (Goering) ou seu aliado Napaloni (Mussolini), interpretado genialmente pelo ator Jack Oakie. A resistência do fraco porém tenaz barbeiro diante da força bruta empregada pelos seguidores de Hynkel marca o desenrolar da película.

A filmagem não pôde começar antes de 9 de setembro de 1939, seis dias depois da eclosão da guerra. Por falta de recursos, foi o próprio Chaplin quem financiou todo o projeto. A filmagem foi feita em absoluto segredo, para evitar que alguma incômoda infiltração a incomodasse.

A película acabaria refletindo a ocorrência do conflito. Segundo o roteiro original com que Chaplin trabalhava, a cena final consistia em um animado baile ao ar livre do qual participavam todos os soldados, uma sequência que chegou a ser rodada. No entanto, as notícias que chegavam da Europa levaram-no a mudá-la; a invasão da França corroborou que Hitler era uma ameaça para todas as nações democráticas e que nada o deteria em seu afã de destruí-las. Diante desses fatos tão graves, Chaplin optou por eliminar o baile dos soldados e substituí-lo pelo célebre discurso em que o ator manifesta a defesa da democracia e a condenação a qualquer tipo de tirania.

Nessa memorável cena, o barbeiro judeu, suplantando o ditador Hynkel, dirige do palanque uma mensagem inesperada às massas da Tomânia, embora, na realidade, o faça a todos os espectadores:

"Sinto muito, mas não quero ser um imperador, nem quero governar ou conquistar nada. Eu gostaria de ajudar a todos se fosse possível; aos judeus, às massas, aos negros, aos brancos. Todos nós queremos nos ajudar mutuamente, os seres humanos são assim. Todos nós queremos viver pela felicidade de todos, não pela desgraça dos demais. Não queremos odiar nem depreciar uns aos outros. Neste mundo há espaço para todos e a terra é rica e pode prover a todos."

Finalmente, com essas modificações na montagem final, o filme estreou na Broadway em 1940, atingindo um grande sucesso. Em Londres, que à época sofria na própria pele a fúria desembalada da *Luftwaffe*, a fita também conquista o entusiasmo do público.

Em contrapartida, o setor mais conservador da imprensa americana, encabeçado pelos periódicos do poderoso magnata Randolph Hearst, destroça a película com suas demolidoras críticas e acaba acusando o comediante, paradoxalmente, de "comunista". Boa parte da imprensa especializada em cinema ataca também o trabalho de Chaplin com dureza, qualificando-o de irregular e impreciso. As críticas se concentram sobretudo no longo discurso final, ao considerar que o diretor havia tomado a palavra superando seu personagem e, dessa forma, lançando suas próprias mensagens aos espectadores.

O próprio Chaplin recorre às páginas do *New York Times* para defender-se:

"Para mim, o discurso final é a conclusão lógica da história. Há quem assegure que ele saia da personagem do barbeiro. E, o quê [queriam]? A película dura duas horas e três minutos de pura comédia, e não se desculpará que finalize com uma nota que reflete honesta e realisticamente o mundo em que vivemos, nem se desculpará uma alegação em favor de um mundo melhor?"

As explicações do diretor não conseguiram evitar que o filme fosse proibido em muitos estados americanos, e inclusive em países neutros como a Argentina ou Espanha, além dos que se encontravam na órbita do Eixo.

No entanto, as dificuldades atravessadas por sua estreia se dissipam em grande parte após o ataque japonês a Peal Harbor. A declaração de guerra da Alemanha aos Estados Unidos dá, de certo modo, razão a Chaplin em seu retrato do tirano nazista. A partir desse momento, qualquer elemento que sirva para aglutinar os americanos em torno da causa contra o Eixo é bem-vindo, e, por isso, o filme passa a desfrutar um reconhecimento que lhe havia sido negado um pouco antes.

Entretanto, o que ocorreu na Alemanha? Naturalmente, embora Chaplin lançasse a pilhéria de que estrearia a película em Berlim, o público alemão não pôde ver sua corajosa obra, pois ela foi proibida pelo Ministério da Propaganda.

Todavia, Goebbels de fato conseguiu arrumar uma cópia, que foi projetada na sala de cinema privada de Hitler. A documentação recolhida pelos americanos para o processo de Nuremberg confirma esse fato; concretamente, no registro consta a visualização de *O Grande Ditador* e, dois dias depois, ele volta a indicar o mesmo título. Portanto, supõe-se que o filme não desagradou a Hitler, pois o ditador pede que voltem a inseri-lo na programação.

Segundo um testemunho, a cena que mais divertiu o *Führer* foi a que mostra ele e um caricato Mussolini em suas cadeiras de barbeiro, com ambos lutando para subir suas próprias cadeiras até o nível mais alto possível. Porém, sem dúvida, a cena mais famosa é a que mostra o ditador nazista brincando com um leve globo terrestre, sonhando em ser o dono do mundo. Esse detalhe foi inspirado a Chaplin por uma fotografia do gabinete de Hitler na Chancelaria do Reich, em que aparecia a esfera. Casualmente, quando os russos entraram no edifício, o globo terrestre foi o único objeto encontrado em seu gabinete, que hoje pode ser contemplado no Museu de História Alemã de Berlim.

Chaplin confessaria posteriormente que teria dado qualquer coisa para saber como Hitler aceitou sua paródia. Porém, o artista admitiria também que, após conhecer os detalhes do plano criminoso executado pelo ditador contra a população judaica, não teria rodado a película:

"Se eu soubesse o que iria ocorrer, não poderia realizar uma película com espírito cômico. Tudo foi muito horrível."

Essa é a história do filme e de sua relação com o parodiado, mas *O Grande Ditador* deu lugar a um episódio saboroso, ocorrido em uma sala de cinema de Belgrado. A capital iugoslava, ocupada pela Alemanha em abril de 1941, servia de local de diversão para os soldados alemães enviados aos Bálcãs. Em uma ocasião, os alemães

Cena de O Grande Ditador, *de Charles Chaplin, que interpreta nesta cena o ditador Hynkel. Embora o filme fosse uma paródia do regime nazista em que Hitler se saía mal, o* Führer *se divertiu muito com a película, assistindo-a por duas vezes. Chaplin confessou mais tarde que se tivesse conhecimento dos crimes do Terceiro Reich, jamais a teria rodado.*

sentaram-se em um cinema dispostos a ver um dos habituais filmes de propaganda.

As luzes apagaram e começou a sessão; surpreendentemente, a fita exibida nesse momento na tela era *O Grande Ditador*. Os soldados acolheram com alegria que se tratava de uma película de Charles Chaplin, pois assim a diversão estava garantida. Os oficiais presentes na sala receberam o início da projeção com prevenção e inquietude, porém, em meia hora, viram claramente que se tratava de uma sabotagem. Um deles atirou na tela e a projeção parou de repente. Os soldados saíram correndo do cinema acreditando que se tratava de algum atentado.

O técnico da sala de projeção foi imediatamente detido e interrogado, mas não revelou nada sobre o assunto, visto que os rolos do filme estavam etiquetados com o título de uma película alemã.

Anos mais tarde, supôs-se que o original ato de resistência foi executado por Nicola Radosevic, um fotógrafo de apenas 17 anos, que enviou *O Grande Ditador* à seção de entretenimento da *Wehrmacht* com uma etiqueta falsa, pois trabalhava em uma distribuidora de filmes.

Desse modo, a obra de Chaplin cumpria com sua missão de evidenciar o regime totalitário de Hitler, defendendo a paz e a democracia, embora de uma forma tão insólita.

No entanto, o detalhe mais pitoresco dessa relação entre Chaplin e Hitler seria revelado pela secretária particular do ditador, Christa Schroeder. Alguns dias antes de seu suicídio, Hitler entregou a ela a chave da caixa-forte que tinha no *bunker* e ordenou que ela retirasse todos os documentos. Devia entregá-los a seu ajudante, Julius Schaub, para que este os queimasse em um local externo.

A secretária cumpriu a ordem, mas não deixou de dar uma espiada nos documentos que o *Führer* ali guardava. Entre outros, havia vários cartazes, alguns desenhos de edifícios, o retrato de uma moça – supostamente sua sobrinha Geli Raubal – e, incrivelmente, uma fotografia de Chaplin em seu papel de vagabundo.

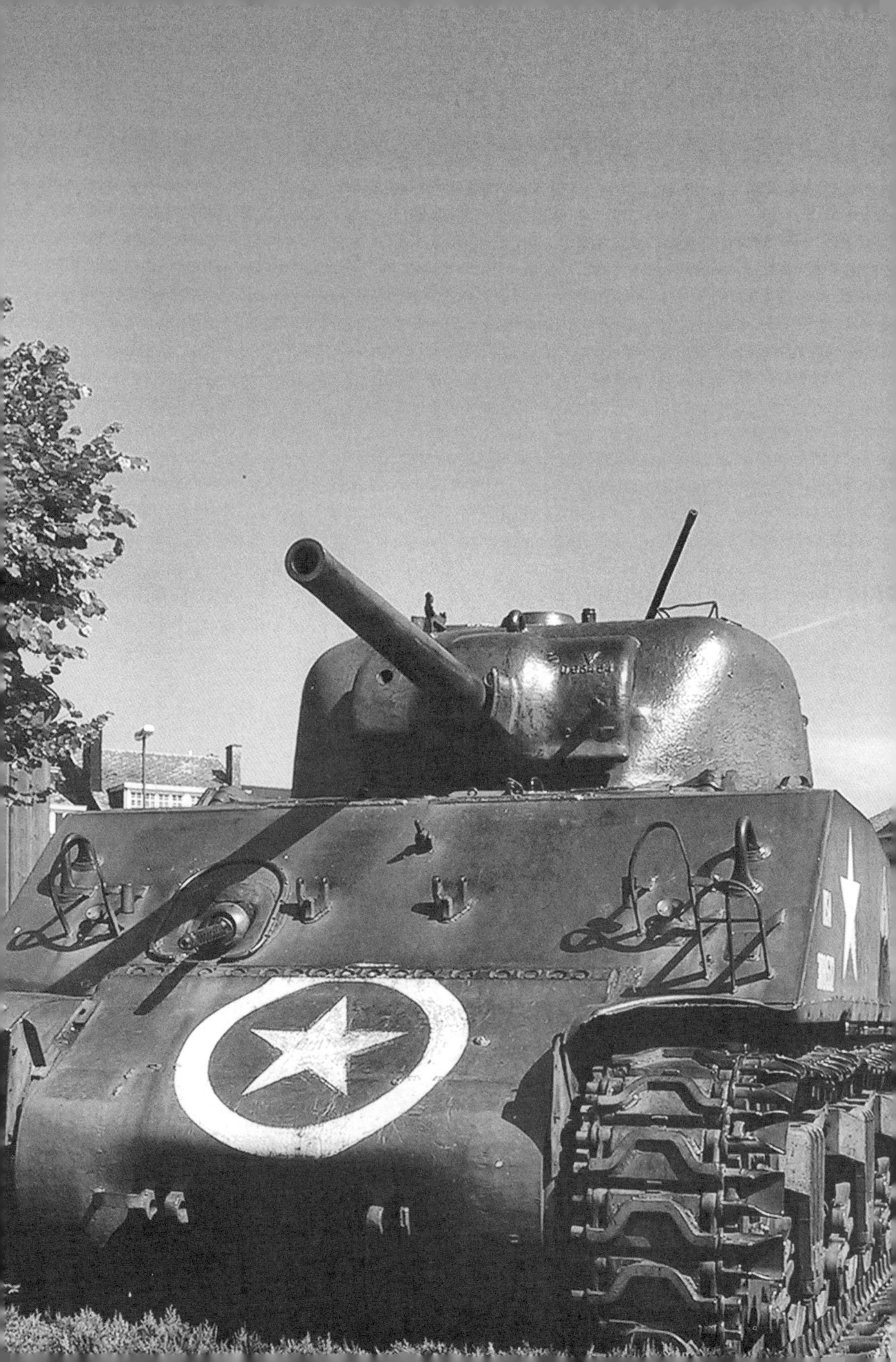

Epílogo

E spero que essas histórias tenham proporcionado algumas horas de entretenimento ao leitor, combinadas com uma ou outra surpresa, e que, além disso, tenham servido para despertar ou aumentar sua curiosidade sobre todos aqueles fatos que aconteceram durante o conflito de 1939-1945.

Conforme vimos por meio deste livro, alguns elementos que compõem nossa vida cotidiana estão relacionados diretamente com esse período histórico, mas não apenas esses pequenos detalhes episódicos, como também o conjunto da história recente são frutos do que ocorreu nesses seis anos cruciais.

Em 20 de julho de 1944, Hitler sofreu um atentado que, por pouco, não acabou com sua vida. Alguns instantes antes da explosão, um oficial mudou uma maleta que continha a bomba em alguns centímetros, colocando-a atrás de um grosso pé de madeira que atuou como anteparo, protegendo assim o ditador. Se esse oficial não a houvesse movido,

Hitler certamente teria morrido; provavelmente o conflito teria terminado no verão de 1944, em um momento em que as forças soviéticas ainda não haviam irrompido na Europa Oriental e os Aliados ocidentais, em contrapartida, não haviam pisado no território do Reich.

Como teria mudado a história do século XX se isso houvesse acontecido? Talvez a Alemanha tivesse evitado a destruição de suas cidades e seguramente a metade da Europa teria poupado quase 50 anos de domínio soviético. Talvez a Guerra Fria fosse hoje um conceito desconhecido para nós.

Se nos atrevermos a olhar para um passado mais distante, recordaremos que Hitler ordenou, em julho de 1941, que parasse a bem-sucedida ofensiva em direção a Moscou para auxiliar seus desprotegidos flancos, reiniciando-a em outubro, às vésperas do temido inverno russo. O que teria ocorrido se os *panzers* tivessem chegado a Moscou naquele verão? É provável que a rápida captura da capital provocasse o desmoronamento da União Soviética; nesse caso, talvez o continente europeu – desde o Atlântico até os Urais – teria ficado durante décadas – quem sabe se ainda hoje em dia – submetido ao tirânico regime nazista.

Porém, se recorrermos a 9 de novembro de 1939, veremos que absolutamente tudo poderia ter mudado nesse dia quando Hitler decidiu, inexplicavelmente, abandonar o local de Munique onde pronunciava um discurso 15 minutos antes que explodisse uma bomba colocada em uma coluna próxima. É difícil imaginar o desenvolvimento posterior do conflito sem a presença do ditador alemão.

Embora essas hipóteses não passem de um passatempo para os apaixonados por história, visto que é impossível saber o que teria ocorrido em cada caso pela existência de uma infinidade de variáveis, o que não deixa dúvidas é que a guerra desde então tem marcado de forma palpável tudo que nos rodeia. Nada seria igual se apenas uma das mudanças pontuais pelas quais então circulou o trem da história se encontrasse em uma posição diferente.

Tudo isso faz com que os episódios ora relatados tenham, em sua aparente trivialidade, uma inesperada relevância. Embora muitos deles não passem de episódios marginais da *história oficial*, formam parte, com todo o direito, de um tempo que irradiou sua influência no futuro com uma luminosidade ofuscante.

BIBLIOGRAFIA

ALY, Götz. *La Utopía Nazi*. Barcelona: Crítica, 2006.

ARNOLD-FORSTER, Mark. *El Mundo en Guerra*. Barcelona: Plaza y Janés, 1975.

BENFORD, Timothy. *The World War II Quiz & Fact Book*. Nova York: Gramercy Books, 1999.

BLANDFORD, Edmund. *Fatal Decisions. Errors and Blunders in World War II*. Edison: Castle Books, 1999.

BRADLEY, James. *Iwo Jima. Seis Hombres y una Bandera*. Barcelona: Ariel, 2003.

BREUER, William. *Bizarre Tales of World War II*. Nova York: John Wiley & Sons, 2003.

BROOKS, Evan. *Military History's Top 10 Lists*. Nova York, 2003.

CALVOCORESI, Peter; WINT, Guy. *Guerra Total*. Madri: Alianza Editorial, 1979. 2 vols.

CHURCHILL, Winston. *Memorias. La Segunda Guerra Mundial*. Barcelona: Ediciones Orbis, 1985.

COOPER, Jilly. *Animals in War*. Londres: Corgi Books, 2000.

COWLEY, Robert. *What If? Military Historians Imagine what Might Have Been*. Londres: Pan Books, 1999.

———. *More What If? Eminent Historians Imagine what Might Have Been*. Londres: Pan Books, 2001.

CRAIG, William. *La Batalla de Stalingrado*. Barcelona: Noguer, 1975.

———. *La Caída del Japón*. Barcelona: Luis de Caralt, 1974.

DOWSWELL, Paul. *True Stories of the Second World War*. Londres: Usborne Publishing, 2003.

DUNNIGAN, James. *Dirty Little Secrets of World War II*. Nova York: Morrow, 1994.

———. *Victory and Deceit. Dirty Tricks at War*. Nova York: Morrow, 1995.

FEST, Joachim C. *Los Dirigentes del III Reich*. Barcelona: Luis de Caralt, 1971.

FLAGEL, Thomas. *The History Buff's Guide to World War II*. Nashville: Cumberland House, 2005.

GILBERT, Martin. *La Segunda Guerra Mundial. 1939-1942*. Madri: La Esfera de los Libros, 2005.

———. *La Segunda Guerra Mundial. 1943-1945*. Madri: La Esfera de los Libros, 2006.

GOLDENSHON, Leon. *Las Entrevistas de Nuremberg*. Barcelona: Taurus, 2004.

HASTINGS, Max (Org.). *Military Anecdotes*. Oxford: Oxford University Press, 1985.

HAYWARD, James. *Mitos y Leyendas de la Segunda Guerra Mundial*. Barcelona: Inédita Editores, 2004.

HEIBER, Helmut (Org.). *Hitler y sus Generales*. Barcelona: Editorial Crítica, 2004.

HEPPLEWHITE, Peter. *World War II in Action*. Londres: Macmillan, 2005.

JACKSON, Robert. *Unexplained Mysteries of World War II*. Londres: Eagle Editions, 2003.

——. *Commanders and Heroes of World War II*. Londres: Airlife Publishing, 2004.

JUNGE, Traudl. *Hasta el Último Momento. La Secretaria de Hitler Cuenta su Vida*. Barcelona: Península, 2003.

KELLY, Brian C. *Best Little Stories from World War II*. Nashville: Cumberland House, 1998.

KERSHAW, Ian. *Hitler. 1936-1945*. Barcelona: Ediciones Península, 2000.

KLADSTRUP, Don e Petie. *La Guerra del Vino. Los Franceses, los Nazis y el Tesoro más Grande de Francia*. Barcelona: Ediciones Obelisco, 2006.

LEWIS, Jon, ed. *The Mammoth Book of True War Stories*. Londres: Robinson, 2005.

LIDDELL HART, Basil. *Historia de la Segunda Guerra Mundial*. Barcelona: Caralt, 2006.

MALONE, John. *The World War II Quiz Book*. Nova York: Quill, 1991.

McCOMBS, Don; WORTH, Fred. *World War II. 4,139 Strange and Fascinating Facts*. Nova York: Wings Books, 1996.

MISCH, Rochus. *J'Étais Garde du Corps d'Hitler 1940-45*. Paris: Le Cherche Midi, 2006.

MORGAN, Geoffrey; LASOCKI, W. A. *Soldier Bear*. Londres: Collins Armada Lions, 1970.

MURRAY, Williamson; MILLETT, Allan. *La Guerra que Había que Ganar*. Barcelona: Editorial Crítica, 2002.

OVERY, Richard. *Por qué Ganaron los Aliados*. Barcelona: Tusquets Editores, 2005.

PARKER, Matthew. *La Batalla de Monte Cassino*. Barcelona: Inédita Editores, 2006.

POPE, Stephen. *Dictionary of the Second World War*. Barnsley: Pen and Sword Books, 2003.

REGAN, Geoffrey. *Military Anecdotes*. Londres: André Deutsch, 2002.

ROEBLING, Karl. *Great Myths of World War II*. Fern Park: Paragon Press, 1985.

ROONEY, David. *Military Mavericks*. Londres: Cassell Military Paperbacks, 2000.

RYAN, Cornelius. *El Día más Largo*. Barcelona: Inédita Editores, 2004.

——. *La Última Batalla*. Barcelona: Salvat, 2003.

——. *Un Puente Lejano*. Barcelona: Inédita Editores, 2005.

SCHMIDT, Paul. *Europa entre Bastidores. Del Tratado de Versalles al Juicio de Nuremberg*. Barcelona: Editorial Destino, 2005.

SCHROEDER, Christa. *Doce Años al Lado de Hitler*. Lérida: Editorial Milenio, 2005.

THORWALD, Jurgen. *Comenzó en el Vístula y Acabó en el Elba*. Barcelona: Editorial Luis de Caralt, 1967.

TOLAND, John. *Los Últimos 100 Días*. Barcelona: Bruguera, 1970.

TREVOR-ROPER, Hugh. *Los Últimos Días de Hitler*. Barcelona: Los Libros de Nuestro Tiempo, 1947.

——. *Las Conversaciones Privadas de Hitler*. Barcelona: Editorial Crítica, 2004.

TUNNEY, Christopher. *Biographical Dictionary of World War II*. Nova York: St. Martin Press, 1972.

VANDIVER, Frank. *1001 things everyone should know about World War II*. Nova York: Broadway Books, 2002.

VV.AA. *Dictionary Hutchinson of World War II*. Londres: Brockhampton Press, 1997.

——. *Gran Crónica de la Segunda Guerra Mundial*. Madri: Selecciones del Reader's Digest, 1965.

——. *Historias Secretas de la Última Guerra*. Madri: Selecciones del Reader's Digest, 1973.

——. *Secretos de la II Guerra Mundial*. Madri: Selecciones del Reader's Digest, 1977.

——. *Los Grandes Enigmas de la Segunda Guerra Mundial*. Madri: Los Amigos de la Historia, 1969.

——. *Los Grandes Enigmas de la Guerra Secreta*. Madri: Los Amigos de la Historia, 1970.

WILLIAMS, Andrew. *La Batalla del Atlántico*. Barcelona: Crítica, 2004.

O autor agradece a quem envie qualquer comentário,
crítica ou sugestão aos seguintes e-mails:

jhermar@hotmail.com
jesus.hernandez.martinez@gmail.com

Nota do Editor

A Madras Editora não participa, endossa ou tem qualquer autoridade ou responsabilidade no que diz respeito a transações particulares de negócio entre o autor e o público.

Quaisquer referências de internet contidas neste trabalho são as atuais, no momento de sua publicação, mas o editor não pode garantir que a localização específica será mantida.